侍修業

APRENDIZ DE SAMURAI

UMA HISTÓRIA REAL

APRENDIZ DE SAMURAI

侍修業

UMA HISTÓRIA REAL

MAX TROMBINI

editora Évora

Diretor-presidente
Henrique José Branco Brazão Farinha

Publisher
Eduardo Viegas Meirelles Villela

Editora
Cláudia Elissa Rondelli Ramos

Revisão
Bete Abreu

Editoração
Marcelo Pallotta

Capa
Marcelo Pallotta

Fotos de capa e miolo
Mauricio Marconi
Acervo pessoal

Impressão
Prol Gráfica

Rua Sergipe, 401 – Cj. 1310 – Consolação
São Paulo, SP – CEP 01243-906
Telefone: (11) 3717-1247
Site: http://www.editoraevora.com.br

Dados Internacionais de Catalogação na Publicação (CIP)
(Câmara Brasileira do Livro, SP, Brasil)

T766a

Trombini, Miltom Maximiano, 1968-   .
Aprendiz de samurai: uma história real / Max Trombini – São Paulo: Évora, 2011.
276 p. : il.; 16 x 23 cm.

ISBN 978-85-63993-00-7

1. Trombini, Miltom Maximiano, 1968-   . 2. Lutadores marciais – Brasil – Biografia. I. Título.

CDD-927.9681

Sumário

Prólogo

Meus olhos condensam os olhares do mundo no qual me insiro. Miro essa miríade de prismas e faço dos outros uma porção substancial do que sou. Só enxergo minha essência quando integro um universo que não é composto só por mim; quando me inscrevo em um contexto, quando escrevo um texto que não é escrito só por mim. Este livro é fruto das minhas palavras, frases e histórias que, por outro lado, são frutos das palavras, frases e histórias que o mundo e os homens que o fazem me ensinaram a dizer.

O maior homem que conheci foi também o meu maior mestre. É em sua memória, Benedito Maximiano, meu avô, que escrevo estas linhas.

Prefácio

Há pouco, com o auxílio de alguns especialistas da área de Recursos Humanos, entendi a importância e a força da biografia na construção de uma vida mais plena e consciente. Todos nós deveríamos dedicar algum tempo para entender o que aconteceu em nossa vida, percebendo assim como fomos forjados pelas escolhas que fizemos, compreendendo melhor quem somos e como podemos contribuir para a nossa felicidade e a dos demais.

Rever, desde nossa infância, eventos importantes, pessoas importantes, alegrias e sofrimentos pode nos levar a insights poderosos sobre nós mesmos. Eventos que muitas vezes passam despercebidos sem uma reflexão pessoal, mas que têm grande valor para nossa evolução como homens.

Além de ter feito uma reflexão profunda sobre sua história de vida, ao escrever e editar este livro, Max decidiu, como ato de amor e humildade, compartilhar sua história pessoal com quem possa querer ouvi-la.

Um ato de amor, acima de tudo, por compartilhar algo que é sagrado: sua própria história de vida.

Sagrado não somente pelo conteúdo, que você leitor logo perceberá, que traz muitos ensinamentos e exemplos, mas pelo fato de descortinar seu íntimo e compartilhar, com naturalidade e franqueza, momentos nem sempre tão fáceis e alegres.

Sagrado por estar desprendido do medo, sentimento que freia o desenvolvimento pessoal de muitos e o desenvolvimento de uma sociedade do bem.

O medo tem inspirado grandes bloqueios no desenvolvimento da humanidade, sendo o principal motivo da maioria das guerras.

Quando paramos para rever nossas próprias vidas, com um olhar mais profundo percebemos que o medo tem limitado muito nossas relações.

Max, ao vencer o medo e se expor de forma quase integral, dá uma demonstração da sua divindade humana e um exemplo que deve ser seguido por todos.

Conheci o Max em uma palestra que ele dava a um grupo de amigos. Esperava ouvir a história do judô e do jiu-jítsu, os ensinamentos das artes marciais e a experiência dos tatames. Mas fui brindado por uma linda história de vida, que tem no tatame a inspiração dos grandes guerreiros para ensinar a qualquer pessoa. Lembro que um dos presentes cumprimentou Max e lhe disse que gostaria que seu filho pudesse ouvir aquela história de vida tão bonita.

Naquele dia, Max já praticava o ato de amor, que é compartilhar sua história de vida, e mesmo sem saber já decidira compartilhar, com quem quisesse, seus aprendizados – por isso este livro materializa esse desejo de servir.

Nem é preciso dizer que este livro permite que essa linda e inspiradora história de vida seja compartilhada com jovens de todo o Brasil, de todas as idades. A história de um verdadeiro samurai que, com o aprendizado de anos de tatame, sabe levar a vida como um eterno aprendiz, atitude de vida reservada aos verdadeiros faixas-pretas.

Vencedor e herói. Com essas duas palavras resumo a história de vida do Max, que você terá a felicidade de conhecer agora.

José Vicente Marino
Vice-presidente de negócios da Natura

Agradecimentos

"A gratidão é o único tesouro dos humildes."

William Shakespeare

É da palavra gratidão que nasce a palavra agradecimento, cujo radical *grati* significa "qualidade daquele que está debaixo da graça". Ter gratidão é antes de tudo entender a Graça Divina. É dar resposta, retribuir com atos ou palavras as graças alcançadas por Deus ou por homens por Ele enviados.

O mundo se agrega por semelhança e, para minha imensa felicidade, são muitos aqueles aos quais me assemelho. São tantos amigos que me ajudaram a chegar até aqui, que nem um livro a eles dedicado me redimirá dessa dívida de gratidão.

Caso eu me esqueça de agradecer a alguém, desde já peço perdão...

Em primeiro lugar, quero agradecer à minha esposa. Falar de Daniela é como falar de uma árvore de cerejeira: tem a força do tronco, a flexibilidade dos galhos e a beleza da flor. Uma mulher predestinada a vencer seus desafios. Tenho por você, além de um grande amor, uma admiração singular. Você é para mim uma estrela-guia: desde que a conheci, orienta meus passos. Te amo.

A meu pai, quero dizer que o destino afastou nossos caminhos, mas lhe agradeço por, em uma linda noite de 1967, ter me dado a vida.

Quero agradecer os maiores tesouros que já recebi de Deus. Eles são meu porto seguro, o amor mais puro, minha fonte de energia: meus filhos Enzo e Giovanna Trombini.

Agradeço à minha mãe, Tereza Maximiano, uma mulher de fibra, um exemplo de vida que sempre me passou lições de honra e compaixão. E a todos os meus familiares, cujo sangue Maximiano corre nas veias.

A um grande homem, mais que um amigo. Um verdadeiro judoca. Dono de um talento extraordinário. O jovem Wagner Hilário. Escritor que me ajudou nesta biografia.

Ao amigo e aluno David Romanetto, antes de tudo um samurai, e ao qual em muitos momentos não tinha palavras para agradecê-lo pela sua bondade.

Ao grande amigo Fábio Saba, por acreditar e dar todo o apoio necessário a um judoca vindo do interior.

Ao amigo Rodrigo Motta, por gerenciar e cobrar de mim sempre um bom e veloz trabalho.

Ao irmão José Vicente Marino, um orientador ou mais que isso: um grande padrinho.

Ao meu sogro e minha sogra, Luiz e Cristina Simomura, que hoje são para mim pai e mãe.

Ao amigo Gary, meu guia nas horas de indecisão.

A meus mestres, Josino e Umakakeba, a quem vou honrar e defender pelo resto de minha vida, por me ensinarem a viver no caminho suave, como um samurai.

Quero agradecer ao grande ídolo nacional do judô, Aurélio Miguel. Um verdadeiro lutador em todos os sentidos.

A Fábio Fadel, um garoto que tem um coração enorme, como sua vontade de vencer na vida.

À família Tricate, que acreditou em mim como educador, para disseminar o espírito do judô e do jiu-jítsu para as crianças do Colégio Magno.

A Marcelo Pallotta, um gênio da criação, que soube dar alma às minhas ideias, criando esta linda capa.

Ao grande campeão mundial de boxe, Miguel de Oliveira, um homem que guardarei em meu coração para sempre.

A meu amigo de infância e de treino, meu irmão, Waldomiro Perez Jr., por ter me trazido para o mundo do Brazilian Jiu Jitsu.

A José Elias, campeão olímpico em Pequim como preparador físico da equipe de vôlei feminino, por ter me estendido a mão, acreditando sempre em meu trabalho como professor de judô e jiu-jítsu.

A Eduardo Leitão, um fiel amigo e exemplar aluno.

Ao *sensei* Luís Shinohara, por acreditar e confiar a mim os treinos de solo para a seleção nacional e os treinamentos de campo de vinte e cinco

侍修業

seleções olímpicas de judô. Agradeço também o pai do *sensei* Luís, o *sensei* Massao Shinohara, que teve a gentileza de ceder sua faixa vermelha para que fosse fotografada, servindo para ilustrar a capa deste livro. *Sensei* Massao Shinohara é um dos poucos faixas-vermelhas do mundo.

À família Lucke, que em momentos difíceis de minha vida me apoiou e me acolheu como um verdadeiro ente da família.

A todo povo caiçara da minha linda e amada Ubatuba.

Aos meus tios José Antônio e Erci, que me acolheram com amor e carinho somente acreditando nas palavras de minha mãe. Serei grato eternamente.

A um homem honrado, chamado Odair, que hoje considero um grande amigo e irmão. Espero vê-lo um dia na faixa-preta.

Agradeço ao atleta que conheci na juventude, ao médico que me fez voltar a lutar, ao empreendedor pelo qual nutro grande admiração e ao amigo que guardo no coração: Wagner Castropil.

Aos tios Reimei e Hatuyo Yoshioka, meu muito obrigado por toda ajuda na realização desta obra. Tenho por vocês um grande carinho e respeito. *Domo arigato gozaimasu.* Ou, adequando o termo à pronúncia: *domo arigatô gosaimassu* (obrigado por tudo).

À bondade do universo me levou a conhecer dona Emília Yajima, uma mulher que mantém viva a tradição do *sakura* (sacurá), ou cerejeira. Com mãos sagradas de mãe, faz as sementes desabrocharem em lindas flores de cerejeira, disseminando essa cultura japonesa.

À família Trombini de Caraguatatuba, que está sempre com as portas e os corações abertos para minhas visitas. Amo vocês.

Ao grande carateca e irmão, José Alberto de Siqueira Campos, o Corisco. Um homem honrado.

Aprendi muito com Luis Roberto Satriani, o Betão, coração de homem e alma de menino, dando um exemplo de superação na vida e nos treinos.

A Roberto Luis Troster e Gabriela Borges, anjos mensageiros, ponte entre o sonho de escrever minha história e a realização deste livro.

A Carlos Tramontina, meu muito obrigado por sua paciência em me dar suas preciosas dicas para a realização deste livro.

Ao amigo Jairo Bouer, minha admiração e gratidão por seu belo depoimento.

Ao amigo Marcio Bernardes, um grande e fraternal abraço.

A Maurício Marconi, mais que um fotógrafo profissional que consegue transformar cada clique de sua máquina em uma obra de arte.

A um poço de bondade e perseverança, Adélio Brito. Um homem que enfrenta as dificuldades da vida com coragem, sorriso no rosto e uma frase característica: "Sim, eu o ajudo".

A todos os meus queridos irmãos que como tal me reconhecem.

A todos os meus alunos e eternos guerreiros. Sem vocês não faria sentido colocar meu quimono todos os dias às 6h e tirá-lo às 23h.

Força e honra!

Amigo de palavra

Conheci Max em maio de 2006. Não me recordo agora o dia em que Gabriela Borges, minha prima, me ligou dizendo que havia um livro a ser escrito; que o amigo de um conhecido seu procurava alguém que o ajudasse a contar sua própria história; que pudesse emprestar "pena e tinta" para preencher as páginas de um livro com sua vida. Como descobriria em breve, a vida de um herói anônimo, como tantos espalhados pelo mundo; a vida de um menino abandonado pelo pai, revoltado e que se realizaria como homem pelo caminho suave do judô...

Escrever é meu ofício; sou jornalista – já o era em 2006. E antes de ser um operário do verbo, sempre quis ser um artesão, fazer textos que vão além de informar. Textos com arte, o que para mim significa dizer textos com vida. Além disso, quando atendi ao telefonema de Gabi naquele mês de maio, estava voltando de uma aula da pós-graduação. Na época, fazia o curso de jornalismo literário. Ou seja, grosso modo, fazia um curso que ensina pessoas a narrarem histórias de vida.

Enxerguei então no "convite" oportunidade de testar minha capacidade de produzir uma obra de grande fôlego; obra que não seria minha, mas de Max. Escreveria em primeira pessoa, procurando reproduzir as visões de mundo, o jeito e a intensidade com que Max memorizava e narrava suas experiências de vida. Narrações que aconteciam de duas maneiras básicas: pessoalmente ou por meio de um livro de memórias que ele elaborou para facilitar o trabalho de seu ajudante. Muitos trechos desta autobiografia são reproduções ipsis litteris do livro de memórias de Max. Não poderia ser de outra forma.

O fato, leitor, é que se não houvesse empatia entre mim e Max não chegaríamos onde estamos agora: suas mãos. Desde o princípio, nós nos entendemos mais do que nos desentendemos. Talvez porque meu pai seja judoca, o que me levou a gostar do esporte e, consequentemente, do judoca Max. Ou, quem sabe, pela imensa vontade de descobrir como um menino pobre como ele chegou onde chegou – além de judoca, bem-sucedido empresário. Ou, simplesmente, porque tinha de ser e pronto.

Foram quase três anos de encontros mensais. No início, quase sempre tínhamos a companhia de Gabriela. Eu lia seu livro de memórias, depois discutíamos os trechos; novas lembranças lhe vinham à mente, ele as contava enquanto eu as anotava. Porém, fazíamos muito mais do que isso. Discutíamos de tudo: religião, filosofia, filhos, trabalho, atualidades etc. Inúmeras vezes eu me sentei à mesa do almoço e da janta com ele, a esposa, os filhos, o sogro, a sogra, os amigos e quem mais fizesse parte do seu círculo de afeto. Foi assim que deixei de ser "o jornalista" para me tornar Wagner aos olhos dos seus entes queridos. Foi assim que conseguimos atravessar um longo tempo de trabalho e convívio como bons amigos.

Aliás, se este livro deixa alguma lição aos leitores – e posso assegurar que deixa muitas –, destaco a amizade. Amizade como fonte de entusiasmo para prosseguir quando todo o resto parece nos faltar, parece inexistir, nos desestimular. Amizade como porto seguro a que podemos retornar sempre que tempestades da vida acabam com nosso navio, deixando-nos apenas o frágil barquinho salva-vidas. Amizade que prescinde descrições e adjetivos porque se mostra, sobretudo, em atos.

Para mim, cada amigo é um mestre, ao qual não nos dirigimos com a reverência que as convenções de outrora exigiam ao tratar-se de um mestre clássico, aquele que só ensina e nada aprende porque parece já saber tudo. Um amigo é um mestre porque nos ensina vivendo ao nosso lado, fazendo da própria vida um laboratório para nossas análises... "Ah, nisso eu acho que você errou. Eu não faria assim. Já naquilo você foi bem. Vou pelo mesmo caminho." É talvez o melhor dos mestres, porque é feito de carne e osso, medo e coragem, como qualquer pessoa, inclusive você...

Ajudar Max a escrever *Aprendiz de samurai* foi mais do que um aprendizado profissional, muito mais. Foi um aprendizado de vida e, sobretudo, a descoberta de uma amizade... Espero que você encontre nestas páginas o amigo que encontrei enquanto o ajudava a escrevê-las.

Wagner Hilário
Jornalista e escritor

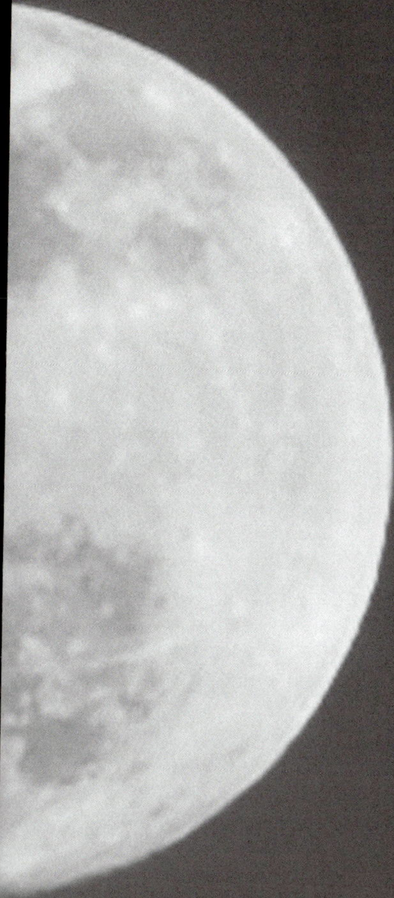

A CRIATIVIDADE E O AMOR TRANSFORMAM A REALIDADE

Morar em um ambiente em que as pessoas se amem e se respeitem mutuamente é a melhor coisa possível.

Confúcio

Vejo tudo daquela noite, como se em minhas mãos houvesse uma bola de vidro e dentro dela toda a cena transcorresse, e as imagens ganhassem a vida que um mágico é capaz de dar à plateia ao fazer um pano vermelho, leve feito seda, virar uma alma alada e branca, cheia de calor e existência.

Ouvia o barulho das ondas se chocarem contra a areia da praia do Cruzeiro. Minha avó, Maria José, acabara de me banhar na bacia, com água esquentada em fogão a lenha. Era assim, sempre, em minha iluminada infância. Depois eu corria, com o chinelo frouxo no pé, para o quarto do meu avô, Benedito Maximiano. Normalmente, eu dormia com ele em uma estreita cama de solteiro sem colchão. No lugar, uma espécie de esteira.

Nas casas em que não havia luz elétrica, sete da noite já era hora de dormir. Meu avô estava deitado quando cheguei ao quarto, ansioso pelas conversas, pelas histórias de luta que ele me contaria naquela noite, seguramente diferente das anteriores. Suas histórias funcionavam como prólogo para meus sonhos, cheios de glórias e conquistas... Sonhos de menino.

Aconcheguei-me junto do homem que mais amei nesta vida. Naquela noite, como em tantas outras, como sempre, éramos almas companheiras em uma cumplicidade infinda. A sintonia entre nós era tamanha que nossa relação não demandava palavras, embora a carícia e a perenidade do verbo não nos faltassem.

Sob os carinhos de Benedito, deitei-me como ele, de barriga e olhar para o alto, para o teto sem laje, telhado soturno, desnudo, com o qual estava acostumado a deparar-me nos instantes que precedem o sono. Daquela vez, no entanto, havia um inconveniente, um detalhe fulgurante, rompendo a escuridão do cômodo com uma claridade delatora: no teto do quarto havia uma fresta, já quase um buraco, que poderia nos trazer problemas mais sérios, caso uma chuva caísse.

– Vô, se chover, vamos nos molhar – eu disse, apontando para a falha no telhado de amianto, sem laje.

A noite era morna e não dava a impressão de que choveria...

– Precisa arrumar o teto – continuei.

Meu avô olhou para a fresta com um sorriso sutil desenhado em sua face alva e delicada, em conformidade com sua compleição. O bigode discreto, quase sem volume, arqueou-se para cima, nas extremidades da boca, alinhado à expressão de satisfação que a resposta, ainda por ser dada, já lhe causava... Ainda antes de dizer qualquer coisa, meu avô acariciou-me a cabeça. Com um amor imenso nos olhos, respondeu:

– Olha que privilégio o nosso. Como somos felizes! Em que outra casa, mansão ou castelo você poderia ver a lua da cama?

Vi os cristais daquela lâmina de luz, oriunda de um extraordinário espelho redondo, tocar a cama, depois de cortar a atmosfera do quarto e revelar a poeira suspensa.

Os olhos de Benedito tinham um brilho diferente... Ainda sinto os seus braços me cercarem delicados, mas protetores. Vejo-me pelos meandros da memória como um telespectador atento da vida ressuscitada, naquela redoma, e ao mesmo tempo me sinto protagonista; enxergo com os olhos daquela criança que nunca deixarei de ser.

Benedito teve amor e criatividade suficientes para mostrar-me que a vida pode ser amarga ou doce, depende de como seu coração está, de como enxergamos o suposto problema. O certo é que só damos ao mundo o que sobra em nós. Amor e criatividade não podem faltar nem bastar. É necessário mais.

Um homem conseguiu transformar um momento de dificuldade em um barraco em um instante mágico na vida de um menino...

Dali em diante, daquela cena do passado, tão presente para mim quanto o futuro que desejo aos meus filhos, nunca mais enxerguei a pobreza como uma coisa feia.

• • •

Lembro-me da casa da minha infância com a nitidez do presente, embora tenha saído de lá há mais de duas décadas.

Nasci em Ubatuba, cidade do litoral norte de São Paulo, que em tupi significa "muitas canoas". Há quase quarenta anos, o município não era muito diferente do que é hoje. Já àquela época, seu porto, que em determinado momento da história deste país teve grande importância, nem mais porto era. Tampouco a praia do Cruzeiro, que também era conhecida como a praia de Iperoig, onde o padre José de Anchieta escreveu o célebre poema *A virgem*, ostentava seu valor histórico.

Como também acontece atualmente, na minha infância, a pesca e os turistas de temporada faziam a modesta riqueza de Ubatuba... E, para ser franco, realmente não creio que seja necessário mais do que o modesto para a felicidade.

O velho barraco em que cresci, e que chamei de casa, pelo valor afetivo que me inspira e por se prestar a tal papel com a mesma eficiência ou até com mais se comparada a uma mansão, é a prova de que a felicidade não conta cifrões, pois foi lá que vivi os anos mais felizes de minha vida.

Quatro cômodos: cozinha, dois quartos e, do lado de fora, um cercado de compensado, com um buraco no chão – o banheiro. O quarto do meu avô, mesmo contíguo ao barraco, só era acessível por fora. Não havia porta em seu interior que nos levasse ao cômodo daquele homem alvo como sua mãe, uma imigrante italiana chamada Pureza Siciliana, de quem, além da brancura da pele, ele puxara o gênio indômito.

Minha mãe, Tereza, minha avó e minhas tias, Isabel e Celi, dividiam-se pelos demais cômodos da casa para dormir.

O mirrado barraco não permite tecer descrições mais elaboradas. Um dos seus traços mais marcantes, contudo, e do qual jamais poderia esquecer, era o chão sem piso, chão sem brilho de azulejo, sem calor de carpete, sem a textura áspera do concreto. Chão de chão, de barro, para ser exato. Era bom poder jogar bolinha de gude dentro de casa. Tirava uma lasca da terra e o buraco estava feito. Nada que comprometesse o trabalho do meu avô de bater a terra para fazer o chão da casa plano.

Minha família não era de caiçaras. Por parte de mãe sou um caipira paulista. Por parte de pai tenho sangue italiano. No fim, saí-me um caiçara, apaixonado pelo mar e tudo o que a cidade das "muitas canoas", cercada pela Serra do Mar e mergulhada nas águas mais cobiçadas do litoral norte paulista, tinha a me oferecer...

Lembro-me todos os dias de onde vim, da minha essência; isso me fortalece, faz-me autêntico e me enche de coragem. Essa palavra, coragem – que vem do francês *coeur*, coração –, etimologicamente significa a capacidade de defender nossa essência, nosso coração. É preciso coragem para amar, por exemplo, o ato de mergulharmos fundo em nosso eu e, ao mesmo tempo, emergir daí para nos descobrirmos no outro: morte e redenção, solidão e comunhão.

No meu entender, o coração, em seu valor metafórico, é a ponte que liga o céu à terra, fonte que sustenta nossa saúde espiritual e emocional ligando-nos a Deus. Quando nosso coração está forte, não nos falta coragem de sermos autênticos; a autenticidade é o que nos torna memoráveis.

Em suma, força de coração é ter coragem de ser tudo o que somos de verdade... Por isso, quem se esquece de onde veio perde o rumo na vida.

– Filho, você pode conquistar o mundo se tiver valores sólidos. Faça aquilo que vem do coração. Assim não ficará insatisfeito, não sentirá inveja. Com honestidade na vida, ficará assombrado com o que receberá de volta, pois nossa maior fortuna é a honra – costumava-me dizer Benedito.

Lembrar-me de Ubatuba, lembrar-me do barraco em que cresci é lembrar-me de Benedito e, assim, estar mais perto da minha essência, do meu coração, da lua que ganhei de meu avô naquela noite iluminada de magia.

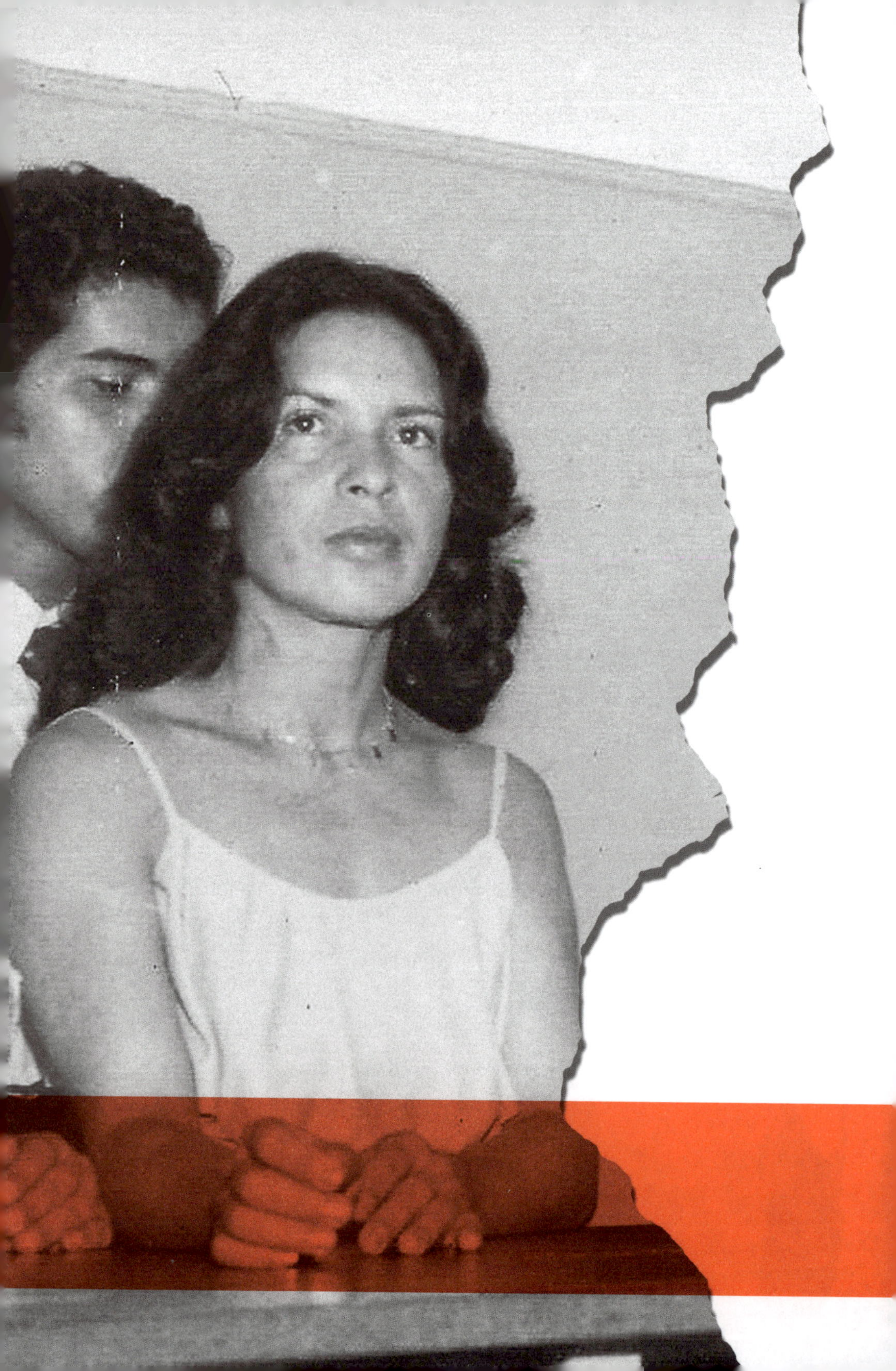

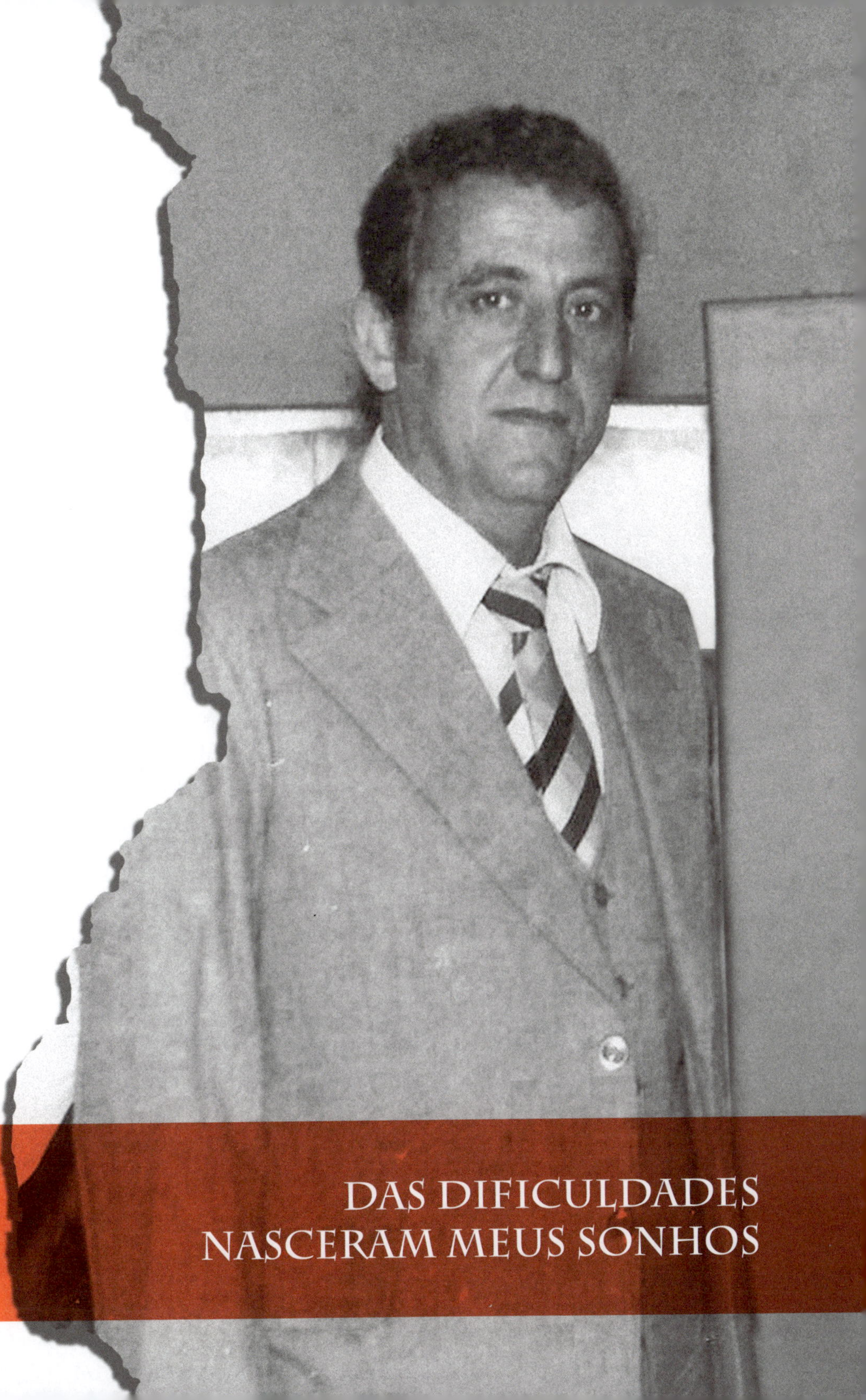

DAS DIFICULDADES NASCERAM MEUS SONHOS

Não há nada como o sonho para criar o futuro. utopia hoje, carne e osso amanhã.

Victor Hugo

Não se pode assegurar que foi amor, nem paixão, mas se dissessem que foi encantamento à primeira vista não seria uma inverdade. Milton Trombini era um rapaz de 20 anos, e Tereza Maximiano, com 22, era uma mulher de beleza notável, e até por isso uma fonte de ciúme sem fim. Benedito, seu pai, costumava lhe dizer que tinha o destino da lua: "A todos encanta e não és de ninguém". Quando a viu passear pelo parque, uma das principais diversões dos jovens de então, em uma dessas noites agradáveis e frescas de Ubatuba, Trombini não titubeou.

"Se aproximou de mim, abordou-me educadamente e tinha uma ótima conversa. Confesso que era um belo homem: rosto másculo, quase um metro e noventa de altura, olhos claros, charmoso e galanteador, sem nunca ser vulgar. Não demorou, começamos a namorar."

Benedito era quem costumava levar a filha para o parque de diversões. Gostava de ouvir as músicas que tocavam enquanto os brinquedos faziam a diversão dos garotos e garotas da cidade. Ele ficava em um canto, quieto, concentrado nas canções que vinham do alto-falante. A filha rodava pelo parque exalando seu perfume precioso de frasco pequeno, não tinha mais do que um metro e meio de altura, pele morena como a de uma índia e corpo de mulata em dia de desfile de carnaval.

– Uma das mulheres mais belas que já conheci – disse-me meu pai certa vez.

O jovem Trombini era filho do dono do parque, entretenimento sem raízes em Ubatuba e em qualquer outra cidade. Era um empreendimento itinerante, idealizado e realizado por Mario Trombini, meu avô, um imigrante italiano. Quando a família Trombini chegou ao Brasil, a princípio na cidade de Santa Maria da Serra, no interior de São Paulo, para trabalhar nas lavouras de café, Mario e sua esposa, Maria Imaculada Luppino, ainda não tinham filhos. Os três meninos, Sidnei, Milton e Nelson, nasceriam em Itirapina, cidade da região de Rio Claro.

A família ainda moraria por um tempo nas cidades vizinhas, Torrinha e Brotas, indo depois para a capital, São Paulo, já que as lavouras de café passavam por um momento difícil. Sem encontrar o que queria na grande cidade, Mario se mudou com esposa e filhos para São José. Logo, o espírito empreendedor soprou em seus ouvidos ideias de prosperidade e, em pouco tempo, Mario compraria um parque de diversões em Taubaté. Sob sua direção, o parque passaria a chamar-se Parque Imaculada, em homenagem à esposa.

Quando minha mãe conheceu Milton, os Trombini já eram uma das principais famílias do litoral norte paulista, o que incluía cidades como a própria Ubatuba. Contudo, moravam em Caraguatatuba, para onde Mario havia transferido a sede da empresa, na ocasião do centenário da cidade, 1957, quando o parque fez parte dos festejos. A história de empreendedorismo da família Trombini agradava Benedito Maximiano, fazia-o respeitar Mario, a esposa e os filhos. Via com bons olhos o namoro da filha com um dos Trombini.

“Meu pai gostava do Milton, que por sua vez era simpático com ele, puxava assunto e até lhe dava presentes. Seu avô não era fácil, mas o seu pai sabia tratá-lo... Comigo o Milton era amável, mas ciumento ao extremo. Depois que começamos a namorar, não permitia mais que eu circulasse pelo parque. Trancava-me no trailler de onde se controlava os brinquedos.”

Tereza respeitava a possessividade do namorado, não fazia disso uma razão para desentendimentos. Milton exercia nela uma autoridade impensável para os que conheciam o histórico indômito da moça, cujo temperamento em grande parte herdara do pai.

• • •

O tempo escorreu por entre os dedos daquele jovem e belo casal. O namoro se consolidava, apesar das restrições ferozes de Mario e Maria Imaculada Luppino, uma italiana de nariz aquilino que devotava ao marido um respeito e um amor similares ao que devotava a Deus. Assim como as peculiaridades físicas, contudo, Mario e Imaculada também traziam da Velha Bota alguns preconceitos, razão pela qual se opunham ao namoro do filho desde o começo.

Além de não ser de puro sangue italiano, Tereza era bela demais.

"Mario dizia que mulher bonita não era para casamento, dava muita dor de cabeça."

Porém, Tereza, o "pedaço de mau caminho", a mistura bem-sucedida de italiano, português e índio, engravidou do filho do meio da família Trombini. Então, aquele casal de italianos puros ganharia um neto brasileiro, com toda a mistura que lhe cabe, a exemplo da mãe.

– Um moleque de 20 anos, totalmente dependente e temente ao pai, o que se podia esperar – disse-me minha mãe, tentando compreender as razões que levaram Milton a levantar a possibilidade de ela tirar a criança.

Na ocasião, Tereza balançou diante da insegurança do namorado. Chamou uma de suas irmãs mais novas, a tia Celi, para explicar-lhe a situação. Do lado de fora do velho barraco, onde eu passaria toda minha infância, atenta à voz para não ser ouvida, minha mãe contou à confidente que poderia tirar a criança.

"Entre outras coisas, temia pela falta de apoio do Milton e também do meu pai. Temia ser malvista e abandonada por um e por outro."

Quando voltou ao interior do barraco, encontrou Benedito mexendo um líquido em um copo, aparentemente água com açúcar.

– Embora jovem, você se mostra e me parece uma mulher bastante corajosa, Tereza – disse-lhe com os olhos fixos no líquido que mexia.

– Por que diz isso? – estranhou Tereza, olhando o pai de cima para baixo, com o nariz estreito e delicado ostensivo, em um movimento natural de sua personalidade diante de uma situação que lhe gere desconfiança.

– Ué! – preparou a resposta Benedito, com a serenidade que apenas os donos da verdade conseguem ostentar... – Não foi você quem disse estar disposta a acabar com uma vida para resolver um problema?

– Do que está falando? – Tereza se fez de desentendida, mas sem perder o tom altivo que caracterizava sua maneira de falar e que ao mesmo tempo ensejava suas frases pausadas.

Com o olhar fulminante nos olhos da filha, Benedito lançou-lhe a verdade sem perder o prumo e a aparente calma.

– Eu ouvi a conversa que teve com sua irmã agora mesmo no quintal... Faz o seguinte, bebe isso aqui, mata a criança que está na sua barriga e morre junto. É veneno. Se para resolver os problemas é preciso matar, bebe, assim você morre e a criança morre junto.

"Senti-me aliviada com a reação do meu pai", confessa Tereza, soltando o ar do pulmão como se soprasse para fora de si uma moléstia indesejada.

Claro que não era veneno, e tudo a levava a crer que aquele ato era a prova de que seu pai estaria ao seu lado. Mesmo assim, simulou estar com o orgulho ferido diante das palavras de Benedito e aproveitou para se assegurar de que o pai a apoiaria na decisão de ter o filho:

– Tudo bem, agora vou te dizer uma coisa... Quando essa criança nascer, você vai cuidar dela, você vai ser o responsável por ela.

– Pode deixar que eu mesmo vou cuidar do garoto.

Sem se dar conta, Benedito profetizou qual seria o sexo daquele embrião. Além disso, cumpriria com sua palavra, cuidaria do menino.

Com Benedito Maximiano nunca houve mal-entendido. Ele sempre dizia o que queria e fazia o que dizia, por isso era um homem confiável e respeitado por todos. Benedito Maximiano alinhava suas palavras com seus atos.

A verdade é que, na noite do copo d'água com açúcar, ele salvou minha vida e mostrou para minha mãe que solucionar um problema é diferente de acabar com ele. Solucionar é, antes de tudo, impedir que novos problemas derivem do primeiro; mais do que isso, é fazer dele um benefício, uma conquista, um aprendizado. Acabar com um problema é substituí-lo e nada receber em troca.

– Nada se compara ao amor que sentimos por um filho. Dar à luz é a menor distância a que podemos chegar da natureza, de Deus – disse-me Tereza, com a voz pujante de uma atriz que vive a realidade com a mesma dramaticidade dos espetáculos teatrais. Suas palavras eram cheias de emoção, embora as escolhesse como um pintor prestimoso o faz na escolha da cor que melhor expresse esse ou aquele detalhe do quadro. Assim como meu avô, minha mãe é hábil com as palavras, fala por alegorias e consegue ordenar racionalmente um discurso, de modo a torná-lo ainda mais comovente.

Se ela se sentiu mais perto de Deus ao dar-me a vida e tornar-se mãe, Milton não pôde narrar e tampouco sentir o que era ser pai. Eu não tinha nem um ano na ocasião em que ele partiu com meu avô Mario em um dos caminhões do parque para só voltar quinze anos depois. Porém, a verdade é que o abandono começou antes mesmo do meu nascimento.

• • •

Quando a gestação de Tereza ainda se encontrava no início, um episódio sentenciou o insucesso do relacionamento entre meu pai e ela. Mais do que isso, foi o ensejo para minha jornada de vida.

– Sua mãe e eu não ficamos juntos por causa de uma calça jeans – confessou-me Milton, em referência ao fato de Tereza não gostar de vestidos e saias, só de calça jeans, uma peça incomum nos armários e nos corpos das mulheres da época. Uma dama não podia vestir calças, era imoral pela ótica dos mais conservadores. E meus avós paternos eram conservadores.

Certa vez, Milton pediu a Tereza que entregasse um bilhete a Mario. Ele próprio não poderia, em virtude do trabalho no parque. Minha mãe não se lembra com precisão, mas o bilhete devia tratar de afazeres corriqueiros no empreendimento da família. Tereza sairia de Ubatuba, onde o parque estava instalado, para ir à vizinha Caraguatatuba, à casa dos Trombini; uma hora de viagem em uma estrada mal conservada e cercada pela Mata Atlântica.

No entanto, Tereza deveria ir ao lar dos Trombini sob uma condição estabelecida por Milton: suas pernas e quadris não seriam cobertos por uma calça jeans. Isso para que a entrega do bilhete não se transformasse em um episódio de discórdia e desentendimento. Então, Milton comprou, especialmente para a visita, um vestido para Tereza.

"Sempre me senti uma jeca com vestidos; gosto mesmo é de calça."

Porém, resolveu ceder aos pedidos do namorado. Estava disposta a ir de Ubatuba a Caraguatatuba entregar o bilhete do filho ao pai com a comportada indumentária.

Na rodoviária de Ubatuba, entrou no ônibus, exemplarmente vestida e sob a supervisão de Milton, que naquele instante se sentia orgulhoso por mandar a encomenda na mais perfeita ordem, embalada ao gosto dos pais. Mas era uma carga viva. Fez a viagem, inserida no vestido novo em folha, detalhe que não a fazia se sentir menos "jeca". Contudo, bastou descer na rodoviária de Caraguatatuba para dirigir-se ao banheiro, tirar o vestido e colocar camiseta e calça jeans. O ato de Tereza mostrava um pouco da sua índole irreverente e o desejo de ser ela mesma na frente dos sogros.

Foi recebida pelo irmão mais velho de Milton, Sidnei, que nada disse sobre o traje. Jantou com os sogros, que também guardaram silêncio sobre a indumentária pouco adequada para a mulher que desejavam para o filho.

"Fui bem tratada... Mas era só fachada. O Milton teve de encarar uma bateria de críticas aos modos e às roupas de sua namorada."

Seguramente surgiram suspeitas a respeito da integridade moral da minha mãe, para usar um eufemismo. Creio que, de certa maneira, meu pai começou a se deixar levar por essas suspeições, começou a ceder aos preconceitos dos pais.

– Tereza, como você foi ontem à casa dos meus pais? – perguntou-lhe Milton com a indignação latente em sua voz.

– Como assim? – mais uma vez, fez-se de desentendida.

– Você não foi de vestido?

– Fui – mentiu, altaneira.

– Não foi, não... Você estragou tudo, Tereza – disse Milton.

Estragou, mas o fim daquele romance não seria selado na acusadora e trágica frase. Mais sozinha do que acompanhada, afinal o parque levava sua vida, e Milton era parte indissociável dela, Tereza viu a barriga se avolumar, tendo nos olhos brilhantes e nas bochechas coradas a satisfação de ser mãe, tudo sem esconder a necessidade de ter o homem que amava mais perto de si.

• • •

Em meados de maio de 1968, a gravidez chegava ao seu nono mês. Na noite do dia 19, esquivando-se do vento frio daquele outono e das dores que a chegada do bebê lhe causava, Tereza foi levada pela mãe, Maria José Bento, uma religiosa e conscienciosa mulher, à maternidade do hospital Santa Casa da Misericórdia, de Ubatuba, o único do município, onde várias grávidas dividiam o mesmo quarto e se preparavam para dar a vida às suas pequenas e frágeis criaturinhas.

"Foram quatro noites e três dias com dores de parto. Quando achei que morreria, a única enfermeira de todo o hospital resolveu chamar o único médico."

Nos dias em que esteve internada, a visita só era autorizada às tardes. Apenas minha avó a visitava, visto que a presença de diversas mulheres, decompostas física e psicologicamente pela dor que precede a vida, inviabilizava a presença masculina, exceto a de um médico, o que por sua vez só acontecia na hora do parto mesmo.

"Não dormia em hipótese alguma. Quando a dor me dava uma trégua, não tinha sono. Quando o sono vinha, a dor o rechaçava. Fui desfalecendo, perdendo todas as esperanças. Quando via outras grávidas entrarem depois de mim na enfermaria e saírem antes, sentia-me frustrada."

Quando chegou a vez de Tereza dar à luz, a constatação médica não foi nada otimista, e talvez justificasse o longo trabalho de parto. A criança media mais de cinquenta centímetros e pesava mais de quatro quilos, requisitos incontestáveis para assegurar que se tratava de um bebê saudável, bem nutrido.

Contudo, com um terço do tamanho da parturiente, meus números de recém-nascido eram menos louváveis, naquele instante, do que temerosos. Mesmo com os dez dedos recomendáveis de dilatação, não havia espaço para minha passagem. Corríamos risco de vida – eu e minha mãe. O hospital não dispunha de recursos para a cesariana, sem contar que era uma alternativa pouco usada na época em todo o país. O perigoso fórceps entraria em ação, para que eu conseguisse me assustar com a mudança de ambiente, para ter meus olhos incomodados pela luz pela primeira vez e para que eu finalmente chorasse de saúde.

– Nasceu de cara para o mundo – disse-me minha mãe –, como se buscasse o mundo desde feto, como se quisesse olhá-lo nos olhos para saber o que se podia esperar dele.

Se eu pensava em tudo isso, francamente não sei, embora a ideia me agrade. Porém, não se pode duvidar de que vim ao mundo de cara e lutando muito pela vida.

"No olho direito, um hematoma roxo grande que muito me preocupou."

De acordo com Tereza, o hematoma fora causado por uma das pinças do fórceps. O certo é que o aparelho abraçou meu rosto, sem o menor carinho, com os dedos gélidos dos metais, pelo contorno frontal. Se fosse mal encaixado, poderia ter me cegado o olho direito.

"Mas, graças a Deus, o parto não deixou sequelas."

Apesar de os traumas físicos decorrentes daquele difícil nascimento demandarem mais tempo sob observação médica, minha mãe voltou para casa no dia seguinte ao parto. Milton excursionava com o parque e só iria me ver em outra oportunidade. Contudo, Benedito, narra Tereza, não titubeou e tampouco tardou a dar início à sua promessa:

"Improvisou um berço ao lado da cama dele e, quando você não estava sob os meus cuidados, era com ele que ficava."

• • •

Mais uma vez o tempo passava e as visitas de meu pai ficavam cada vez mais escassas. Tereza começou a incomodar-se. Amava-o, mesmo hoje não nega nem se recente do que sentia. Contudo, a saudade e a necessidade de ter o homem que junto dela concebera aquela vida, a necessidade de compartilhar o seu crescimento sol após sol, lua após lua, a fizeram se indignar com o pouco caso de Milton.

"Liguei para a casa dos Trombini em Caraguatatuba, deixei recado com um dos empregados para que avisasse o Milton sobre a minha ida à cidade naquele mesmo dia. Disse-lhe que o encontraria na rodoviária e fui, acompanhada da minha irmã Celi."

Tereza aguardou ansiosamente a chegada de Milton em meio ao barulho de vozes da rodoviária, até que apareceu um grande carro e parou diante das duas. As portas se abriram e desceram Mario Trombini e Maria Imaculada.

"O Milton estava em uma pescaria com os amigos na praia de Maçaguaçu. Não estava em casa, quando liguei e marquei o encontro."

O empregado nada avisou a Tereza, pois Mario resolveu inadvertidamente dar um basta no que considerava uma aventura malsucedida do filho. Ao menos era nisso que acreditava minha mãe. Para ela, meu avô duvidava que eu fosse fruto da paixão daqueles jovens inconsequentes. Dizia Tereza que Mario não me considerava seu neto.

"Foi isso o que ele me disse. Uma forma de me ofender sem dizer palavrões. A pior maneira de ofender, seguramente. Fiz o mesmo, usei a arma que tinha."

Embora Tereza tenha se valido da verdade, furto-me a revelar o teor do contragolpe, em respeito à minha família. Afinal, sou um Trombini. Posso relatar, no entanto, pelas palavras de Tereza, o que se deu ao fim da troca de acusações, uma falsa, e outra verdadeira.

"Mario estendeu-me a mão, olhou-me nos olhos, com olhos de dar medo, e disse:

– Muito prazer, Tereza. Agora, você segue o seu rumo, que nós seguiremos o nosso.

– Na sua mão eu não toco" – respondeu-lhe a jovem corajosa, mais motivada pela raiva do que pela coragem de dizer o que pensava àquele homem, com fama de mafioso na região.

"Ele se foi e eu parti imediatamente para a rodoviária. Pensei que o orgulho ferido de Mario resultaria em uma retaliação antes mesmo da minha volta a Ubatuba."

Tanto que, enquanto esperava na fila para comprar as passagens de volta, nem olhou para trás quando sentiu uma mão pesada tocá-la no ombro.

– Preferia tomar o tiro pelas costas – falou Tereza, sem ocultar sua credulidade nos boatos de que Mario era um homem perigoso... – Mas era o Milton.

Meu pai, ao chegar da pescaria em casa, presenciou a discussão de Mario e Imaculada em razão do que dissera Tereza. Meu avô dava à minha mãe adjetivos nada edificantes. Milton soube então o que ocorrera e foi à rodoviária, sem um tostão e sem uma muda de roupa, apenas a que trazia no corpo. Partiria para Ubatuba com a namorada.

– Você pode me pagar a passagem? Não tenho um tostão – pediu-me Milton.

Naquele dia, foi para o barraco e, pela última vez, dormiu sob o mesmo teto que eu. Não era a primeira vez; em outras oportunidades, em estadias em Ubatuba, Milton também dormia, mas aquela seria a última, pois na manhã seguinte...

– Milton, acorda! Seu pai está na porta de casa com um caminhão do parque – advertiu-lhe minha mãe.

– Deixa pra lá. Daqui a pouco vai embora – desdenhou.

Alguns minutos depois, as batidas à porta do barraco revelaram que Mario não estava disposto a ir embora sem antes conversar seriamente com o filho.

– Milton, seu pai está batendo à porta.

Ele se levantou e foi ao encontro do pai. Juntos, seguiram para o caminhão para uma conversa privada. Tereza se preparava para ir ao trabalho. A conversa de Milton com o pai já se estendia por longos minutos, e ela estava atrasada.

– Avisa o Milton que precisei ir para o trabalho – pediu minha mãe à irmã Celi.

Desnecessário. Após mais de uma hora de conversa, Mario deu a partida no caminhão e saiu acompanhado do filho, deixando eu e minha mãe para trás.

• • •

Deixo para Deus julgar as atitudes de meu pai e de minha mãe, e agradeço ao mesmo Deus por ter unido essas duas almas em uma noite linda no parque. Em sua infinita sabedoria, mudou o rumo da minha vida, desde o nascimento, pois afastou Milton para que eu e Benedito vivêssemos um amor puro entre pai e filho.

A percepção que temos do mundo é a nossa realidade. Uns acharão fantástico viver, outros dirão que é perda de tempo. Acredito que tudo tem uma razão, e somos menos fruto dos fatos do que da reação que lhes damos. Tudo o que aconteceu em minha vida ajudou-me a crescer e a evoluir, algumas vezes doendo no coração, mas sempre fortalecendo meu espírito. Aprendemos a andar ao cair e levantar. Vivemos em constante transformação, pois a mudança é a única constante em nossa vida. Mesmo com os tombos, não podemos desistir dos nossos sonhos. Se for necessário mudar para alcançá-lo, mudemos, não há pecado. O único erro que podemos cometer é não participarmos dessa dinâmica universal.

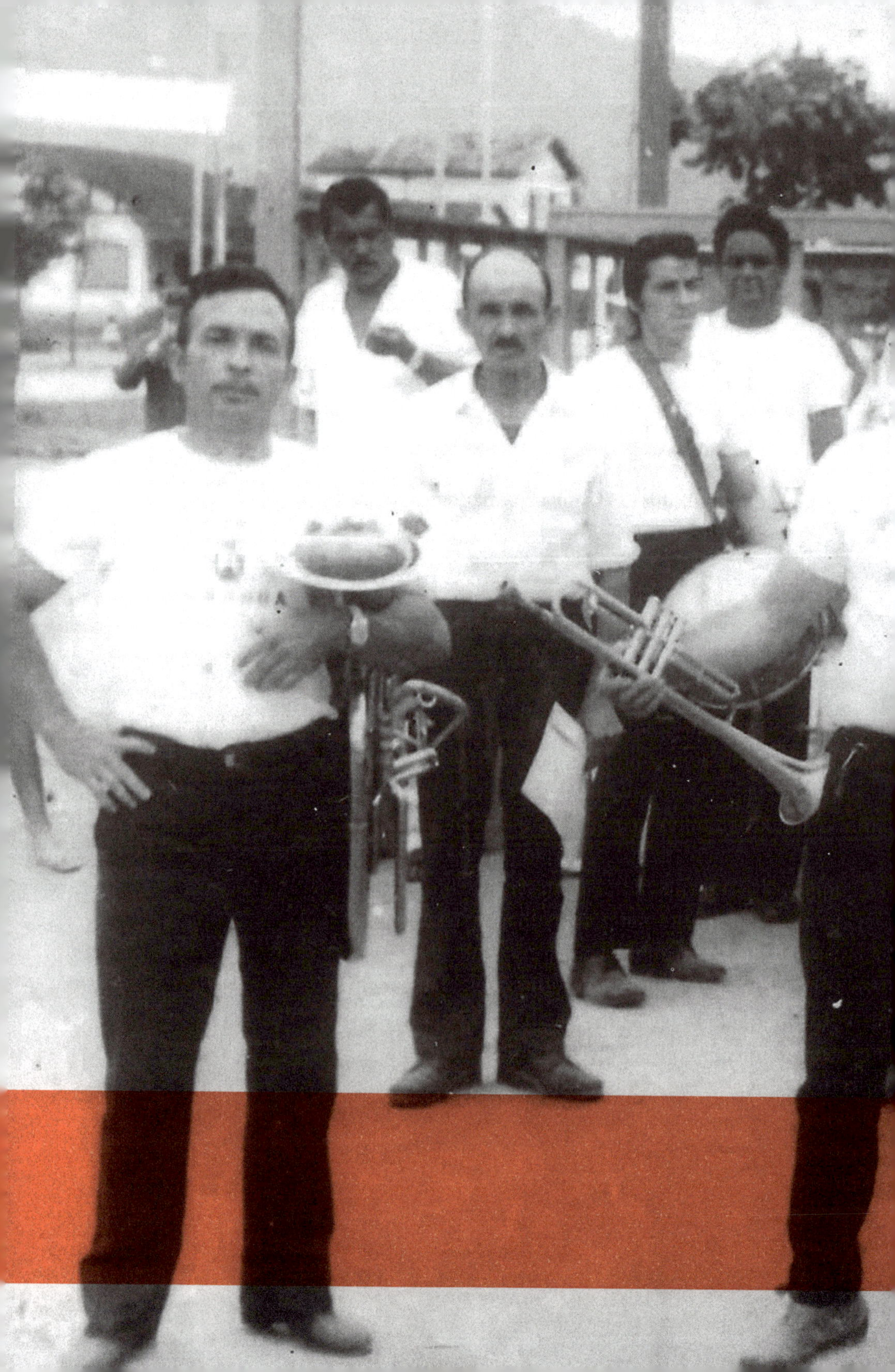

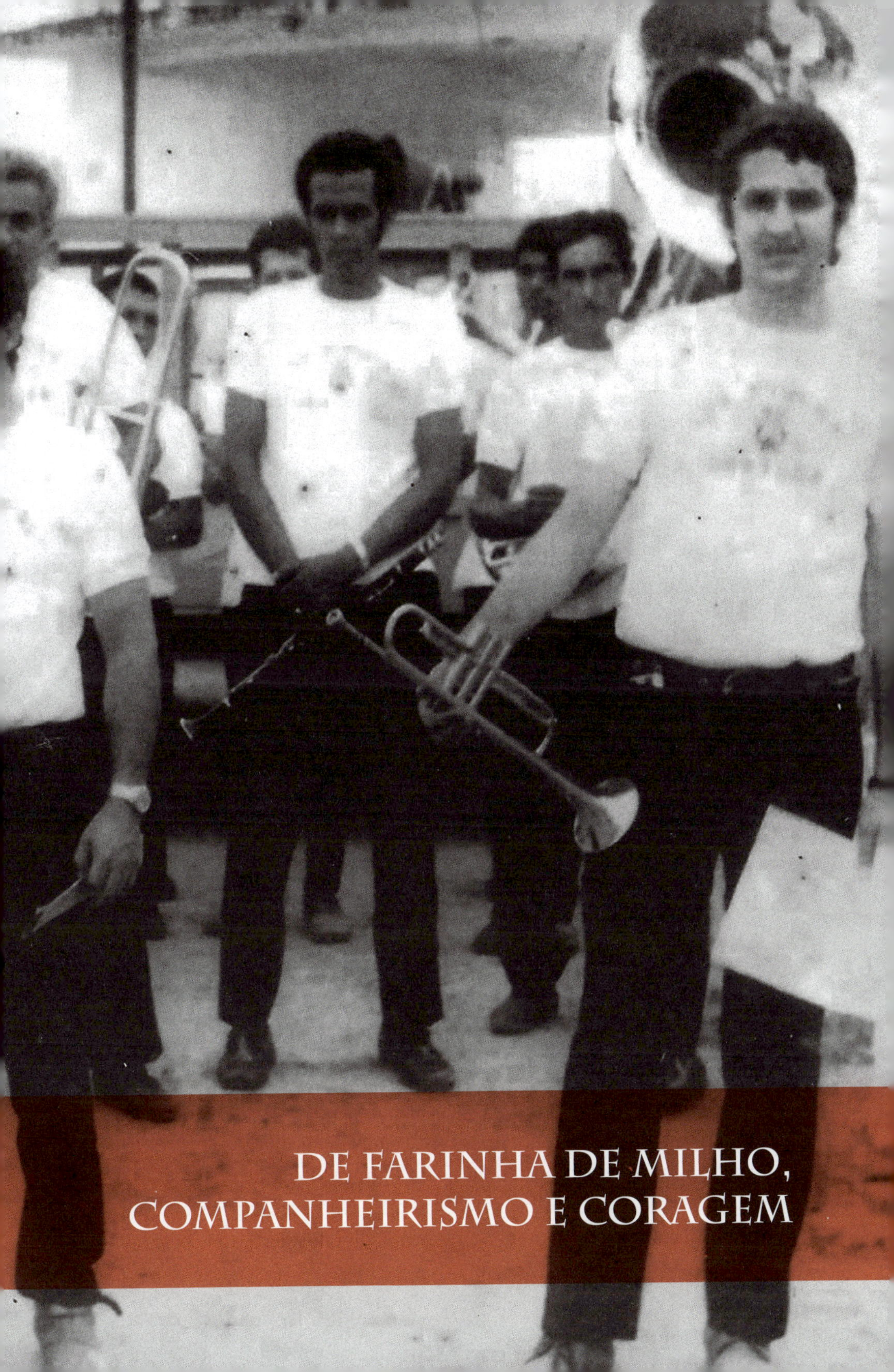

DE FARINHA DE MILHO, COMPANHEIRISMO E CORAGEM

Às vezes
o homem mais pobre
deixa a seus filhos
a herança mais rica.

Ruth E. Eenkel

Um barulhinho suave da madeira estalando no fogo, um cheiro de café a misturar-se com o cheiro da fumaça vindo do fogão a lenha de minha avó. Ouvia meus familiares conversarem na cozinha. As vozes de meus avós e de minha mãe vinham do aconchegante cômodo das refeições para inundar meus ouvidos de uma prazerosa segurança, cuja essência só a família, só os que viabilizam sua existência são capazes de proporcionar.

Parece que foi ontem. Que saudade! Quanto amor havia naquele barraco de madeira!

Benedito era quem preparava o meu café da manhã. Em uma caneca de alumínio colocava café, leite e farinha de milho. Ele sempre disse que farinha de milho é mais forte que pão.

– Mas pão é mais gostoso, pai – rebatia, com a espontaneidade e a franqueza típica das crianças.

– Quando receber, no começo do mês, prometo que compro – dizia-me com a peculiar afabilidade que me devotava.

Até meus 5 anos, antes de começar a frequentar a escola, acompanhava-o todos os dias em sua jornada de trabalho. O jardim pelo qual era responsável pertencia a um convento. Falar sobre seu trabalho era motivo de orgulho para Benedito. Não escondia os elogios que recebia das madres, tampouco se investia de falsa modéstia. Revelava-se lisonjeado e vitorioso. Não poderia ser diferente, competitivo como sempre foi.

– Elas dizem que antes de mim nunca tinham visto um jardim tão bonito. Dizem que sou um artista e não um jardineiro.

Benedito concordava com as madres. Confidenciava-me que ninguém era capaz de cortar uma cerca de mimo como ele. Era um perfeccionista. Embora ainda muito menino à época, recordo-me que a cerca de mimo ficava milimetricamente reta.

– Minha realidade me mostra o valor que possuo... Dessa forma, não sou apenas um jardineiro, sou realmente um artista. Lembre-se: o mundo é o reflexo do nosso interior.

Ir ao trabalho com Benedito era antes de tudo uma brincadeira. O jardineiro artista colocava-me sobre o seu carrinho de mão. Eu então cruzava as pernas para propiciar equilíbrio e facilitar a vida do condutor. Dava-me um volante de madeira feito por ele. Eu dirigia, e a barra que ligava o volante à roda do veículo não era mecânica, era o amor. Assim fazíamos ainda mais coloridas as nossas manhãs de flores, plantas e arte. Lembro bem que meu avô ia sempre assobiando uma valsa, de modo a conferir uma trilha sonora dançante ao filme que ele criara e dirigia só para o neto.

A paixão de meu avô pela música, todavia, ia além de assobios despretensiosos. Benedito não era apenas um artista com as folhas e flores do jardim do convento, também o era com seu infalível trombone, retumbando e vigoroso, na banda municipal de Ubatuba, conhecida como Lira Padre José de Anchieta.

Benedito era dedicado aos ensaios, tanto com o grupo de músicos, quanto os solitários, feitos no velho barraco, sob os protestos de Maria José e com o meu auxílio, o que ele comprava com a promessa de um doce. À indignação de minha avó, ele respondia:

– Você não sabe o que é a arte! – dramático como um personagem de ópera italiana.

A coroação de seus esforços diários se dava aos domingos, com a apresentação pública da banda. Benedito se realizava quando a Lira Padre José de Anchieta saía da sede e seguia a tocar pelas ruas de Ubatuba até chegar ao coreto.

Eu o acompanhava de longe, via-o vibrar ao tocar seu trombone. Podia ver a emoção nos seus olhos. Era como se estivesse iluminado naquele momento. Inflava o peito, olhava para cima e marchava no compasso e no ritmo de seu instrumento. Nem parecia aquele homem que, com um metro e setenta de altura, magreza saudável e cabeça baixa, sempre encimada por seu chapéu panamá, mirava o mundo com a seriedade e a desconfiança de um estrangeiro em terra inimiga. Era meu avô em sua mais pura essência.

Quando chegávamos à praça da matriz, a de Ubatuba, Benedito continuava a tocar, agora no coreto. Sentia-me, então, o dono daquele lugar. Aquela praça parecia um reino encantado, embalado pela banda da cidade, a qual também poderia chamar de banda do meu avô. Eu comandava a brincadeira com os meninos: corríamos, pulávamos. Sentia-me o mais poderoso dos seres ao descer a escadaria que dava no coreto...

A lembrança daqueles degraus da praça da matriz, cenário recheado de vida pelo som do trombone de Benedito, enche-me de uma alegria luminosa, como aquele raio de lua que singrou meu horizonte, como que para revelar novos mundos.

• • •

Quando comecei a frequentar a escola, no primeiro ano do primário, Benedito se responsabilizou por me levar e trazer. Assim como a elaboração do meu café, esse era mais um atributo exclusivo dele. Chegávamos sempre quinze ou vinte minutos antes do início das aulas. Benedito fazia questão de ser pontual. Para ele, poucos atributos eram mais importantes do que a pontualidade – talvez um deles fosse a honradez. Preferia a morte a deixar-se subjugar por quem quer que fosse.

– Não tenha medo dos outros meninos e, se estiver com razão, defenda-se... – dizia-me seriamente e mirando-me nos olhos. – Volte para casa com a cara vermelha de sangue, mas nunca de vergonha.

Na hora da saída, lá estava meu avô, de pé, ombro encostado no muro, com o velho chapéu panamá, de abas baixas – sempre muito sério. Eu ia até ele, entregava meu material e íamos para casa conversando sobre o meu dia de aula.

Esses retornos das aulas eram ainda mais agradáveis no começo de todo mês, quando ele recebia seu salário. Pegava-me no colégio e dali passávamos na padaria Estrela, também conhecida como padaria do

Zezinho, onde comprava, para meu deleite, um pão de coco. Posso sentir, agora, o gosto daquele instante simples.

Benedito era o meu maior e único amigo de infância. Não gostava que eu convivesse com os outros garotos, achava que poderiam ser uma má influência. Tinha uma grande aversão a grupos de moleques a perambular pela cidade, com suas brincadeiras, às vezes, perigosas. Achava perda de tempo.

Meu vínculo com as demais crianças era de coleguismo. Brincávamos muito na escola, mas também brigávamos, muito mais em caráter de desafio do que de ódio e desentendimento. Aliás, era das lutas que meu avô mais gostava. Na sua opinião, para ser um homem forte, eu tinha de aprender a lutar desde criança. Achava-me arguto o suficiente para prevalecer nas disputas. Ele geralmente as acompanhava como se fosse meu treinador, o que não deixava de ser. Os pais dos meus oponentes tinham a mesma postura. Não era hábito separar o combate; ele terminaria só depois de definido um vencedor. Éramos, eu e meus rivais, como se fôssemos gladiadores mirins. Os pais eram os treinadores.

Lutávamos na areia do pátio da Escola de Ensino Primário e Ginasial Dr. Esteves da Silva, que ficava nas margens do rio da Barra, cujo vai-e-vem, determinado pela maré do mar onde desembocava, eu via da janela de minha classe. Lutávamos sob os olhares paternos, torcedores e desejosos de verem seus lutadores vencedores desde a infância. Realmente, não escondiam seu orgulho nas pupilas cintilantes ao verem seus meninos vencerem.

Confesso, eu gostava das lutas. Desde sempre, as histórias contadas por meu avô que mais me enfeitiçavam eram as de luta, realizadas quando ainda era jovem e trabalhava abrindo estradas no interior de São Paulo. Esses desafios eram combinados entre ele e os colegas de trabalho, com o objetivo de mostrar quem era o mais forte e uma forma de passatempo entre eles. Mais ou menos como os meus, com a diferença de que entre as crianças às vezes havia algumas ofensas daqui e outras de lá para temperar a disputa, ou para instigar uma menos corajosa à luta.

Eu era um menino de cabelo claro e, à época, liso, como o de um índio – comprido, no estilo tigela. Uma desvantagem na hora das lutas, o que sentia especialmente quando me deparava com os meus rivais mais assíduos. Certa vez, encaixei em um deles uma providencial gravata, a especialidade de meu avô e cujos macetes ele me ensinava quase todos os dias, de maneira que eu realmente gravasse o procedimento para depois o executar com sucesso. Contudo, embora estivesse com a gravata bem aplicada, meu adversário pegou-me pelos cabelos. Enquanto apertava-lhe o pescoço e retorcia-lhe o corpo, ele puxava-me dolorosamente os cabelos.

Meu avô e o pai do garoto acompanharam tudo. Quando a inspetora apareceu no meio do alvoroço de crianças excitadas com a confusão, Benedito e o pai do menino se precipitaram sobre nós como se acabassem de descobrir que nos engalfinhávamos. Separaram-nos e cada qual simulou uma coça nos brigões, nada muito convincente. O fim precipitado da disputa não os agradara, tampouco a mim. Saímos todos com a sensação de empate. Nem meu avô nem o pai do menino poderiam se orgulhar do desfecho.

Porém, o velho Maximiano estava disposto a mudar aquele resultado. Eu também, afinal, cada vitória valia-me um doce. Assim, Benedito motivava-me ainda mais para vencer. Ele queria provar que o empate não traduzia a realidade. Estava convicto de que eu era o mais forte. O meu adversário e o pai dele precisavam saber disso também. Na manhã seguinte, antes de me levar à escola, Benedito disse à minha avó:

– Maria, passa óleo Johnson no cabelo do menino.

O desempate aconteceu logo na entrada e, antes que a inspetora acabasse com a "brincadeira", meu avô pôde constatar que sua estratégia dera certo. Superei meu rival e Benedito sentiu que poderia ir embora tranquilo. Seu neto ganhava o respeito dos colegas.

Não nego que essas histórias de infância me orgulham, tanto quanto se orgulhava meu avô de ver seu neto forte como imaginava ser capaz de fazer-me o café que ele preparava todas as manhãs. Ele me ensinava as mais variadas artimanhas de combate. Ensinou-me, certa vez, a improvisar um soco-inglês com pedras.

– Se alguém maior do que você quiser lhe pegar, arranja uma pedra, feche as mãos com a pedra dentro, e o seu golpe ganhará mais força.

Uma vez, na falta de pedra, fui obrigado a aprimorar de improviso a ferramenta; foi aí que rachei a fronte de um menino mais velho, que costumava me ameaçar na ausência de meu avô. Estava empinando uma pipa, sossegado, quando percebi que o moleque, uns dois ou três anos mais velho que eu, vinha na minha direção. Lembrei a artimanha que meu avô havia me ensinado e saí procurando uma pedra no chão, disfarçadamente, mas não encontrei nenhuma. Havia um caco de telha... Foi ele mesmo.

A ideia, indisfarçável do moleque, era me tomar a pipa. Eu a tirei do alto e segurei o pedaço de telha atrás, nas costas. Quando ele chegou me peitando, estava com o coração disparado, mas não titubeei. Com a pontinha da telha para fora, já que não cabia dentro da mão, direitinho, como acontecia com a pedra, dei-lhe uma pancada no meio dos olhos, que acertou um pedaço do nariz bem próximo ao olho direito. Faltou pouco para que eu o cegasse.

A mãe do menino ficou indignada e foi falar com meu avô sobre o que eu havia feito:

– Seu neto jogou uma pedra na cara do meu menino – essa era a versão que o garoto lhe contara.

– Mentira, vô... Eu fiz um soco-inglês do jeitinho que o senhor me ensinou...

Então, Benedito me lançou um olhar de censura, um pedido severo de silêncio – naquele instante, eu revelava à mulher que ele me ensinava a bater em outros meninos. Receoso de que só o olhar que lançara não conteria minha franqueza tagarela e ingênua de criança, resolveu cortar a discussão:

– Ó, minha senhora. É briga de criança, e em briga de criança eu não me meto, não. Amanhã tá tudo bem – ponto final.

• • •

Todos diziam que Benedito era tão temido quanto respeitado em Ubatuba. Famoso pela sua honestidade e pelo seu senso de justiça, meu avô também se fazia notar pelo temor que inspirava, pela habilidade que tinha ao brigar, pela facilidade com que manuseava uma faca, quando necessário. Em Ubatuba, ninguém se metia com ele. Minha mãe dizia:

– Embora seu avô não pense em fazer mal ao seu pai, seu pai tem muito medo do seu avô.

Dentre as tantas coisas que marcaram minha infância, já disse, mas vale repetir, não esqueço das histórias de luta de meu avô, as quais ele me contava com gosto e paixão, o mesmo gosto e a mesma paixão com que eu as ouvia. Uma delas, entretanto, ganhou cadeira cativa em minha memória. O causo se deu na ocasião em que Benedito trabalhava abrindo caminho no mato, criando estradas para os viajantes das redondezas, junto de outros homens. Como também falei anteriormente, o principal passatempo daqueles homens era o desafio programado para ver quem era o mais forte.

Um dos companheiros de trabalho de meu avô, sujeito respeitado pela compleição avantajada, detinha o status de mais forte. Benedito então resolveu desafiá-lo. O confronto se deu no alto de um morro e, estrategicamente, meu avô se posicionou de modo a derrubá-lo na ladeira. Rolaram os dois, e Benedito conseguiu vantagem. Enquanto se precipitavam feito um tronco de madeira, os "juízes" avaliaram que Benedito vencera a disputa. A comprovação ocorreu quando os dois homens chegaram ao pé do morro, e Benedito estava com a gravata precisamente aplicada no oponente.

Inconformado, o adversário de Benedito pediu a revanche e devolveu a Benedito a derrota que sofrera. Porém, do meio do bando de homens que assistiam à disputa, saiu uma voz, e dela uma frase que cabe muito bem em um livro de sabedoria popular:

– É, ganhou a segunda, mas é a primeira paulada que mata a cobra.
– A natureza não dá revanche.

Essas histórias e a minha experiência nos ringues da vida me fizeram mais forte. O velho guerreiro Benedito tinha razão: ensinou-me que, antes de tudo, na vida, é preciso ter coragem.

Acredito piamente que a maior genialidade não é aquela que vem da carga genética, nem é produzida pela cultura acadêmica, mas a que é construída nos vales do medo, nos desertos das dificuldades, nos invernos da existência, enfim, em um mundo de desafios. A coragem faz com que atravessemos turbulências quase que insuperáveis, que suportemos a pressão, a ansiedade. Faz com que transformemos obstáculos em degraus para nossa subida.

Benedito sempre me dizia que por dentro, no coração, devemos estar em paz e sermos bons com os outros, mas, fora, temos de estar sempre prontos para a luta.

É impossível entender esse ensinamento sem crer e manter um laço estreito, sincero e franco com Deus, o grande construtor do Universo.

Aliás, por falar em Deus, se devo boa parte da coragem que tenho ao meu avô, devo minha fé – irmã siamesa da coragem – a Maria José, minha avó.

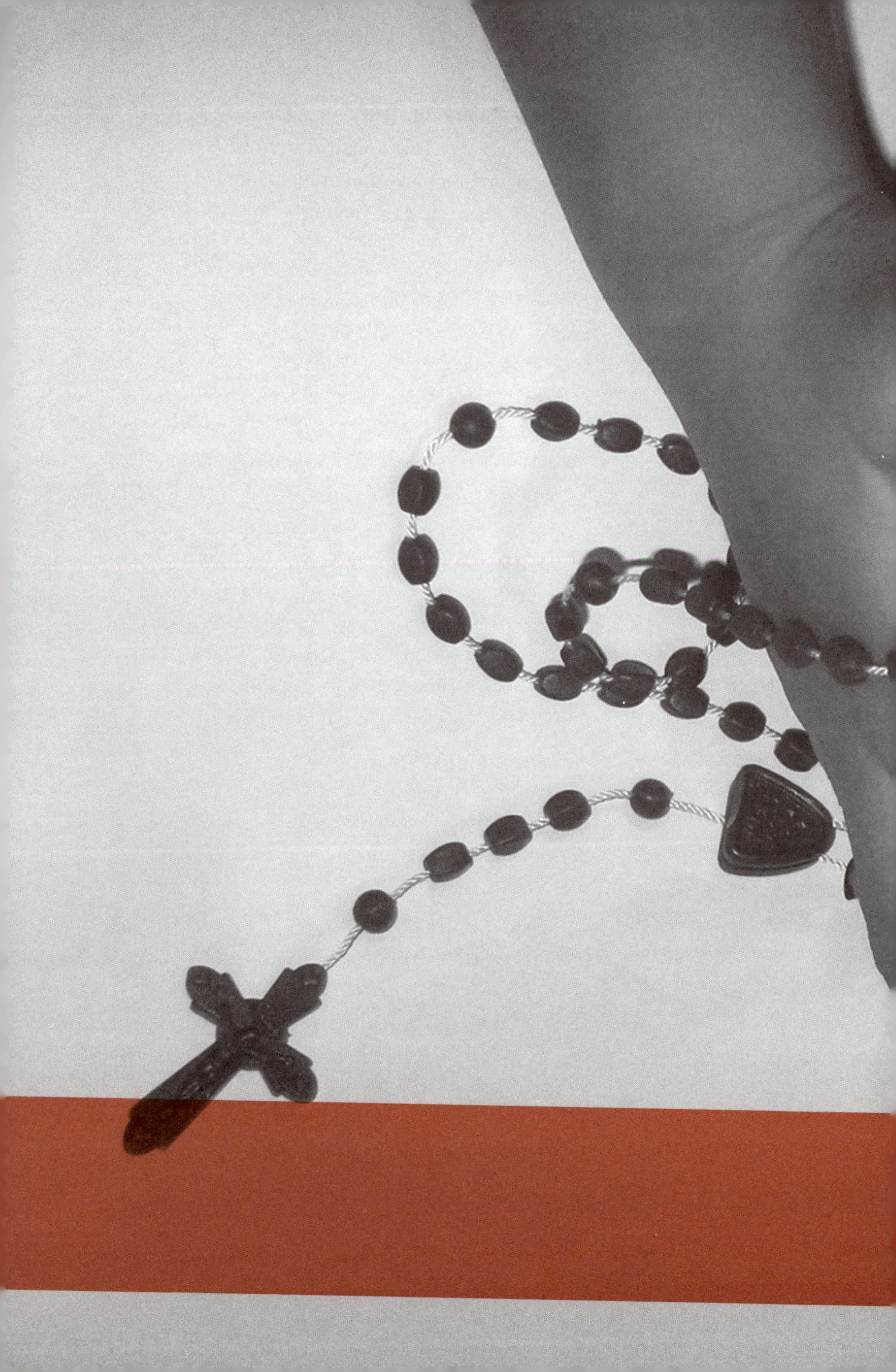

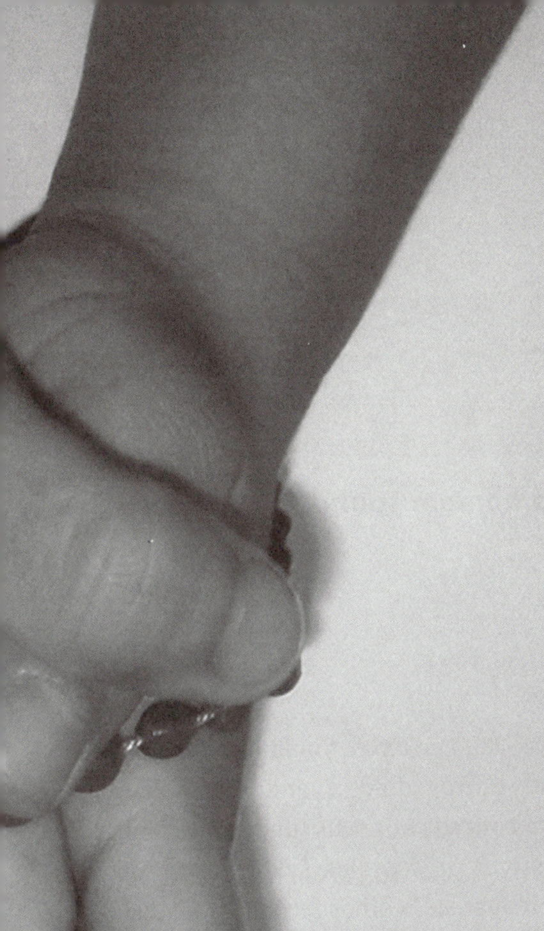

O ARQUITETO DO UNIVERSO E A ARQUITETA DA MINHA FÉ

Deus quer, o homem sonha, a obra nasce.

Fernando Pessoa

Era na mesa rústica do barraco, com o terço torcido na mão esquerda e o cigarro de palha inseparável, tragado de quando em vez com a serenidade e a cadência que a roça concede aos seus filhos, que minha avó ouvia a Ave-Maria, imberbe na voz da soprano, solenemente louvando a mãe do Deus em que ela acreditava. Os olhos fechados, a cabeça reclinada de modo sutil para baixo e à direita, a maçã do rosto a tocar o terço, a fumaça do cigarro em busca do céu e o rádio sobre a mesa. Se eu falasse com ela nessa hora, ouvia:

– Psiu! – com o dedo na boca e a fumaça a cobrir-lhe o rosto como um véu.

Entedia a advertência. Era um momento sagrado, o instante em que ela se conectava com algo maior, cujo nome mais usual é Deus, embora muitos outros sejam válidos.

Tenho Maria na memória como uma mulher baixinha, de pele clara que dourava em vez de enrubescer quando exposta ao sol. Tinha cabelo preto, longo e preso em coque, chinelo de couro, nariz aquilino e o cigarro de palha na boca, como se também compusesse suas características físicas. Costumava vê-la voltar para a casa todos os dias com as lenhas do forno amarradas, equilibradas sobre a cabeça, o que conseguia com o auxílio do machado erguido em paralelo ao seu corpo, de modo a servir de segunda coluna para a sustentação das lenhas.

Do quintal do barraco, via-a fazer aquele malabarismo, com o cigarro de palha na boca e na mão esquerda, na mão esquerda e na boca.

Dentre as minúcias de sua crença, algumas me diziam respeito, de modo mais acentuado, e ainda o dizem. Para Maria, o homem na infância era a personificação do anjo.

– As crianças são anjos. Depois é que viram adultos.

Hoje falo à minha filha Giovanna a mesma coisa:

– Você é um anjo.

Vejo nos olhos brilhantes, diante da torrente de descobertas característica da idade, o bem que a frase gera na alma de minha filha. Acredito que seja semelhante ao que eu sentia quando ouvia a mesma frase de Maria.

A primeira oração que aprendi com minha avó foi o pai-nosso. Não faz muito tempo, achava que Maria me ensinara errado a oração. Em vez de "assim como nós perdoamos a quem nos tem ofendido", minha avó rezava "assim como nós perdoamos aqueles que nos têm feito mal". Atribuía o equívoco à sua ignorância; minha avó não teve estudo nenhum. No entanto, ao analisar melhor as versões, percebo que os termos se prestam ao mesmo papel. Talvez o rezado pela minha avó seja até mais abrangente.

O certo é que, a essência misericordiosa dessa oração, translúcida de paz e compreensão do espírito humano, dava o tom das cordas que tocava o Deus de Maria, e deu o tom das cordas que toca o meu Deus.

Não é meu papel neste livro explorar aspectos religiosos. Respeito e tolero outras religiões, mas sou cristão, acredito na importância de amar, agradecer e reverenciar Deus. O curioso é que, embora Ele nos tenha dado vinte e quatro horas entre o dia e a noite, são poucos os que lhe dão quinze minutos de oração.

Além de crer no valor da reza, creio que, dos ministros de Deus, o mais sábio foi Jesus, uma espécie de mercador de sonhos. Porém, não trocava sua "mercadoria" por moedas com números e perfis de autoridades gravados nas faces. As cifras nada contavam. A moeda de troca reivindicada por Jesus era o amor; pilar central da sua obra, porém imaterial demais para os nossos olhos, atados ao que só o tato pode enxergar. "Vem a nós o vosso Reino..." Para que venha, precisamos buscá-lo de verdade.

Jesus queria um Reino que estava além dos limites do tempo e do espaço, da materialidade. Ou seja: queria que as pessoas repensassem seus caminhos, revisassem seus conceitos e retirassem o gesso de suas mentes, pois os que são capazes de visualizar o etéreo, o divino em todas as coisas, até mesmo e especialmente em si, serão sempre autores e não vítimas da história. O Reino justo e perfeito está dentro de nós, só assim também estará fora. Jesus bradou aos quatro cantos deste mundo, porém nunca o impôs à humanidade. Aliás, vinculou a construção desse Reino ao uso do perdão como cimento. É para esse Deus que rezo todas as noites.

Maria sentava-se ao pé da minha cama, à época eu já crescera o suficiente para não mais caber no mesmo leito que Benedito, e orientava-me na reza. Primeiro um pai-nosso e depois uma ave-maria. O final da prece se dava por meio de três partes: agradecimentos, pedidos e veneração.

— Olha, filho, em uma reza precisa agradecer a Deus primeiro, depois pedir e, para o fim, venerar.

Maria José sempre gostou de histórias, bíblicas ou não. Certa vez me contou uma que muito me marcou...

"A Verdade pediu a Deus a oportunidade de descer à Terra para mostrar-se aos homens, nua e crua. Acreditava que assim poderia esclarecer à humanidade uma série de equívocos pelos quais conduzia sua existência. Em vez de enveredar seus passos por trilhas mentirosas, o homem poderia calcar seu futuro no concreto da Verdade, pois ela havia descido à Terra para se mostrar exatamente como era e abrir os olhos dos homens para si.

— Os homens me odiaram, Senhor. Eles não querem ouvir a voz da Verdade — disse a própria verdade a Deus ao retornar para o céu querendo entender as razões de seu fracasso.

Então Deus, em seu mais tradicional semblante, um senhor alvo, simpático, olhos agudos e argutos, uma imensa barba branca pré-socrática e os cotovelos totêmicos recostados sobre os braços do sofá de nuvem, resolveu lançar mão da sua sabedoria para ajudar a Verdade e, consequentemente, o homem. Fantasiou-a e pediu que rumasse à Terra novamente. Disse-lhe:

— Assim que puder, volte ao céu para dizer como andam as coisas para você depois de se fantasiar.

Não tardou para uma Verdade muito mais radiante pisar o chão invisível e indivisível do céu. Com um sorriso nos lábios, muito mais corados do que antes da fantasia, bradou sem se esquecer do olhar de reverência a Deus.

– Eles me amam, Senhor! Por que uma fantasia é capaz de provocar tamanha mudança?

– Em primeiro lugar, sabe como se chama sua fantasia que veste aos olhos dos homens, Verdade?

– Não. Como se chama?

– Metáfora. E a metáfora é a melhor forma de se mostrar verdadeiro. Ela é uma forma educada de dizer aos homens o que eles não querem ou não estão preparados para ouvir."

Era das histórias com metáforas que minha avó mais gostava. Gostava da "moral da história", da capacidade que só os sábios possuem de camuflar a própria intenção para que o inocente e o vilão revelem as suas e, assim, se revelem também, cada qual, como é ou está. É sabido que a mentira se disfarça de verossimilhança. Talvez por isso a verdade tenha mais sucesso quando investida de argúcia e vestida de metáfora.

– Vou lhe contar a história do rei Salomão, um rei muito sábio e justo – dizia-me Maria.

"Duas 'meretrizes' deram à luz na mesma época. As moças, como é possível supor, tinham pouca infraestrutura para criar seus filhos. As duas dividiam o mesmo quarto, cada qual em uma cama com o filho. Uma das mães durante a noite de sono, sem se dar conta, acabou deitando sobre a criança e a asfixiou. Ainda de madrugada descobriu que havia matado o filho enquanto dormia. Desesperada, decidiu trocar o seu bebê pelo da companheira. Na manhã seguinte, a mãe da criança sadia se escandalizou com o pequeno morto ao seu lado.

– Não é meu filho!

Uma discussão se instaurou e ambas as mulheres diziam que a criança viva era a sua e que a morta era a da outra. Diante do impasse, o dono do prostíbulo resolveu levar a discussão para o justo rei Salomão. Caberia ao famoso monarca julgar qual das moças dizia a verdade. Tarefa difícil, já que ambas eram enfáticas e, aparentemente, convincentes na defesa de suas versões.

As palavras de minha avó, nesse trecho da história, eram assim, lembro-me com precisão:

— Então, se fez um clima de suspense e um cheiro de morte tomou conta da sala real.

O rei pegou a criança em prantos pelos pés. Segurava-a no alto, quando desembainhou sua espada e disse, sem demonstrar piedade nenhuma pela criança pendurada de ponta-cabeça:

— Se a verdade não se apresenta nesta sala e ambas se dizem mãe desta criança, parti-la-ei ao meio, e cada uma ficará com um pedaço.

Ao que uma das meretrizes implorou-lhe de joelhos que desse de uma vez por todas a criança à outra mulher, mas que em hipótese alguma a matasse. O rei então soube a verdade. A mãe abria mão da maternidade pela vida de seu rebento: a verdade reluzia por intermédio da metáfora do amor incondicional."

• • •

Sentada ao pé da minha cama, me ensinando a rezar, Maria me dizia que é preciso ter sempre fé e esperança. A fusão de ambos os sentimentos em nossa alma nos leva à compaixão.

— É desse divino anseio que nasce nosso sentido de beleza, de finalidade, de bem — ensinava-me.

Para ela, a prece nos conecta ao ser supremo e, quando essa ligação é feita, passamos a ser capazes de tudo, de curarmos nosso físico, nossa mente, nossas emoções e nosso espírito. Jesus seguramente conseguiu essa conexão.

Maria era crédula. Acreditava até em lobisomem. Ouvira as histórias da roça e as cultivava como se fossem as metáforas dos verdadeiros medos de sua infância, de sua adolescência, de sua juventude e de sua velhice. Meu avô se irritava quando ela começava a me contar as histórias da roça, como de lobisomem, as histórias fantasiosas em que acreditava e que justamente por isso eram tão agradáveis de ouvir.

— Para com essas bobagens, Maria. Fica contando essas bobagens para o menino. Para com isso.

Benedito sem dúvida tinha um espírito mais científico. A própria relação que tinha com o medo e com a coragem influenciava a maneira como enxergava as histórias de assombração que o povo contava.

Achava que essas histórias folclóricas resultavam da supremacia do medo sobre a coragem.

Tanto é que certa vez ele caminhava à noite, já quase de madrugada, por uma estrada de terra, estreita, feita para os cavalos e para os pedestres apenas. À esquerda e à direita era só mato. De repente viu, à direita, um imenso clarão sair do meio do mato na direção do firmamento, negro como piche, embora chapiscado de estrelas. Sentiu-se atemorizado em um primeiro momento. Pensou em ir embora, mas avaliou que daria àquela visão uma porção de explicações fantásticas, porém nunca saberia com certeza o que provocava aquele clarão azulado como fogo de fogão. Embrenhou-se no mato e descobriu que a luz intensa que se atirava para o alto como se sua gravidade fosse inversa nada mais era do que o reflexo da lua em uma micropoça d'água formada dentro de uma folha de gaité.

Esse ceticismo de Benedito o deixava distante das religiões, embora sempre estivesse perto de Deus, que era o mesmo de Maria José. Isso porque, mesmo cético, na hora do aperto recorria ao mesmo expediente dos carolas. Bastava eu tropeçar em local perigoso para que soltasse um "Ai! Minha Nossa Senhora", sincero e inadvertido, como se algo maior se pronunciasse espontaneamente de dentro dele, sem consultar-lhe a razão. A conclusão era a confissão de uma fé tímida:

– Sempre que pedi ajuda, fui atendido.

Contudo, se pediu ajuda a Nossa Senhora, ou mesmo a nosso Senhor para sanar-lhe a dor de estômago que começava a lhe incomodar profundamente nos últimos meses, não recebeu nenhuma resposta satisfatória. Não havia cidreira que desse jeito. Então, minha mãe pediu que procurasse um médico. Eu tinha 11 anos e quando o vi voltar da consulta fiquei alarmado. É possível supor que, naquele instante, ele talvez preferisse deixar o destemor de lado e ignorar o diagnóstico dado pelo médico. O objeto luminoso no meio do mato naquela noite podia ser o reflexo da lua na água acumulada na folha de gaité – era lindo, ainda assim! Mas aquele médico só podia estar equivocado, louco.

– Disse-me que só tenho mais seis meses de vida. – Foi a frase que traduziu em palavras o olhar inconformado decorrente das circunstâncias nada favoráveis.

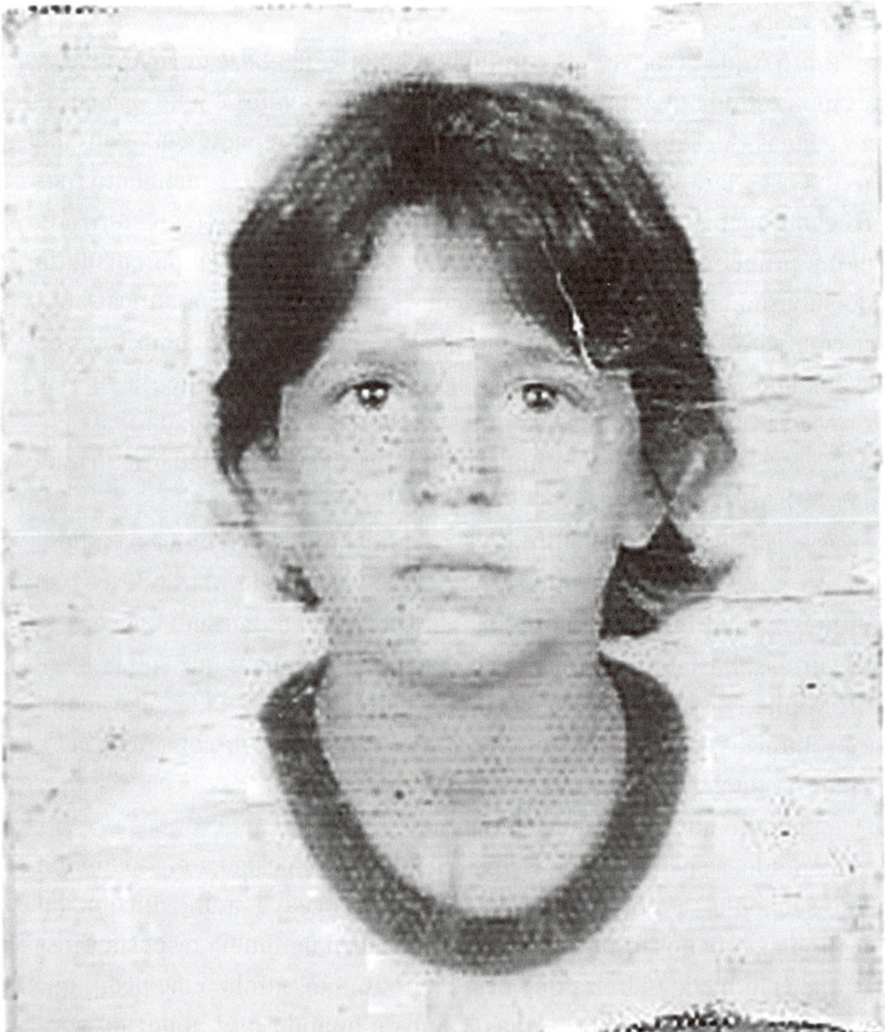

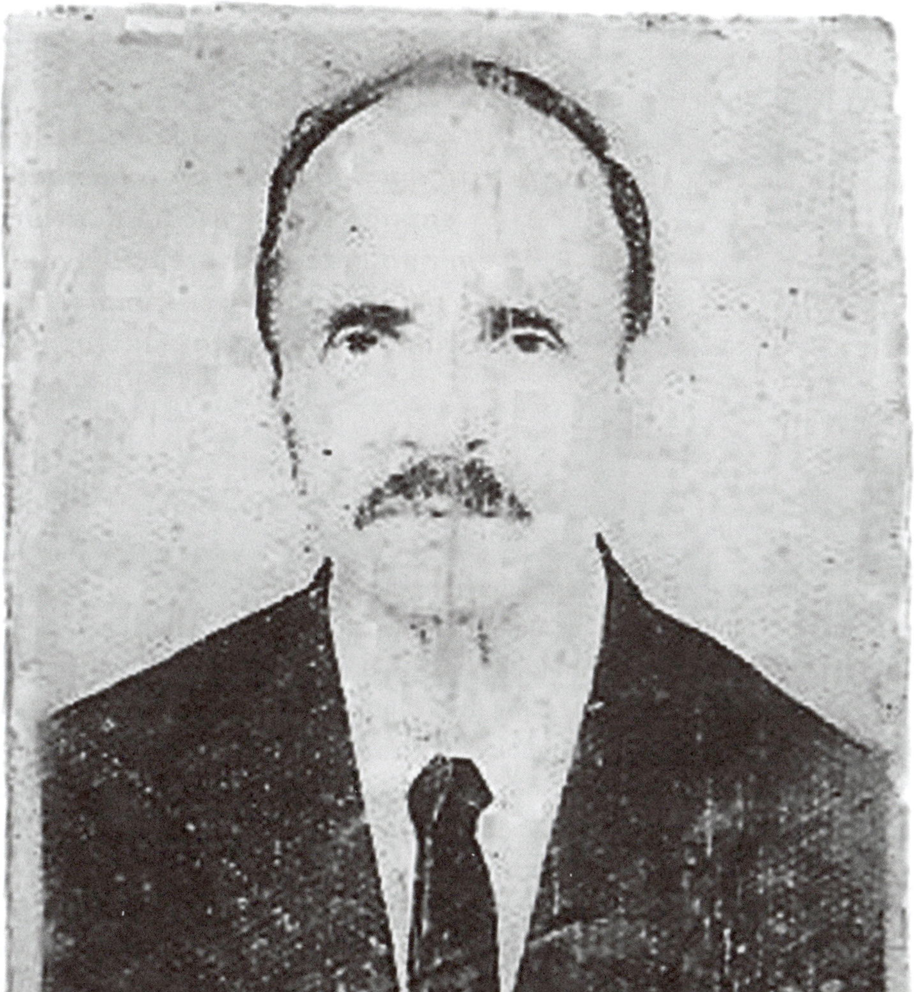

AS ÚLTIMAS GRANDES LIÇÕES

O segredo da saúde da mente
e do corpo está em não lamentar o passado,
em não se afligir com o futuro
e em não antecipar preocupações;
mas está no viver sabiamente
e seriamente o presente momento.

Buda

O último olhar que troquei com meu avô é fresco em minha memória, como as palavras que acabo de escrever antes de fechar o período neste ponto. Contudo, tão vivos quanto aquele instante foram os últimos meses de vida que lhe restavam, quando nosso laço, que já era estreito, transformou-se em uma só fita, como se eu e ele fôssemos um só destino.

Para um garoto de 11 anos, suas palavras eram densas e difíceis de assimilar, mas funcionaram como semente plantada. Anos depois, há, modéstia à parte, uma imensa árvore nesse terreno, capaz de reproduzir os bons e os belos frutos que ele plantou. Espero que, por estas páginas, se possa colher e provar dessa sabedoria, e que, de alguma forma, as pessoas também possam se sentir tocadas pelas palavras de Benedito, aguçadas pela consciência da própria finitude em seus últimos dias.

— Como pode um homem forte como eu ter apenas seis meses de vida? — perguntava-se Benedito, incrédulo, ao voltar do médico.

Tereza e Maria, ao verem meu avô naquele estado, se entreolhavam sem saber o que dizer. O que fazer? Apavoradas. Lembro-me de ambas com os olhos sérios, andando para lá e para cá. Cada uma com seu semblante de reflexão, como a pedir ao cérebro que lhes mostrassem um caminho para aplacar a angústia daquele homem, para comprovar que o diagnóstico era um equívoco.

Minha mãe foi ao médico entender exatamente o que acontecera. Benedito não soubera explicar, talvez não quisesse nem mesmo entender. Saber-se doente terminal certamente é mais desagradável do que saber de onde brota uma luz azulada e florescente, que busca o céu em uma noite enluarada.

Se Benedito não soube dizer à minha mãe que doença o acometera, o médico foi impiedoso em seu compromisso com a verdade: câncer de estômago. A ignorância sobre a moléstia seguramente tornava-a ainda mais monstruosa.

Porém, contra os fatos não havia argumentos. Em um mês, Benedito, que já era um homem magro, emagreceu muito, a ponto de os ossos aparecerem não apenas na pele mas também nas camisas brancas de algodão que tinha. Não conseguia engolir a maioria das comidas e não mais podia desfrutar da simplicidade que tanto venerava. Passava quase todo o dia deitado e resolveu despender o pouco de energia que lhe restava transmitindo-me o conhecimento de vida que adquirira em mais de seis décadas de existência.

– Filho, agora preciso encarar a vida de maneira especial. Veja só, não posso fazer as coisas mais simples e as que sempre me deram mais prazer... Não posso trabalhar, não posso tocar meu trombone, não posso nem comer direito, mas posso ficar aqui com meus dias minguantes e identificar o que julgo importante para você vencer na vida.

Doía-me vê-lo frágil daquele jeito. As paredes de madeira; a velha cama dura, agora mais útil do que nunca, embora menos confortável do que merecesse; o velho chão de terra batida. O barraco inteiro parecia sorver daquele homem o que lhe restava de energia. Era por uma boa causa. Assim, aquela casa me alimentaria de fé e força para aguentar os longos anos de vida que ainda teria pela frente longe dele, especialmente os primeiros, que passaria ainda no velho barraco.

– E para vencer – continuou –, lembre-se de que terás dois fatores: o tempo e seus sonhos.

Então me explicou que, além de pensar bondades e sonhar conquistas, é preciso realizá-las. É preciso ver por entre as frestas do tempo, mergulhar entre os seus vãos e ser mais rápido do que sua capacidade demolidora.

Só assim podemos edificar uma obra que nos faça sentir cumpridores de nossa missão nesta vida, que nos faça etéreos e atemporais.

– Quando o vi, pela primeira vez, nos braços de sua mãe, senti como se Deus tivesse me mandado um presente. O mundo faltou sob os meus pés. Nunca havia sentido aquilo antes...

Dizia-me lindas palavras, mas me amedrontavam.

– Talvez tenha sido Deus quem afastou seu pai para que eu pudesse criar você... Sabe o que estou aprendendo com essa doença?

– Diga, pai – encorajei-o, ansioso que estava por ouvi-lo.

– O importante na minha vida foi dar e receber o seu amor. Até você nascer, eu achava que não merecia o amor. Eu pensava que se abrisse meu coração ao amor enfraqueceria. Estava errado. Obrigado, você me ensinou o que é amar... Temos de viver a vida intensamente: amar, amar, amar...

Seus olhos marejaram, meu coração apertou no peito e eu o abracei forte e disse:

– Pai, eu te amo.

Jamais o vira chorar. O homem que me ensinara a brigar, valente e capaz de enfrentar adversários maiores do que ele, vencê-los de modo heroico, tudo o que eu gostaria de ser, derretia-se em um pranto suave. Sim, só chora quem é capaz de sorrir. Mas para um menino de 11 anos aquelas lágrimas representavam o prenúncio do adeus do homem mais importante de sua vida. Para mim, Benedito, por todos os atributos que enxergava nele, era imortal. Sem saber, o fiz imortal, de certa maneira, ao deixar que suas palavras se entranhassem em minha alma.

– Jamais desistirei dos meus sonhos – lembro-me de ter jurado a mim mesmo, após ouvir tudo o que ele me dissera.

• • •

Meu avô enxergava a existência por uma ótica incomum para a maioria das pessoas, e isso se evidenciava a cada dia. Vitimado por uma moléstia de causa incerta, ao menos na maioria dos casos, Benedito passou a ver a vida com espírito mais saudável. Sob o portal da morte, ele se tornara mais compreensivo, e a compreensão nos inunda de serenidade. A serenidade desembota nossos olhos e então vemos com clareza os rumos que nos são apresentados. Assim, ao optarmos por um dos caminhos, não temos dúvidas de que foi o mais acertado.

– Todo mundo sabe que vai morrer – disse-me –, mas ninguém acredita.

A frase não é original, mas a boca que a soprava a eletrizava com uma energia franca. Não era mais um ditado popular pronunciado mecanicamente durante um enterro.

– Mas se enfrentarmos a morte com naturalidade, nos ligamos ainda mais à vida, passamos a desfrutá-la com muito mais intensidade – completou.

Perguntei:

– Então, o senhor não tem medo de morrer?

– Não. Quando se aprende a morrer, se aprende a viver.

As lágrimas ganharam intensidade e escorreram copiosas pelo meu rosto. Ardia-me os olhos, melava-me a face. Não podia aceitar que ele aprendesse a morrer, não podia aceitar que ele aceitasse morrer, não podia aceitar que ele pudesse morrer, não podia aceitar que ele morreria.

– Pai, se o senhor morrer, não terei mais alegria, não terei mais um pai. Se o senhor morrer, eu quero morrer também.

– Quando eu morrer, filho, me transformarei em uma estrela e vou morar dentro de seu coração. Quando precisar de mim, é só lembrar disso.

A lua na fresta do telhado, o muro de mimo primorosamente jardinado, o peito estufado e o trombone em harmonia com o nosso mundo, meu coração reluzente para o resto dos meus dias. Fiquei aliviado com sua resposta. Afinal, ele me convencera de que falava a verdade.

– Entre a vida e a morte, tudo é verdadeiro – dizia-me, e eu acredito, até hoje, que ele é uma estrela que brilha em meu coração; intensa, como poucas estrelas são capazes de brilhar.

Realmente não tinha razão para mentir. Quando a morte bate à porta e não nos resta alternativa senão convidá-la a entrar, tomar uma xícara de chá ou café – como preferir – e bater um papo de modo a prolongar ao máximo os últimos segundos que nos sobram para desfrutar das pessoas que amamos, a mentira é totalmente dispensável.

Ver o fim, de perto, é inevitavelmente lembrar do princípio, percorrer em segundos o armazém de sensações e vivências que acumulamos ao longo dos anos e, em um átimo de tempo, selecionar o que julgamos válido, não apenas para nós, mas especialmente para o universo.

O que a alma poderá levar e ao mesmo tempo deixar para o próximo como legado? A resposta a essa pergunta guarda a verdade. Geralmente é mais simples e óbvia do que se imagina. É justamente pela obviedade dessa resposta que costumamos ignorá-la. Essa é a maior ignorância. Meu avô não me queria ignorante, mas também nunca julgou imprescindível que eu tivesse uma formação acadêmica. A questão era outra.

– Agora, posso lhe ensinar o que é verdadeiro.

E a verdade só não se faz entender por metáforas? As histórias de minha avó completavam os aforismos de Benedito.

– Além de acreditar em seus sonhos, realize-os com arte. A arte é a melhor forma de expressão da verdade.

• • •

Maria e Tereza cuidavam de Benedito como de um filho com poucos anos, talvez meses de vida. Davam-lhe, sobretudo, o que precisa todo e qualquer ser humano, mesmo os que se julgam autossuficientes: atenção e afeto.

Ouvi pessoas me contarem sobre homens que esqueceram suas fraquezas e sua dependência dos outros, ao longo de suas conquistas, mas que se viram, em razão de uma doença, obrigados a reverem seus conceitos. Homens vigorosos, normalmente, que atingiram seus objetivos profissionais e se tornaram exemplo pela perseverança, por terem saído de uma infância pobre para virarem modelos de sucesso em nosso mundo movido a dinheiro. Aliás, para não desperdiçar a deixa, o dinheiro, na minha opinião, quando muito e apenas em algumas circunstâncias, é um mero termômetro do que realizamos, jamais a realização.

Mais importante do que ele, para Benedito e também para mim, sempre foi e será a família.

– A luz de nossa vida, sem dúvida, filho, é a família. Um dia você terá a sua e entenderá o que digo – disse-me, com um olhar de gratidão. Naquele instante, eu funcionava como procurador de minha avó e de minha mãe; recebia, por elas, o amor e o apreço que ele lhes devotava.

Lancei-lhe um olhar de interrogação. Como um dia terei a minha? Todos, ao menos os que estavam mais próximos de mim, dentro daquela casa, já não eram a minha família? Perguntei:

– Mas o senhor, a vovó e a minha mãe não são a minha família?

Paciente, como um mestre deve ser, pois passar conhecimento é a sua principal finalidade, Benedito respondeu:

– Sim, somos. Mas você um dia se tornará pai, avô e então entenderá o poder que tem esse amor. A verdade é que não existe base, não existe fundamento sólido no qual as pessoas possam se apoiar hoje em dia, a não ser a família. Depois que adoeci, isso ficou claro para mim. Sem amor, somos pássaros de asas quebradas. Se eu não tivesse você e vivesse sozinho, essa doença seria muito mais difícil de suportar. Nem sei se conseguiria. Claro que receberia a visita de amigos, colegas, mas não seria o mesmo que ter vocês sempre ao meu lado e cuidando de mim o tempo todo.

Eu o entendo, e na época sentia. Era como ouvir uma bela música em língua estrangeira que não domino. Eu a sentiria, amaria e ouviria uma porção de outras vezes para gravar ainda mais as sensações, mas não saberia traduzir, por falta de repertório racional. Mais velho, depois de muitas experiências e com um novo olhar e ouvir sobre ela, entenderia com todos os meus sentidos e com a razão.

– Pai, já que a família é tão importante, por que meu pai me abandonou?

Ele parou por uns minutos, com o olhar perdido em um ponto qualquer do quarto, e depois me respondeu:

– Não sei. Mas tenho pena dele por ter perdido um filho como você. Os melhores anos de minha vida vieram depois de seu nascimento.

Ele sabia me pôr para cima; sabia dar força à minha autoestima. Depois do que me disse, pensou um pouco, como se buscasse uma alternativa que me fizesse compreender o meu abandono por uma ótica mais confortável ao coração, e completou:

– Filho, já lhe disse que não são necessárias muitas palavras para se dizer a verdade. Um dia vai encontrá-lo e, então, pergunte a ele por que o abandonou. Faça isso olhando-o dentro dos olhos.

• • •

Minha avó se preocupava comigo; ignorava a maior parte das características do câncer e temia que pudesse ser contagioso. Quando eu chegava da escola para passar a tarde com Benedito, ela se afligia. Aproximava-se da minha mãe e murmurava-lhe no ouvido.

– Tereza, olha lá o menino... É perigoso – eu ouvia tudo.

– Deixa, Deus sabe o que faz – respondia minha mãe.

Em uma dessas tardes com Benedito, a questão do arrependimento surgiu em nossa conversa.

– Eu tenho um grande arrependimento em minha vida – começou.

– Qual? – perguntei.

Benedito se calou por alguns instantes, como costumava fazer quando a dor do estômago lhe feria os sentidos com mais intensidade.

– Não consegui perdoar a minha mãe antes de sua morte.

Quando tinha 19 anos de idade, Benedito resolveu sair da casa do pai e da mãe, a brava e geniosa Pureza Siciliana. Na ocasião, Benedito trabalhava nas lavouras de Redenção da Serra, sua cidade natal, situada na região de Taubaté, no Vale do Paraíba, Estado de São Paulo. Assim como a mãe e o pai, arava terras como empregado de fazenda. Contudo, via-se com as mãos e a mente a executar outro ofício, nem mais nobre, nem menos, simplesmente mais ele. Não há ofício mais nobre que outro; a nobreza do ofício está no amor que devotamos à sua prática.

O fatídico dia teve seu ápice em um fim de tarde, quando ele chegou em casa com alguns papéis nas mãos. Trazia-os sem dobrar e cheio de dedos, como um arqueólogo faria com uma delicada relíquia, na mais sutil demonstração de amor pela sua descoberta.

– O que é isso? – perguntou Pureza.

– São partituras – respondeu.

O gosto inato e vocacional de Benedito pela música o fizera conhecer o maestro da cidade. Não demoraria para que se tornassem amigos e para que o regente começasse a lhe ensinar música gratuitamente. Porém, as aulas terminariam quando Pureza descobrisse o interesse artístico do filho.

– Me dá isso aqui, seu bocó – tirou as partituras das suas mãos e as rasgou, no máximo de sua ignorância.

– Isso aqui é pra você – disse oferecendo-lhe uma enxada –, não essas coisas de música. Quem você pensa que é? Isso é pra você: a enxada...

Por esse motivo, Benedito foi embora de casa, pois lá não poderia ser ele, ser músico. Não precisava ser o melhor nem o mais famoso, tampouco profissional, precisava ser alguém especial: ele próprio. Seria fora de Redenção da Serra e longe da mãe.

A ferida que sua mãe lhe causara naquela ocasião não cicatrizou a tempo de transformar-se em perdão; um perdão que pudesse ser concedido olhos nos olhos. Entretanto, Benedito só se deu conta da necessidade de perdoá-la em virtude do amor que nutria por ela e, consequentemente, em nome da paz do seu próprio coração, quando Pureza já estava morta.

– Não tem sentido ficar cultivando vingança ou teimosia. Deve tomar muito cuidado, mas muito cuidado mesmo, com o orgulho, com o ódio e com a vaidade, pois elas destroem o homem – disse-me, com uma expressão de pesar enrugada no rosto, com as primeiras lágrimas, ainda tímidas, já umedecendo os vincos da face.

Um acontecimento qualquer, uma descoberta, uma tragédia, uma vitória, uma doença, enfim, nada é fruto de apenas um fator. Há uma série de variáveis a influenciar e dinamizar o mundo e os seres que o compõem. Não sei por que meu avô desenvolveu um câncer, mas se tivesse perdoado sua mãe, como desejava, talvez as dores de estômago não lhe incomodassem tanto.

– Dizer não quando gostaríamos de dizer sim é egoísmo; dizer sim quando gostaríamos de dizer não é martírio. – Benedito adorava dizer essas frases. Acho que cabem nesse trecho.

O fato é que Benedito admirava muito Pureza, embora depois daquele episódio fosse difícil reconhecer essa admiração.

– Cheguei a ver minha mãe enfrentar um homem. Com uma foice na mão, ela o fez correr... Mesmo conhecendo seu gênio indômito e sua ignorância, depois que a ouvi dizer o que me disse, fazer o que fez com minha autoestima, fiquei dez anos sem falar sequer uma sílaba com ela.

Chorava... As lágrimas escorriam pelos lados do rosto alvo e magro...

– Não precisa continuar, pai.

Ao que murmurou:

– Chorar faz bem – disse. E continuou: – Por muitas vezes, meu pai pediu que eu voltasse para casa, dizendo que minha mãe havia se arrependido, mas minha vaidade era maior. Eu queria que ela me pedisse perdão... Por que fazemos o que fazemos? Minha mãe morreu e perdi dez anos de minha vida sem ela. E o pior: não a perdoei...

As lágrimas cessavam e secavam em seu rosto.

– Sabe, filho, não é só aos outros que devemos perdoar... precisamos nos perdoar também. Para não nos arrependermos de não termos feito tudo o que gostaríamos em um relacionamento ou na vida, precisamos, sempre que necessário, fazer as pazes conosco e com os que nos cercam. Lembre-se: só damos ao mundo o que nos sobra. Se não estivermos bem com nós mesmos, como poderemos estar bem com os outros?

Memorizar suas palavras me revigora. Faz quase trinta anos, mas dediquei noites e muita concentração para trazer essas lembranças das profundezas dos sentidos e revivê-las a ponto de chorar sobre o caderno que virou meu "diário de lembranças".

– Filho – prosseguia Benedito –, não se deixe nunca envenenar pelo ódio, pelo orgulho e pela vaidade. Sei que em alguns momentos não será fácil, mas o amor e a fé precisam sempre falar mais alto. Assim vencerá todas as batalhas da vida com honra. Prove ao mundo quem você é, sem se deixar envenenar. O sucesso é acreditar que Deus está dentro de você, e você pode tudo o que sonhar.

Naquele dia, transformei-me em um homem, com apenas 11 anos de idade.

• • •

O tempo corria pelo corpo e pela alma de meu avô com violência. Se a cada dia ficava mais debilitado, a cada dia também aumentava seu reservatório de sapiência, o que o levava a mirar o mundo sob um prisma mais cristão, embora não conhecesse a fundo as ideias de Jesus. Contudo, era como se um dos pássaros do jardim que cuidava lhe tivesse assobiado no ouvido, de forma subliminar, mensagens universais, aquelas capazes de tocar o coração de qualquer um, mesmo os que em um primeiro momento resistem.

A perda de massa corpórea era evidente em Benedito e, naquele dia, as dores que lhe queimavam o estômago e o faziam contorcer involuntariamente estavam mais severas do que costumavam. Sentei-me ao seu lado e esperei que passasse a cólica. Então, ele me falou:

– O que estou fazendo agora é me desapegando da experiência.

Não entendi nada.

– Se desapegando?

– É. E isso é importante não só para uma pessoa como eu, que já está de partida, mas para todas, até mesmo as que gozam de perfeita saúde.

Era a hora de me ensinar um conceito difícil de entender. Precisava me desapegar, ele aconselhava-me. Porém, a ideia de desapego parecia contrariar tudo o que ele havia me dito sobre acreditar em seus sonhos e os realizar com disciplina e perseverança, de modo a fazer do tempo um aliado e não um inimigo.

– Não se prenda às coisas. Tudo é transitório.

– Mas, pai, você sempre diz que devemos sonhar e viver intensamente a vida, experimentando todas as emoções boas e más.

Ele me olhou com um riso de satisfação, como o mestre que identifica no pupilo a atenção às suas palavras, a coragem de aprendiz de dizer que não entendeu, até porque mais vale descobrir do que evitar a vergonha, até porque eu nunca tive o menor constrangimento diante de meu avô.

– Verdade, mas desapego não significa impedir que as experiências nos penetrem em plenitude. Aliás, só assim podemos nos desapegar.

– Estou confuso.

– Tome qualquer emoção: amor por sua mãe, sofrimento que sente por eu estar doente. No meu caso, medo e dor causados por uma doença mortal. Se você bloquear suas emoções e não se permitir ir fundo nelas, nunca conseguirá se desapegar, pois estará muito ocupado em lidar com o medo. Terá medo da dor, do sofrimento, de perder, de amar. Porém, atirando-se a essas emoções sem medo, sem resistência, sem bloqueios, mergulhando nelas até o fim, até se afogar, poderá experimentá-las em toda sua plenitude. Assim, filho, saberá o que é dor, saberá o que é sofrimento, saberá o que é perder e saberá o que é amar. Só então poderá dizer: "Muito bem, me desvencilhei do medo e experimentei as emoções, vivi-as intensamente. Agora, posso me desapegar, pois fiz o que deveria". É como lhe disse, quando se aprende a morrer, se aprende a viver.

Aprender a morrer é perder o medo da morte e, quando perdemos o medo da morte, é porque descobrimos o sentido da vida. Assim, podemos viver intensamente e nos desapegarmos, pois, finalmente, sabemos que fizemos o que deveríamos para nós mesmos, mas, sobretudo, para todos no mundo, por menor que essa realização possa parecer. Mais uma semente de verbos que meu avô plantou na minha infância e que colhi depois de adulto como fruto de sabedoria.

• • •

O amor do meu avô pela música, nesses dias de inanição imposta pela dor, nesses dias de impossibilidade quase absoluta, virava pranto. Ele, um sujeito de poucas lágrimas durante quase toda a vida, se esvaía em choro, agora, por não poder mais tocar seu adorado trombone.

A música era um de seus maiores prazeres. Aliás, Benedito não era um sujeito que desprezava os prazeres por acreditar que apenas o sacrifício tinha valor. Ele se movia pelo prazer. A jardinagem lhe dava grande prazer, assim como a música. No que se referia a bens materiais, não desprezava, não. Gostava de dinheiro, mas não fazia a menor questão de acumulá-lo. Para ele, o homem precisava usufruir em vida...

– Conheço um homem que viveu pobre e morreu rico. Se preocupou tanto em guardar durante a vida, que não teve tempo de usufruir.

A reflexão de meu avô em muito lembra um pensamento budista segundo o qual "os homens que perdem a saúde para juntar dinheiro e depois perdem o dinheiro para recuperar a saúde, por pensarem ansiosamente no futuro, esquecem o presente, de tal forma que acabam por nem viver no presente nem no futuro; vivem como se nunca fossem morrer e morrem como se nunca tivessem vivido".

Meu avô não fazia a menor questão de ser um rico póstumo, talvez por isso suas maiores riquezas fossem as flores e as plantas, sua família e a música. Posso dizer que meu avô sempre viveu intensamente, até mesmo seus últimos momentos.

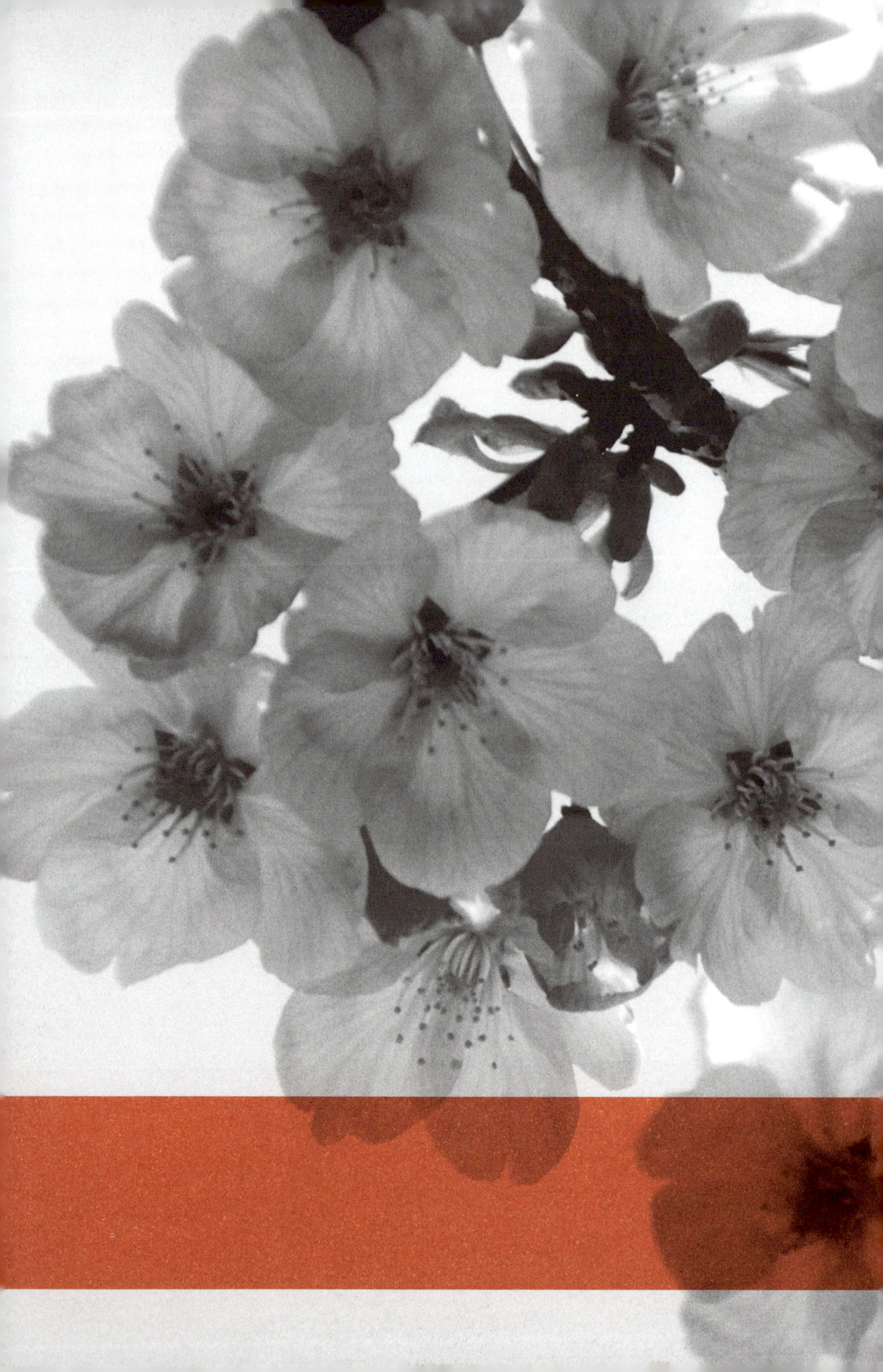

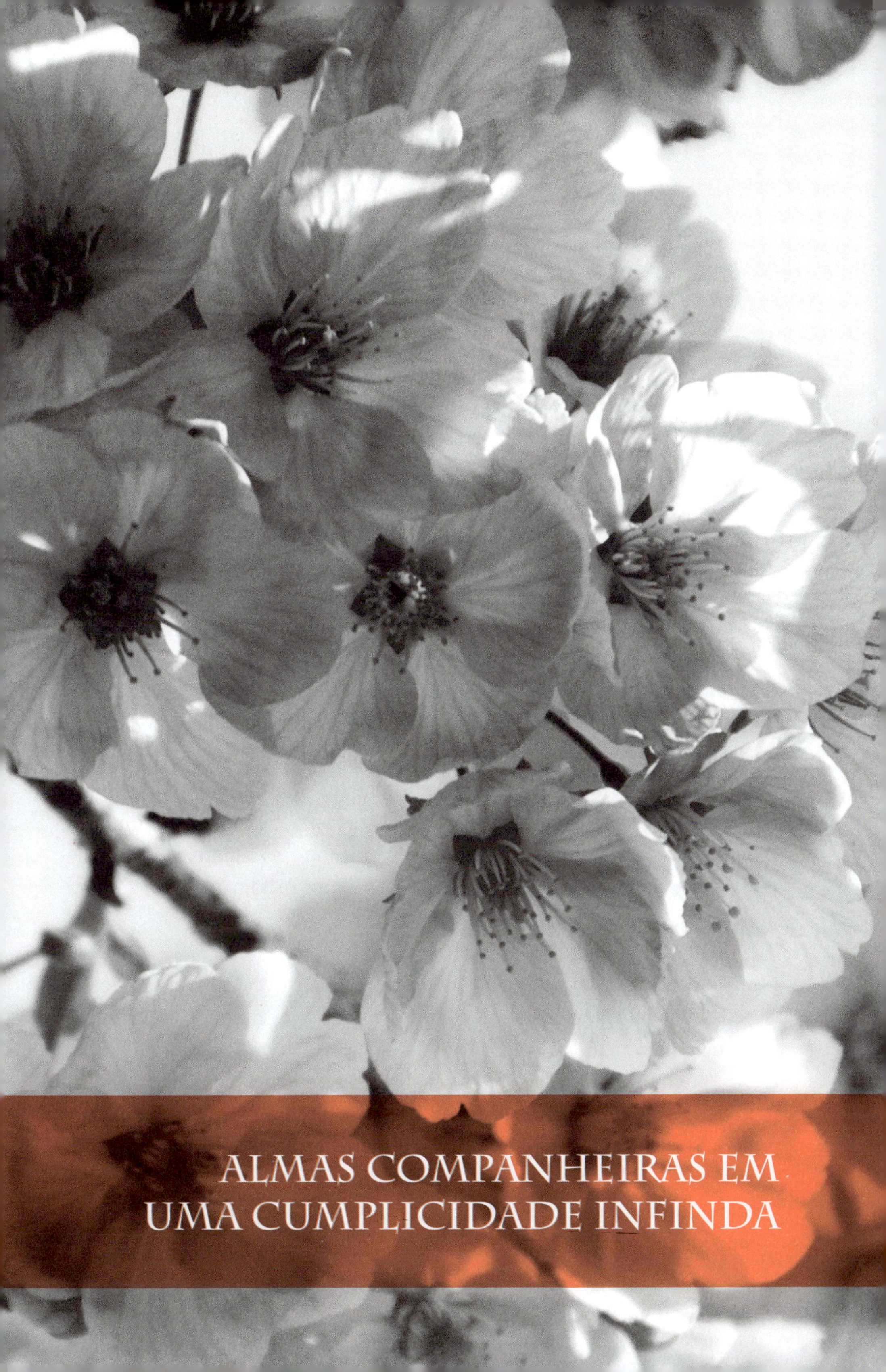

ALMAS COMPANHEIRAS EM UMA CUMPLICIDADE INFINDA

O valor das coisas não está no tempo em que elas duram,
mas na intensidade em que elas acontecem.
por isso, existem momentos inesquecíveis,
coisas inexplicáveis e pessoas incomparáveis.

Fernando Sabino

A tarefa de cuidar de Benedito durante seu período derradeiro coube a Celi. Cumpriu-a com notável empenho. Mais do que lhe dar banho, levá-lo ao hospital para a rotina de tratamentos, minha tia recorreu a tudo quanto foi recurso espiritual para vê-lo livre da moléstia. Chegou a levá-lo a um médium e curandeiro, famoso no fim da década de 1970 e início da de 1980. Chamava-se Arigó e disse que meu avô seria curado. Minha tia se encheu de esperança. Benedito não quis desiludi-la, até porque só aceitara consultá-lo para agradá-la. Quando Celi contou a todos em casa sobre a vidência, ele sorriu um riso amarelo, orgulhoso da perseverança da filha, mas ciente de que o bom médium falhara dessa vez.

— A Celi é uma mulher de fé — disse.

Lembro-me de naquele dia também identificar em seus olhos o ceticismo que demonstrava quando minha avó contava as histórias de medo da roça.

As crianças parecem mais sensíveis às verdades ocultas nas palavras, nos olhares e nos gestos. É como se absorvessem o sentido das coisas pelos poros, enquanto os adultos recorrem de forma ardilosa à razão e geralmente não conseguem sentir e entender com igual intensidade o que se esconde por trás das aparências, em geral carentes de sinceridade, seja por autodefesa, por piedade, por artimanha.

O certo é que Celi seguramente não queria acreditar em nada que contradissesse sua esperança, não queria acreditar nas palavras do médico de Ubatuba, segundo o qual o inimigo ganhava terreno e por isso seria necessário internar Benedito. Não queria acreditar, tampouco, que a parca infraestrutura do hospital da cidade não daria conta de manter Benedito com chances de sobrevivência, diante da agudez de sua debilidade. Negava-se a acreditar na ambulância que viera buscá-lo para levá-lo a um outro hospital, este localizado na zona norte da capital paulista, mais precisamente no bairro da Cantareira.

Benedito partiu enquanto eu estava na escola. Quando voltei, encontrei a cama despida dele e senti como se um pedaço de mim tivesse sido subtraído enquanto eu dormia.

Passaram-se dois dias da transferência de meu avô para São Paulo, quando minha mãe, voltando do trabalho antes do horário habitual, entrou no barraco feito barata tonta, sem saber direito por onde começar, com os olhos vidrados e o cenho tenso, pedindo à minha avó e a mim que preparássemos mudas de roupas, pois iríamos naquele mesmo dia para São Paulo.

– O que aconteceu com o meu avô? – perguntei, ciente de que algo sério ocorrera.

– Nada, mas ele precisa de nós.

Os adultos falam dessa forma para proteger as crianças das verdades sem metáforas, mas seguramente também o fazem para proteger-se. Nem ela queria e tinha coragem de dizer exatamente o que estava acontecendo com seu pai, o homem que com um copo de veneno ilusório salvara a vida de seu filho...

Quando estamos perdendo alguém que amamos, nossa conexão com Deus ganha força. Naquele momento, como que empurrado por uma energia sobre a qual nunca desempenhei controle algum, rezei e pedi a Ele que me permitisse encontrar Benedito vivo.

• • •

Foi a noite mais fria da minha vida. À tarde, o telefonema vindo do hospital paulistano interceptara Tereza e a arrebatara de seus afazeres profissionais, como um choque em sua espinha dorsal. Não tinha um tostão para ir de Ubatuba a São Paulo, o dia de pagamento estava distante e ela precisou fazer um acerto com a patroa para dispor da quantia mínima que garantisse, para mim, Maria José e ela, o dinheiro de ida e volta e, quando já estivéssemos em São Paulo, do metrô e do ônibus. Também conseguiu um trocado para qualquer emergência.

Partimos para a rodoviária e assim que chegamos, minha mãe perguntou ao moço do guichê:

– Quando sai o próximo ônibus para São Paulo?

Ao que ele respondeu:

– À meia-noite, senhora.

Tereza pediu então três passagens.

Antes de embarcarmos, minha mãe se aproximou de mim, abaixou-se para ficar na minha altura, colocou mãos carinhosas e firmes sobre meus ombros, depois os massageou delicadamente. Tereza nunca fora de toques ou qualquer outro tipo de afeto. Amava-me a seu modo, sem ser melosa. O doce da minha criação ela deixava por conta de Benedito.

– Filho, você precisa ser muito forte neste momento – disse, olhando-me dentro dos olhos. E continuou: – Por dois motivos: um é que não sabemos como está seu avô; o outro é que a mamãe está com pouco dinheiro. Teremos de aguentar um pouco a fome.

A viagem duraria por volta de quatro horas. Partimos pontualmente à meia-noite pela perigosa rodovia Tamoios, cuja principal característica é o alto índice de acidentes fatais em decorrência de colisões frontais. Com apenas duas pistas, a estrada de mão dupla, dividida somente por faixas pintadas no asfalto, enseja choques sem volta. Mas não pensávamos nisso e, quando nos aproximávamos de Paraibuna, cidade do Vale do Paraíba, o ônibus parou em um posto em que havia banheiro e restaurante.

– Vinte minutos de descanso – gritou o motorista, alertando-nos para que se desejássemos comer algo ou fazer nossas necessidades, que fizéssemos naquele ínterim. Depois, só em São Paulo. Descemos, minha mãe e minha avó rumo ao banheiro das damas e eu ao dos cavalheiros. Quando passamos na frente da lanchonete, fui tentado pela primeira vez. Um cheiro irresistível de churrasco se precipitou pelas minhas narinas, violou meus sentidos, atiçou meu estômago e revelou minha fome voraz.

Entrei no banheiro e fiz o que deveria ser feito, nada que demandasse muito tempo. Saí, Tereza e Maria ainda estavam no banheiro feminino. Fiquei admirando a lanchonete, os queijos que derretiam nos pães, a carne no ponto e salgada pela minha imaginação, casada com a massa do pãozinho... as pessoas comendo...

– Está com fome? – minha mãe me pegara no flagra.

Sem álibi e sem vontade de tê-lo – confesso –, respondi:

– Com muita, mãe.

Entramos, encostamos no balcão, e Tereza pediu um churrasco no pão. O chapeiro, sem muita demora, nos trouxe.

– Por favor, corte em três pedaços – pediu minha mãe, talvez sem se dar conta de que fazia daquele lanche um símbolo do que sentíamos... Não é exagero dizer que dividíamos o lanche, como dividíamos a dor pela perda de meu avô.

Minha mãe ainda pediu ao chapeiro que cortasse um pedaço maior para mim. Quando acabei de comer meu quinhão, minha avó, sob a alegação de que não tinha fome, deu-me quase tudo que sobrara do dela.

• • •

Chegamos por volta das quatro horas da manhã na rodoviária do Tietê, em São Paulo. Embora estivéssemos em fins de janeiro, sabíamos que a capital paulista era, em qualquer circunstância, mais fria do que Ubatuba. Contudo, não imaginávamos que em pleno verão o clima estivesse gélido – ao menos era a sensação térmica que eu com minha couraça de caiçara tinha – e o vento cortante como navalha.

Meu guarda-roupa, assim como o de Tereza e o de Maria, não era abundante em vestes arejadas, quanto mais em casacos, blusas de lã, calças de moletom e outros trajes para o frio. Vestia um jeans surrado e um casaco verde de napa que estava longe de ser suficiente na batalha contra as rajadas de vento que mergulhavam pela parte superior da rodoviária, à época – janeiro de 1980 –, ainda destampada e exposta às intempéries.

Aguardávamos a entrada em funcionamento do metrô para pegarmos um trem e chegarmos ao ponto de ônibus, pelo qual passava a linha que nos conduziria ao hospital. Porém, meu corpo não demorou a denunciar o frio que sentia. Os lábios roxos e o semblante desbotado, quase diáfano, o que não era nada comum a um sujeito moreno como eu, despertou a preocupação de Tereza.

– Filho, dá para aguentar?

Jamais passara nem passaria um frio tão severo quanto o daquela noite, mas resolvi dizer à minha mãe que podia suportá-lo, que estava tudo sob controle. Até que Maria me abraçou e, sentindo meu corpo tremer, disse:

– Tereza, vamos sair logo daqui, senão o menino vai morrer de frio.

Minha mãe levou as mãos à cabeça e me olhou com olhos de tensão, quase desespero.

– Vou ver quanto sai um táxi – disse.

Descemos uma escada e saímos em frente ao ponto de táxi.

– Ei, senhor! Quanto sai para nos levar até aqui? – e mostrou o endereço do Hospital Santa Isabel, da Cantareira, escrito no papel que trazia consigo.

Não me recordo o valor, tampouco a moeda da época. O certo é que se tratava de preço exorbitante para o que Tereza podia pagar. Desesperada, contou ao taxista nossa situação e lhe pediu o favor de nos levar ao hospital pelo valor de que dispunha para isso.

– Preço fechado – disse o taxista, logo depois repetindo o valor a ser pago.

Minha mãe deu-lhe o dinheiro e separou o restante.

– Mãe, o que nos sobra é suficiente para voltarmos para Ubatuba e comprarmos algo para comer quando sentirmos fome – disse Tereza a Maria, de modo a tranqüilizá-la.

– Vamos Tereza, que o menino não está mais aguentando de frio e Deus é grande.

No meio do caminho para o hospital, o taxista se perdeu e sua impaciência começou a pôr em risco o ato solidário. Com uma voz de arrependimento...

– Só até aqui já dá o que a senhora me pagou.

– Pelo amor de Deus, senhor. Juro que não tenho mais dinheiro para isso e preciso chegar neste hospital o mais rápido possível.

Tereza era sincera e o homem percebia:

– Podem ficar tranquilos, vou honrar o que combinei: levo vocês pelo preço combinado.

• • •

Ao chegarmos ao hospital, um pouco depois das cinco horas, e nos depararmos com sua burocrática alvura, minha mãe foi direto à recepção verificar em que quarto estava Benedito. A recepcionista identificou o andar e o número do quarto para depois ser desagradável...

– O menino é menor de idade? – perguntou, com uma expressão um tanto sádica, com um riso meramente físico, sem nenhuma migalha de alma, pois já sabia qual seria a resposta de minha mãe, e o que lhe replicaria: – Não pode subir, não.

– Por quê? – insistiu Tereza.

– Crianças nessa idade não podem entrar na sala de pacientes terminais – devolveu a recepcionista com um olhar cético às esperanças de minha mãe e obviamente às minhas.

– Entenda, senhora, esse menino e o avô sempre foram muito apegados. O amor que sentem um pelo outro é muito grande. Saímos de Ubatuba ontem à meia-noite, ele enfrentou fome e frio para ver o avô. Deixe-o subir por um minuto e se for preciso assino um termo de responsabilidade.

Tereza sabia que eu veria Benedito a qualquer custo, que viraria o hospital de cabeça para baixo, mas veria o meu avô.

A recepcionista nos informou que chamaria a enfermeira-chefe, pois apenas ela podia autorizar. Alguns minutos de ansiedade e angústia, e depois apareceu uma mulher corpulenta e clara como leite, enfiada no tradicional e nunca fora de moda, ao menos em tais estabelecimentos, avental branco. A matrona dos moribundos e debilitados, ao nos avistar, com seus olhos enérgicos, desejou-nos um formal e mecânico "bom dia", para depois nos perguntar em que nos poderia ser útil...

– Não posso arriscar a vida de seu filho permitindo que ele vá a uma ala proibida para crianças... Com licença – deu-nos as costas e saiu.

Fiquei furioso e disse à minha mãe que iria de qualquer forma. Tereza começou a burilar um plano. O semblante era de preocupação, seus olhos vivos e argutos procuravam nos vãos, paredes e portas claras e luminosas do hospital uma solução para o problema que tinha e sabia que, se não fosse logo resolvido, se tornaria impossível de administrar mais adiante.

Com a mão direita protegendo os lábios, Tereza sussurrou para mim:

– Está vendo aquele elevador ali? – apontou-me com os olhos. – Então, sei qual é o andar e o número do quarto. Vamos disfarçar um pouco para que não nos notem e aí pegamos o elevador.

Assim fizemos e, ao chegarmos ao andar que procurávamos, me deparei com um largo e comprido corredor, alvo feito pomba de mágico, feito lua de conto de fadas, cheio de portas, o que nos fazia sentir como se estivéssemos em um jogo, cujo objetivo era acertar a porta e pegar o tesouro, o tesouro do meu coração, da minha mais rica memória. A tensão se apoderara de minha mãe, que não encontrava o quarto. Andava apressada e ofegante pelo corredor, trazendo consigo minha impaciência e também a de minha avó...

– É aquele ali – e indicou com o dedo da mão direita.

Corri na frente, abri a porta e senti meu coração em chamas, como se fosse uma tocha a iluminar-me de euforia e saudade. Olhei à esquerda do quarto e vi uma série de pessoas acamadas, tomando soro ou remédio. Não vi Benedito. Olhei à direita, e minha vista foi tragada pela imagem de um senhor deitado de lado e com um olhar triste. Minhas pernas amoleceram, minha voz não saía e fui me aproximando devagar.

Quando ele me viu, abriu um sorriso cansado e esticou a mão para mim. Foi quando ouvi a enfermeira-chefe gritar com minha mãe do corredor e pedir à enfermeira responsável pela ala dos pacientes terminais que me retirasse dali imediatamente. Já estava em meu encalço. Minhas pernas, como em pesadelos, pareciam sem força. Um passo demandava de mim uma energia inacreditável. Os olhos de Benedito brilhavam, seu semblante esquálido, como jamais fora, era sereno e o conjunto das dobras de sua face formava uma expressão de alegria. Seu braço direito esticado na minha direção permitiu que eu o tocasse pela última vez.

A enfermeira que me perseguia já me puxava pela cintura quando, agarrando-me aos dedos de Benedito com as pontas do meu indicador, anular, médio e mindinho, o vi e o ouvi dizer, com um orgulho que nem a debilidade o impedia de expressar no olhar:

– Sabia que você ia vir. Sabia...

Não consegui abraçá-lo, como desejava, antes de sua partida... Na tarde daquele mesmo dia, meu avô morreu.

• • •

Em 30 de janeiro de 1980, o corpo de Benedito foi sepultado no Cemitério da Saudade, zona leste de São Paulo. Uma de suas irmãs morava em Itaquera, e a residência ficava perto do cemitério. O velório foi em sua casa.

O funeral foi realizado em uma manhã. O dia estava ensolarado, e o céu estava azul-anil. Fiquei ao lado do caixão o tempo todo. Havia poucas pessoas, somente alguns amigos e parentes, a maioria de São Paulo. O padre recitou trechos da Bíblia, esmerava-se para lhes dar o tom poético e solene característico, até que cessou, e dois homens desceram o caixão por duas cordas, colocaram-no em uma das gavetas da cova e tamparam-na com cimento. Meu tio, como manda a tradição, jogou uma pá de terra na cova.

Corri o olhar pelo cemitério. Era um lugar bonito, lembrava o convento em que Benedito jardinava; tinha árvores, flores e até um muro de mimo semelhante ao que ele esculpia. A lembrança colorida dos ambientes de Benedito, porém, fazia florescer em mim a dor que aquele ritual de partida reiterava, fazia-me sentir tanto tudo aquilo que parecia querer me anestesiar a alma.

Comecei a conversar mentalmente com meu avô e, por meio desse recurso imaginário, aliviei meu coração...

– Hoje me transformei em uma estrela e, quando precisar de mim, é só chamar que estarei dentro de seu coração – disse-me Benedito, enquanto meus olhos passeavam pelo jardim fúnebre.

Desde aquele dia tive a convicção de que em mim mora essa estrela, uma herança do amor franco de um pai, uma centelha divina que representa todos os meus sonhos, amores, esperanças, valores e fés. Tenho certeza de que todos nós temos um brilho intenso que nos enche de conhecimento e força para realizarmos o etéreo. Jamais deixe essa estrela extinguir. Todos temos o direito e o dever de fazê-la brilhar cada vez mais e mais alta.

Não chorei naquela manhã de sol...

• • •

Todos somos diamantes brutos,
mas, para brilhar,
precisamos ser lapidados por amor
honra, compaixão e fé.

Avô, pai, irmão ou melhor amigo? Todos em um só?

Definir Benedito é mais difícil do que contar tudo o que vivi ao seu lado. Todos os adjetivos que usei antes cabem na alma daquele velho adorável, cuja compleição franzina escondia o vigor e a grandeza de sua personalidade. Porém, nenhum dos adjetivos o veste de substantivo de modo tão alinhado como "mestre", "professor" ou "mentor". Benedito foi o maior de todos os mestres que tive, foi a estrutura da minha alma, sobre a qual pude realizar sonhos e ter a coragem de ser quem sou em essência.

Paciente e sábio, Benedito me protegeu e me ensinou sempre com muito amor. Compreendia as limitações de uma criança inquieta e insegura, mas extremamente sonhadora. Ele me fez olhar o mundo a partir de uma perspectiva edificante, diferente da que impregna de ceticismo a maioria. Ajudou-me, com seus conselhos valiosos e com muito afeto, a encontrar o meu caminho. Meu professor conseguiu transformar o mundo a minha volta somente com palavras; fez com que eu adquirisse crenças fortalecedoras, valores íntegros e amor ao próximo.

É provável que você também tenha aprendido lições com um grande professor, com alguém que o ame verdadeiramente. É provável que ainda guarde as lições como relíquia, que as leia como poesia. Porém, pode tê-las esquecido na bagagem da memória, ao seguir pela vida – às vezes mais concreta do que seria desejável. Talvez concorde que, quando essas lições se perdem no passado, seu mundo se torna mais opaco.

Se o rumo pelo qual enveredou o guiou para a falsa felicidade, transformando-o, assim, em alguém vazio, mude, e o mundo mudará com você; reencontre as lições guardadas na bagagem de sua alma...

Em seus últimos seis meses de vida, Benedito me falou sobre o sentido da existência. Ele me entregou os mapas que passou seu mais de meio século a desenhar, os traços aos quais deveria recorrer sempre que me deparasse com o desespero, o desamparo e a fraqueza, sempre que me deparasse com a angústia. Guardei-os na bagagem de minha alma, ciente de que não me perderia jamais, pois tinha ao que recorrer sempre que necessário.

Para muitos, Benedito talvez não tenha sido sequer um bom colega, mas, para mim, foi avô, pai, irmão, melhor amigo e, sobretudo, mestre.

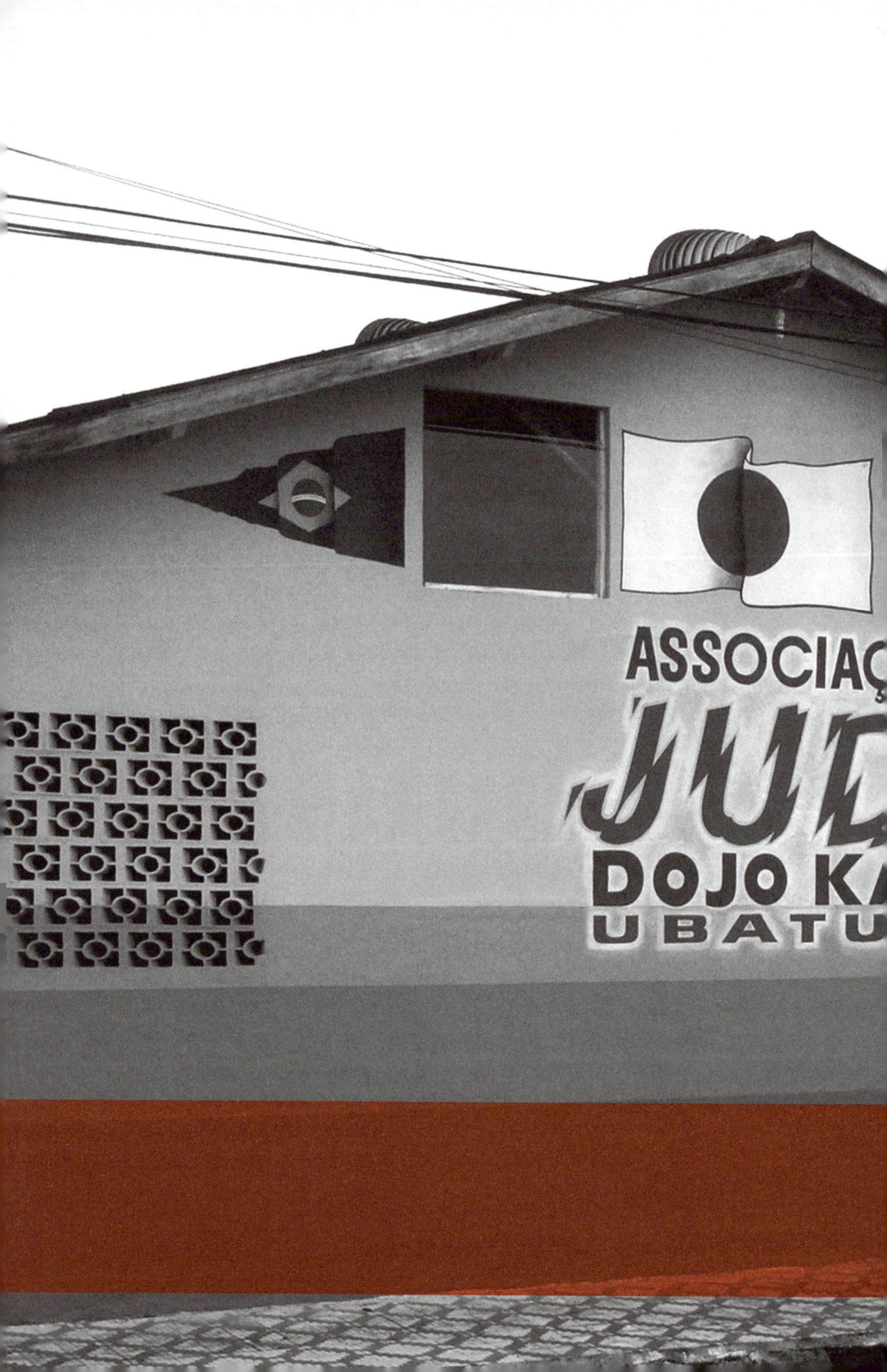
ASSOCIAÇ
JUD
DOJO KA
UBATU

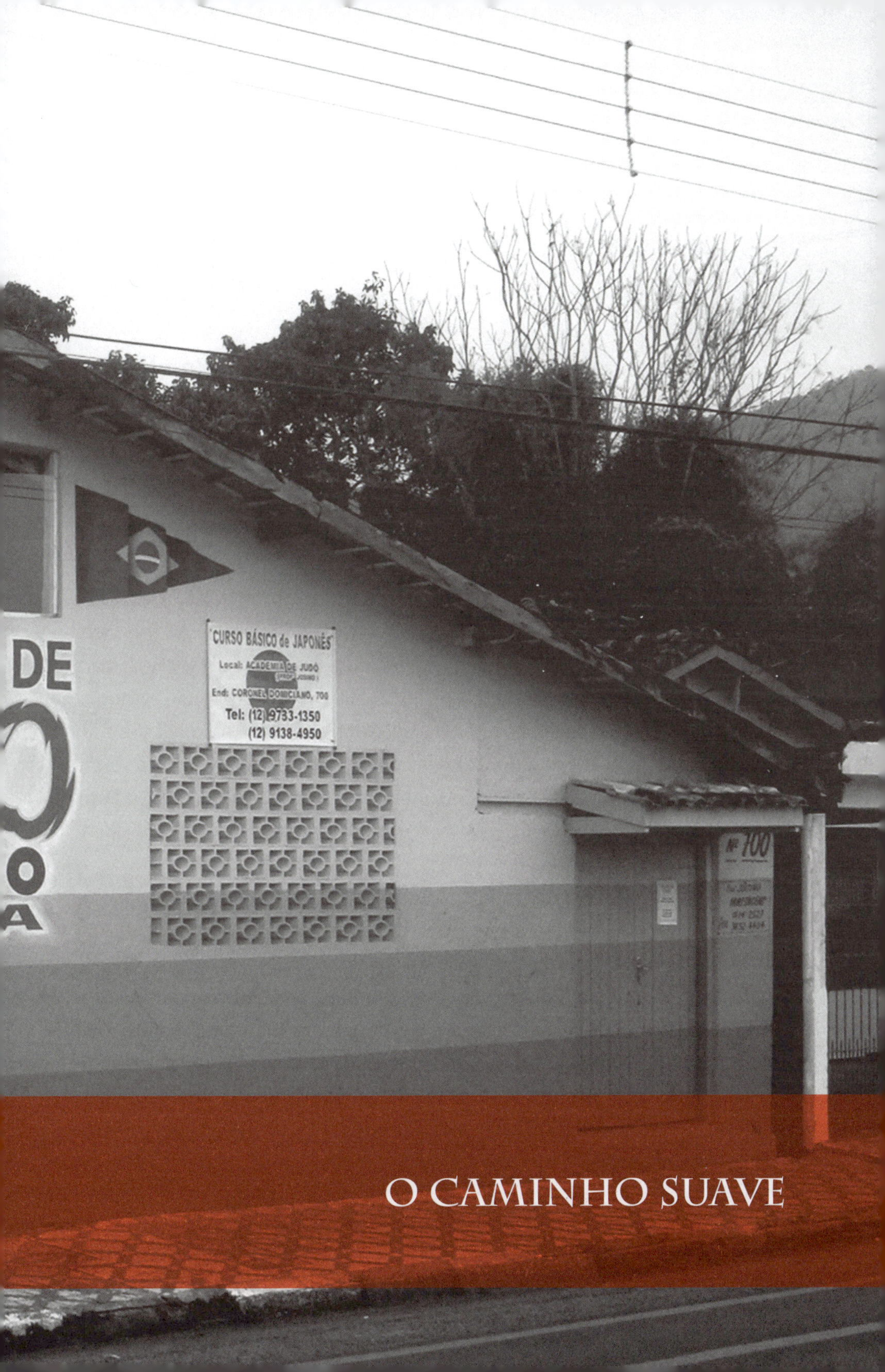

O CAMINHO SUAVE

Conhecer-se é dominar-se
e dominar-se é triunfar.

Princípios do espírito do judô

Quando meu avô morreu, com ele morreu um menino. Precisava renascer, mas não foi fácil. Não há mortes e tampouco partos sem traumas, sem dor. Ao longo da vida, morremos e renascemos uma porção de vezes, e essa dinâmica é necessária; do contrário, não acompanharemos as mudanças constantes da existência, do universo. Se não morrermos para o passado, jamais renasceremos para o futuro. Se a minha criança não morresse, eu jamais renasceria adulto, eu jamais entenderia as palavras de meu avô, como, seguramente, ele desejava que eu as entendesse.

Pouco antes de morrer, Benedito negociou o terreno do barraco – que ficava no centro e por isso tinha um bom valor – por outros sete no sítio da Pedreira, um bairro periférico, mas onde haveria espaço para todos os seus filhos e suas respectivas famílias. Minha avó, com a morte do marido, mudou-se para lá. Eu passaria a morar com minha mãe. Isso porque alguns anos antes da morte de meu avô, Tereza se casara com Paulo, meu padrasto, e fora morar na rua Dom João III. Até o fatídico dia da morte de meu avô, eu permaneci com ele e Maria. Minhas tias também, na ocasião da morte de meu avô, já não moravam mais com os pais. Éramos apenas eu e meus avós.

Quando me mudei para a casa de minha mãe, também passei a morar com minhas irmãs, que viriam a ser quatro.

Essa mudança se deu quando eu estava com 12 para 13 anos e eu não a digeri direito, bem como não digeria direito quase tudo em minha vida naquela época. Estava tomado por uma ira e não via perspectiva de refreá-la, para desespero de todos. Sentia o aroma do café da manhã, via o coreto da praça, as ruas, o barraco, tudo na cidade exalava, reluzia, tocava e soava a ausência de Benedito... Então, para um menino sem pai, para um menino sem Benedito, maldito era Deus, maldito era o mundo, maldito eram todos os garotos que se colocavam na minha frente... Maldito era meu pai biológico. Inundei minha imatura cabeça de porquês, e a falta de repertório e experiência para respondê-los, a falta de meu avô, fizeram-me cada vez mais revoltado.

As brigas no colégio se sucediam. Toda semana havia ao menos uma, toda semana eu desejava morrer para encontrar Benedito. Quando, de tanto odiar o mundo, o mundo começava a dar mostras de me odiar também, o amor de mãe encontrou um caminho suave para nossa reconciliação. Antes, contudo, posso dizer que chegaria ao fundo do poço, o que se daria por meio de uma feroz luta contra um colega de escola...

Gilson era maior, embora não fosse tão mais forte do que eu, ou seja, eram dois magrelos em combate. Ele levava a melhor na briga, até determinado momento. Estava sobre mim, enquanto colegas excitavam-se, torciam, vibravam e gritavam não por mim ou por ele, mas por uma briga daquelas, de machucar, de socos e chutes bem dados, e muito equilibrada. Porém, acredito, viram mais do que desejavam. Gilson controlava as ações e quis mostrar domínio; segurara-me o rosto, a boca, mas me permitiu soltar uma das mãos, cuja atitude iracunda foi tomar o dedo indicador do opoente, colocar na minha boca e mordê-lo, feito um crocodilo frio e feroz. Depois, com um movimento sincronizado entre a mão e a cabeça, fraturei o dedo de Gilson, que berrou o mais dolorido dos berros que já ouvi. Como dentes em boca ensanguentada, viam-se os ossos expostos para fora da carne. Ele correu desesperado, olhando-me como se eu fosse um monstro selvagem, capaz das maiores atrocidades, dos piores crimes. Correu, como se eu o quisesse matar.

Traumatizei o menino com um golpe que, de certa maneira, sintetizava meus traumas, já transformados em ódio. A razão da briga: o Marcílio, colega de escola, provocou os brios bobos de dois garotos. A velha história: "Você não pode com ele; ele disse que você é fraquinho; duvido que você bata nele". Caímos na provocação e acabei por fazer aquela barbaridade...

Barbaridade inadmissível foi provavelmente o que disse a diretora do colégio à minha mãe, para justificar a intenção de me expulsar.

– Por favor, ele está abalado, está muito sentido com a morte recente do avô. Eram muito próximos, passavam a maior parte do tempo juntos... – Fez um breve resumo da minha vida e assim procurou justificar minha violência exacerbada. Depois prometeu que eu mudaria e não mais me meteria em confusão.

– Entendo, mas não podemos manter uma criança com esse comportamento, independentemente da relevância das causas – devolveu a diretora, para aumentar o drama que vivia minha mãe. Mas, no fim, resolveu, diante do semblante desesperado de Tereza, protelar a decisão de me retirar definitivamente da escola... – É a última chance. Se houver mais briga, ele será expulso, sem volta.

Minha mãe sabia que o mais fácil era me manter na escola, e isso ela já conseguira. Agora, como me manteria longe das brigas?

Ela estava desesperada e, em vez do habitual rigor das duras que me dava em situações semelhantes, ela pedia para eu me ajudar e, assim, ajudá-la.

– O que eu vou fazer com você? Você ouviu o que ela disse?

Eu não me sensibilizava. Lembrava do que dissera a diretora e, em vez de me preocupar em mudar, alimentava a raiva, a vontade que tinha de descarregar em alguém meu ódio. Ninguém melhor do que a própria diretora, que havia acabado com a minha reputação na frente de Tereza.

"Em qualquer dificuldade, não nos esqueçamos da oração... Elevamos o pensamento a Deus, procurando sintonia com os espíritos bons." A frase de Chico Xavier cai como uma luva ao que acredito ter acontecido logo depois daquela desagradável reunião, pois como se Deus tivesse ouvido os suplícios de Tereza, como se o próprio Benedito procurasse intervir espiritualmente no mundo da matéria, durante o caminho de volta da escola para casa fomos, eu e minha mãe, surpreendidos por um encontro impensado.

Um velho amigo e compadre de Tereza, Paulo Macedo, passou por nós e, admirado de encontrá-la àquela hora no centro da cidade, geralmente àquela hora ela estava trabalhando, perguntou:

– Oi, Tereza! O que você está fazendo por aqui este horário?

Fragilizada pelas circunstâncias, ela contou tudo o que havia acontecido. Falou das dificuldades de convívio que eu vinha tendo desde a morte de Benedito. Ao que ele aconselhou:

– Tereza, por que você não coloca o menino no judô? O judô é um esporte que desenvolve disciplina e isso é o que ele precisa neste momento. Já que ele gosta tanto de brigar, pode descarregar toda a sua energia nos treinos, ficando mais calmo na escola.

À custa de muita austeridade com suas contas, Tereza me pagou a matrícula na academia, o que me deu o direito de fazer as aulas por três meses.

• • •

A primeira academia pela qual passei ficava na rua Coronel Dominiciano nº 700, Ubatuba. A entrada da academia dojô Kano era um corredor que dava em um amplo espaço onde ficava o tatame, cercado por arquibancadas de madeira. Nos fundos, uma área de recreação com uma mesa de pingue-pongue, uma pequena lanchonete, uma sauna e também a sala de massagem do *sensei*.

Vestindo um quimono de saco de farinha – feito por uma amiga costureira de minha mãe – entrei no dojô, área em que se pratica artes marciais, pela primeira vez e, naquele mesmo instante, descobri que pisava no solo da realização dos meus sonhos. Pode parecer demagogia, exagero, uma mentira da memória, que tem por hábito fazer os episódios do passado maiores do que realmente são, mas posso assegurar que, naquele meu primeiro contato com o mundo das artes marciais, meu corpo vibrava de emoção, até que ouvi a voz do *sensei* Josino:

— Cumprimente o dojô todas as vezes que entrar e sair dele em sinal de respeito ao local de treino — disse-me, com um olhar severo e ao mesmo tempo afetuoso, como costumam ser os olhares dos mestres, como era o de meu avô, como me parecia ser o de Jigoro Kano, o fundador do judô, nas fotos que estavam nas paredes da dojô Kano.

— Tudo bem — respondi, absorto naquele universo novo e encantador.

— Tudo bem, não... Diga Hai! Assim, em voz alta, toda as vezes em que aprender uma nova lição.

Hai (Rai) foi a primeira palavra que aprendi em japonês. Josino, um branco róseo, careca, mas de compleição atlética, explicou-me que a palavra denota atenção, energia, obediência; é a exteriorização de um estado de espírito, o espírito de aprendiz. Ela deve ser dita sempre energicamente, com o corpo ereto e desperto, bem como os sentidos. Esse rito corporal busca significar a palavra com algo a mais; é como se disséssemos: aprendemos e estamos prontos para o combate... Hai!

Não tenho na memória e tampouco grafada em folhas com ou sem pauta a data da minha primeira aula, mas sei que, naquele dia — sejam quais forem os oito números, separados por duas barras, que pontuam a passagem caudalosa do tempo —, conheci a minha segunda grande morada, meu segundo grande templo sagrado: o dojô Kano, de Ubatuba. Agora, além do barraco em que vivi minha infância ao lado de Benedito, podia contar com a força do *sensei* Josino e sua residência de valores e honra.

• • •

O treino começava às dezessete horas e quinze minutos, mas às dezesseis horas eu já estava sentado na porta da academia. Por volta das dezesseis horas e trinta minutos via, bem lentamente, se aproximar uma velha kombi branca. Josino a parava bem na frente da entrada da dojô Kano, abria a porta, que gemia ferrugem, de sua kombi e depois a batia, sem dó, ciente de que, de outra maneira, não conseguiria fechá-la... Quimono de baixo do braço, vinha em minha direção.

– Já está aqui? Que horas você chega, Milton? – perguntou-me uma vez, quando se deu conta de que eu tinha o hábito de chegar com antecedência.

– Às quatro da tarde, *sensei* – respondi.

– Vou colocar uma cama na academia para você. Assim, poderá dormir aqui sem risco de perder a hora... – Achei realmente engraçada a piada do *sensei* e ri com ele.

Foi a primeira vez que rimos juntos. Ríamos assim algumas outras vezes, já que sempre chegávamos mais cedo, e tínhamos de aguardar um bom tempo para o início da aula. Nesse ínterim, conversávamos. Como um menino que conseguiu um novo e, ao que tudo indicava, grande amigo, passei a falar de mim, contar-lhe tudo sobre minha vida, sobre meu avô, sobre minha mãe, sobre minha avó...

– E o seu pai? Você não fala do seu pai... Quem é o seu pai? – perguntou-me Josino... Nada mais natural. Porém, para mim, falar de quem não quis que eu o conhecesse não era nada agradável.

– Você não vai conhecer. Ele foi embora há muitos anos, quando eu tinha menos de um ano de idade.

– Conheço muita gente, Milton. Qual é o nome dele?

– Milton Trombini.

Ele ficou em silêncio por alguns segundos e, de repente, com um riso suave desenhado nos lábios, disse, para minha surpresa:

– Como essa vida é engraçada... filho de Milton Trombini.

Fiquei intrigado com suas palavras e quis saber com exatidão qual era o significado daquela reação...

– O senhor o conhece?

– Sim, e como o conheço! – e continuou: – Faz muitos anos que não o vejo. Aliás, faz muitos anos que não vejo seus tios, Sidnei e Nelson. Eu dava aula de violão para o seu tio caçula, o Nelson... Mas que mundo pequeno! – A partir daquele dia, Josino teria, e não esconderia de ninguém, um carinho especial por mim.

• • •

– Formação! – dizia o *sensei*, às cinco horas e quinze minutos da tarde, para que parássemos as brincadeiras que fazíamos no tatame e nos preparássemos para iniciar a aula.

Desde o primeiro dia de treino, o que mais queria era lutar, mas o sansei me colocava de canto e, enquanto os demais alunos treinavam luta, eu treinava sozinho *ukemi* – que quer dizer "queda" na língua nipônica. Lembro-me de que na terceira aula minha paciência se esgotou, não podia mais esperar e então disse, sem conter o tom indignado em minha voz:

– *Sensei*, quando vou lutar?!

– Calma, muita calma, meu caro – foi a resposta, impassível, que recebi... – Primeiro você deve aprender a cair sem se machucar – continuou, seguro do que dizia e do que fazia. – Somente os que sabem cair conseguem levantar e prosseguir. Você verá que no caminho suave, ou judô, quanto mais se cai mais se aprende. Para quem sabe cair, a queda é uma oportunidade de aprimorar seu conhecimento no judô.

A verdade é que, apesar da pujança, eu era um menino franzino. O *sensei* Josino me chamava de peito de pombo, tamanha a magreza, que eu não conseguia disfarçar com o peitoral naturalmente estufado. Eu sabia que não tinha uma compleição intimidadora, mas sonhava e me dedicava nos treinos para, além de ser um campeão, ter a estrutura de um Ariovaldo. Ari, como nós o conhecíamos, já um adulto, era o melhor e mais forte aluno da dojô Kano; era o nosso faixa-preta. Tinha fama em todo litoral norte de São Paulo, era considerado uma fera no judô. Forte feito um estivador, trabalhava como entregador de gás na empresa do pai. Carregava, sem grandes dificuldades, dois botijões cheios em cada mão. Para os adversários de sua categoria, enfrentá-lo sempre fora uma temeridade. Ari foi a minha primeira referência no esporte... Queria ser tão ou mais forte do que ele.

O principal poder de meus sonhos, eu sentia, era a capacidade de transformar-me, paulatinamente. Ao definir um destino, uma nova meta, criava, sem nem me dar conta, muitas vezes, a necessidade de mudar e assim aprender. O sonho é a força que nos faz subir os degraus da vida. Queria ser tão ou mais forte do que Ari...

Não demorou para que eu começasse a me transformar, para que eu começasse a renascer. Ao fim do primeiro mês de treinos, passei da faixa branca para a azul. Meu professor disse, então, que, entre todos os seus alunos, eu era o que havia percorrido esse caminho em menos tempo. Estava feliz pelo meu desempenho. Sempre acreditei que o sucesso é conseguir o que se quer, e felicidade é querer o que se conseguiu... Àquela altura, eu conseguira uma nova razão de viver, de sonhar, uma nova razão para me alegrar, para amar o mundo... para não mais brigar na escola. Eu conseguira o judô.

• • •

Três meses imerso no mundo do judô, que parecia feito para mim, mas ao qual demorei a ser apresentado, como que por um capricho do destino. Longe das confusões, alegre como nos velhos tempos, como se o coreto, o cheiro do café da manhã, as cores das flores e a textura do quimono me fizessem sentir a presença de Benedito, e não mais sua falta, como se, de uma hora para outra, a saudade deixasse de ser dolorida e se tornasse uma agradável lembrança.

A verdade é que, como um iluminado arauto, Paulo Macedo anunciou à minha mãe uma oportunidade de redenção para seu filho, mostrando-me, indiretamente, que a vida poderia ser vista sob um novo ângulo. Costumo dizer que há três maneiras básicas de enxergar a existência: com os olhos da carne, da razão e do espírito. O olhar da carne é passional, faz-nos sentir o gosto do universo, mas, em excesso, pode nos alucinar pelos sentidos. O olhar da razão nos confere o dom de entender e comunicar o que pensamos e sentimos. Porém, em excesso, torna-nos frios, insensíveis e injustos. O olhar do espírito nos faz ver além do óbvio, do material, faz-me crer, por exemplo, que Benedito vive em mim na forma de uma reluzente estrela. Em excesso, tira-nos os pés do chão, faz-nos voar sem rumo no espaço ou cair um tombo doloroso demais para suportar.

Acredito ainda que haja um quarto olhar, talvez fruto do equilíbrio entre os três anteriores: o olhar divino, que tudo vê. Somos capazes de atingir esse grau de conhecimento, pois me fio na ideia de que Deus é o universo e, como somos parte desse imenso oceano de luz e escuridão, somos capazes de enxergar como Ele, capazes de enxergar a vida como Jesus Cristo, Buda e Gandhi. Acredito que, em seus últimos dias, Benedito tenha alcançado esse olhar. Só por isso pôde me ensinar tudo o que me ensinou, só por isso pôde mergulhar e se desapegar do amor que sentia por mim para mostrar-me o que considerava correto.

Contudo, impressiona-me a capacidade de Deus nos testar. De nos colocar à prova o equilíbrio, como se precisássemos balançar para entender que só existe felicidade quando se conhece a tristeza... Para andar sobre uma fina corda suspensa no nada sobre um infindo abismo é preciso fé e serenidade. Justamente o que não me faltou quando, após três meses de aula, a esposa do *sensei* Josino me entregou uma carta destinada à minha mãe. Levei-a sem saber e tampouco imaginar seu teor. Ao chegar em casa, entreguei-a para Tereza e fui tomar banho. Depois jantei. Finalmente, Tereza me chamou para uma conversa. Seus olhos estavam irremediavelmente tristes, o que me preocupou.

– Filho, as coisas não andam fáceis. Nós estamos em uma situação muito ruim. Paulo – meu padrasto – fez um trabalho, mas não o pagaram por isso. O problema é que, para realizar esse trabalho, ele precisou gastar antes. O fato é que nossa situação financeira piorou. Hoje jantaremos apenas feijão, arroz e milharina – disse-me Tereza. Ao que respondi:

– Não se preocupe, mãe, serei um grande campeão e aí as coisas vão melhorar.

Ela respirou fundo, deixou escapar uma gota de lágrima e disse:

– O bilhete que você trouxe é um aviso que os três meses acabaram e que tenho de renovar a mensalidade. Desculpe-me, filho, mas eu não tenho como pagar.

De imediato, um grande vazio tomou conta de mim. Meu coração voltou a apertar, como nos dias em que me despedia de Benedito, e então chorei. Corri para minha cama e pedi ajuda a Deus, pois eu amava o judô... Esse seria mais um dos momentos em que sentiria minha estrela, a estrela de Benedito. Era como se ele, diante de qualquer problema que eu enfrentasse, aumentasse sua chama dentro de mim para que eu pudesse superar as adversidades. Era como se me consolasse e dissesse: "Tudo será como sua fé lhe sopra no ouvido". Acalmei, embora ainda não estivesse feliz.

Foram duas semanas sem aparecer na academia. Até que, em uma tarde de segunda-feira, ouvi uma buzina vinda da entrada de casa. Saí para atender e me deparei com a velha kombi branca de Josino. Aproximei-me...

– Venha cá! Quero falar com você... O que aconteceu? Você se machucou ou está doente? – perguntou-me, visivelmente intrigado com minha ausência.

– Não, *sensei*, minha mãe está sem dinheiro para renovar o plano.

Ele parou, pensou e me devolveu uma pergunta:

– Posso te fazer uma proposta?

– Sim.

– Você já chega todo dia mais cedo, não é?

– Sim.

– No período em que espera o início da aula, você poderia varrer o tatame e limpar os banheiros. Assim, não precisaria pagar a mensalidade. O que acha?

– Fechado – respondi.

Naquele mesmo dia, voltei a treinar... Obrigado, meu Deus, por nunca me abandonar!

• • •

Dia 28 de outubro de 1982, aniversário de Ubatuba. Lembro-me como se fosse hoje da minha primeira competição. O *sensei* sempre realizava um torneio nessa data em homenagem à cidade. Dessa vez não foi diferente. Na entrada da dojô Kano, a inscrição: "Ubatuba, nós lutamos por você".

Academia lotada. Não havia mais lugares na arquibancada. Quando chamaram a minha categoria, a torcida fez um barulho ensurdecedor. Eram oito meninos: sete faixas-verdes, e eu, duas faixas abaixo, na amarela. Tinha quase um ano de treinos e estava bastante motivado, otimista de que poderia vencer. Porém, fiquei um pouco abalado quando vi que todos os meus adversários tinham torcida. Minha mãe trabalhava, minha avó cuidava dos afazeres em casa, meu pai nunca esteve e meu avô morrera... Estava completamente sozinho. Fecho os olhos e ainda posso rememorar a torcida dos adversários gritando: – Vai filho! Pega, pega! Vai! Vai!

Fui tomado por uma tristeza que seguramente não me facilitaria as coisas na disputa. O fato é que eu gostaria de, como os meus adversários, contar com a presença de algum parente. Nesse mesmo instante, senti uma mão sobre os meus ombros e, ao virar-me, me deparei com Ariovaldo, que me abraçou e disse:

– Miltinho, hoje, eu sou o seu pai... Você vai vencer. Eu confio em você – seus olhos eram francos, uma franqueza que me revigorava.

Em relação aos outros meninos, do ponto de vista da técnica, passei a levar até certa vantagem, afinal, meu novo "pai" sabia mais de judô do que qualquer outro... E foi com os gritos, com os toques do abençoado Ariovaldo que derrotei por *ippon* (golpe perfeito) um a um os meus adversários até me sagrar campeão do primeiro torneio que disputei.

A última luta foi a mais difícil. Enfrentei um dos melhores na minha categoria, e a luta empatou no tempo normal. Josino pediu que se desse mais um minuto. Foi então que lhe apliquei um bom golpe e levei o embate para o chão, onde o imobilizei e o segurei por 30 segundos, tempo necessário para conseguir a vitória.

Da tristeza à felicidade, por um ato de grandeza de um ídolo, passei novamente da felicidade à tristeza...

Ao subir no pódio para receber a premiação, o mesário anunciou em voz alta:

– Pais ou parentes para entregar a medalha do campeão!... – as mesmas palavras que podem ser doces podem também soar amargas aos nossos ouvidos. Para quem tinha os pais ali presentes ouvir as palavras do mesário seguramente era agradável, mas para mim, não; para mim era uma constatação muito triste.

Mas o golpe de palavras precisava ainda de uma finalização e ela veio da pior maneira possível. Sem querer me machucar ainda mais –

prefiro pensar dessa forma –, um menino que estava ao lado do pódio gritou, de modo a que todos ouvissem:

– Ele não tem família. Nunca ninguém veio ver ele no judô...

Foi como se tivesse me enfiado uma faca no coração, pois eu tinha uma família, amava-a e a honrava.

– Eu já disse que hoje o pai dele sou eu! – devolveu o grito Ari, como que empurrado por uma força que me protegia.

Ariovaldo me entregou a medalha naquele dia, como um verdadeiro pai. Às vezes me pergunto se não foi Benedito quem, de alguma maneira, soprou algo no ouvido de Ari.

Naquele dia, não venci uma competição, não venci sete meninos, venci a mim mesmo, venci meus medos, minha solidão e me tornei mais autoconfiante. Aprendi que na vida devemos encarar cada momento como se fosse uma batalha e cada época como uma guerra. Aprendi que, quando nos encontramos envolvidos pelo medo, pela solidão ou pelo cansaço, precisamos rir, pois aquele que conseguir rir quando estiver prestes a tombar ressurgirá das cinzas... Eis um dos ensinamentos dos samurais, eis um dos ensinamentos do meu avô, cuja última imagem que me concedeu em vida veio acompanhada de um sorriso, débil, é verdade, mas um sorriso que o faz ressurgir todos os dias nas minhas lembranças, nos meus sonhos, na minha imaginação e em meu coração...

Depois daquela primeira conquista passei a disputar muitos torneios. O tempo transcorria e se transformava em anos. Viajava para as disputas, sem dinheiro e sozinho, mas com a confiança de que seria um grande campeão... Podemos não ter dinheiro, mas somos capazes de chegar onde desejamos, quando sabemos aonde queremos ir. Em contrapartida, podemos ter todo dinheiro do mundo, mas, sem rumo, não chegaremos a lugar algum... Para mim, os ensinamentos de meu avô e o judô haviam se tornado um só caminho, que me levava à conquista dos meus sonhos.

• • •

Perto dos meus 16 anos, com alguns títulos na carreira e construindo meu nome no judô, recebi uma notícia que me abalou. Apesar de muito mais maduro do que quatro anos antes, ainda era um garoto; mesmo se fosse adulto, há temas que, por mais velho e experiente que sejamos, nos partem ao meio, em vários pedaços, em cacos. Enfim, dá trabalho para se reconstituir.

Havia chegado em casa, e minha mãe estava à mesa de jantar visivelmente tensa. Parecia querer me dizer algo, embora não me abordasse diretamente. Então resolvi saber o que a afligia...

– Mãe, sinto que a senhora está preocupada... Aconteceu alguma coisa?

– Sim, preciso conversar com você – falou –, mas primeiro tome o seu banho e depois do jantar conversamos.

Mais uma vez um suspense nada agradável. A situação financeira em casa já era um fator de grande preocupação e realmente não via a possibilidade de piorar. Àquela altura, também, ajudava como podia. Vendia camarão e lagosta na cidade. Aliás, fazia isso desde os 9 anos de idade. Porém, aos 16, havia intensificado essa atividade, afinal, a família precisava mais. O que ganhava era para ajudar nas despesas de casa; quando era possível, guardava um pouquinho. Eram minhas economias. Ou seja, não podia fazer muito mais do que já fazia.

Depois do banho, jantei ansioso e sozinho, enquanto minha mãe me aguardava em seu quarto. Jantar feito, fui até Tereza saber o que a afligia.

– Senta, filho... – disse-me, sentada na cama. – Preciso lhe contar algo sobre seu pai. Nunca falamos a sério sobre ele, mas acho que está na hora de conversarmos sobre isso.

Então, contou tudo. Como Milton Trombini nos havia abandonado, contou sobre a briga que teve com meu avô paterno Mario, as dificuldades que enfrentou, seus medos na ocasião, os possíveis medos de meu pai, enfim, tudo.

– Filho, lhe digo isso porque é melhor que você saiba por mim toda a verdade entre mim e seu pai. Não quero que outras pessoas o enganem... – Até então, tratava-se de uma confidência dura para mim, mas perfeitamente administrável. O que me tirou do prumo foi o complemento.

– Acontece que o parque do seu avô voltou para Ubatuba e, com ele, veio seu pai... – olhou-me fixamente nos olhos. – Não quero que esse retorno atrapalhe seus sonhos.

Hoje, imagino que, com a volta de meu pai, Tereza temesse que ele, de alguma maneira, se aproximasse de mim e me desse uma versão falsa do passado, de modo a macular a imagem de minha mãe e limpar a própria barra. Contudo, anos depois, confirmei, com o próprio Milton Trombini, tudo o que ela me dissera naquela noite.

No entanto, o adolescente Max perdeu o chão naquela noite, ao ouvir da mãe que o pai estava de volta. Lembro-me de que uma mistura de ódio, abandono, vingança, curiosidade e amor me dominaram. Pedi a Tereza, então, que me deixasse sozinho, ao menos naquela noite.

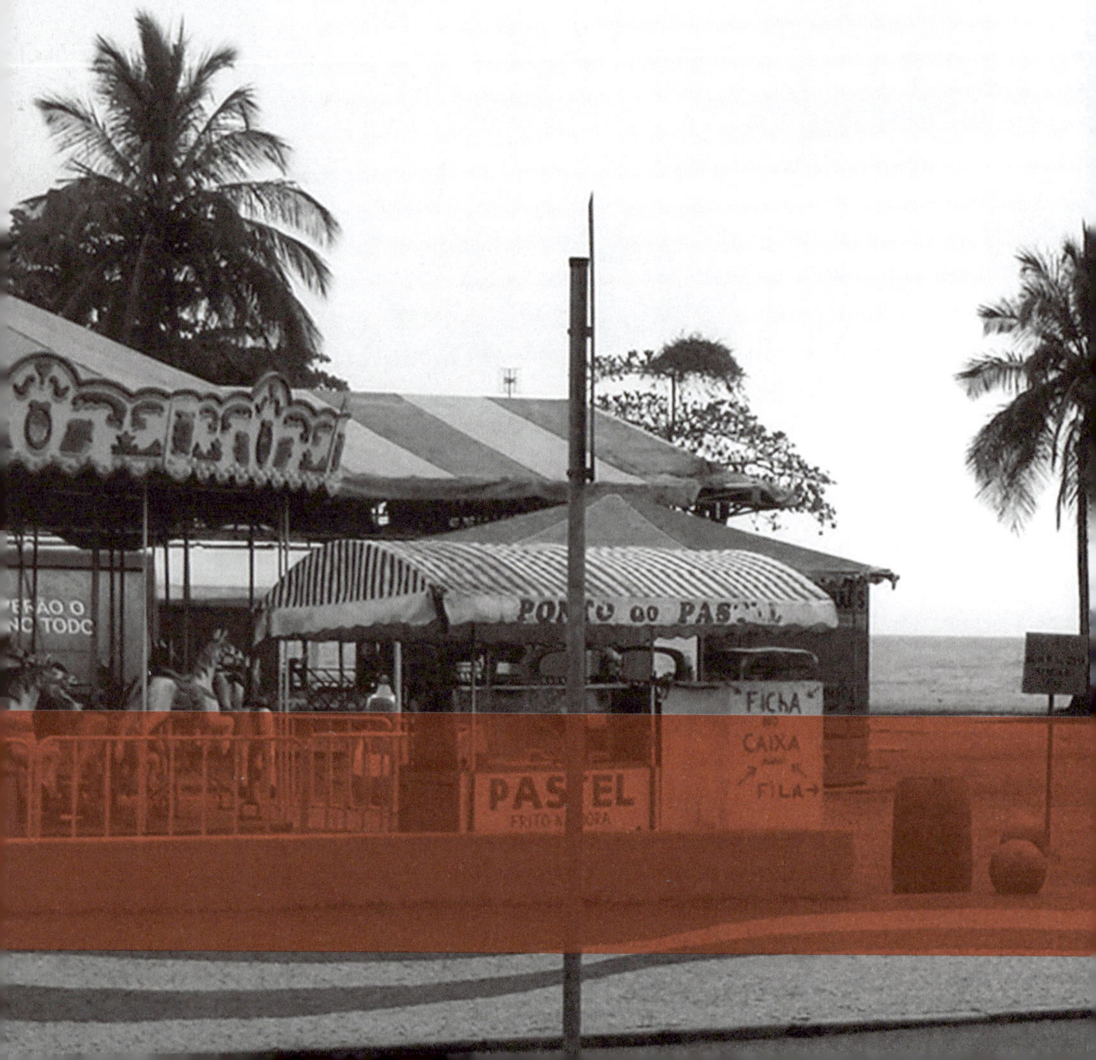
FIChA
CAIXA
FILA→
PASTEL

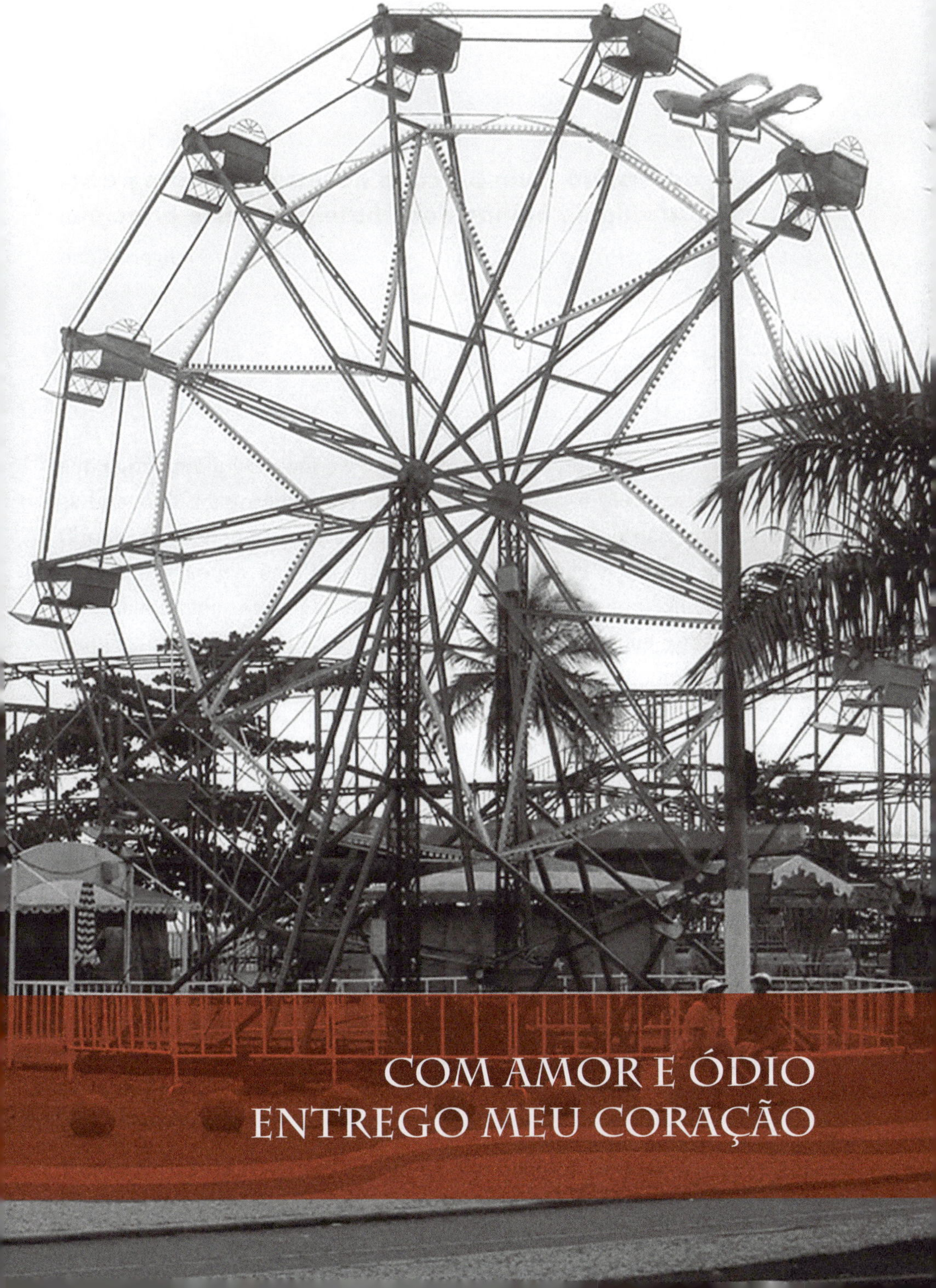

COM AMOR E ÓDIO ENTREGO MEU CORAÇÃO

O adversário é um parceiro necessário ao progresso; a vida da humanidade baseia-se nesse princípio.

Jigoro Kano

"Há dezesseis anos, seu pai nos deixou e o motivo foi uma briga que tive com seu avô, o pai dele. Talvez eu realmente tenha dito muitas coisas que não devia, mas tinha minhas razões. Após a briga, Mario disse que seu pai e eu não ficaríamos juntos. Como seu pai era dependente financeiramente, ele fraquejou... Acabou por nos abandonar."

Na noite em que soube do retorno de meu pai, não dormi. Fiquei no quarto imaginando como seria ele, qual seria sua reação ao ver-me, qual seria minha reação diante da reação dele. Meu coração não conseguia digerir a mistura de sentimentos que o faziam aflito, incerto. Revirava-me sobre o lençol, olhava o teto escuro do quarto de paredes sem reboco.

"Eu ainda disse ao seu pai que poderíamos vencer juntos, mas, com medo de enfrentar a vida, ele partiu com seu avô naquele caminhão e nunca mais apareceu."

Os detalhes do segredo que minha mãe contara vinham à minha cabeça insone. Dezesseis anos depois de prometer voltar para nos buscar, Milton estava em Ubatuba. E eu o veria pela primeira vez depois de tantos anos na mesma praia do Cruzeiro, pano de fundo das minhas brincadeiras, da minha história, da minha vida.

– Por muitos anos odiei seu pai, por não estar presente nas horas de dificuldade que enfrentei. Não tenho medo de trabalho, mas o que me revoltava era não poder dar a você uma vida melhor... Não falo isso para que tenha ódio de seu pai, mas é duro em dezesseis anos nunca lhe poder dar um presente de aniversário, e passar todos os natais preparando a ceia de outras famílias. Tudo isso vendo os seus olhos se encherem de lágrimas. – A imagem da expressão de choro, desenhada na face de Tereza, me vem à lembrança.

– Mas a senhora sempre disse que pobre não faz aniversário, faz anos – disse-lhe, tentando descontrair, suavizar o clima. Ao que, enxugando os olhos, ela deu um tímido sorriso e continuou:

– Com o passar do tempo, porém, entendi que Deus escreve certo por linhas tortas. Se eu tivesse ido embora com o parque, eu teria tirado de meu pai uma das maiores alegrias de sua vida. Foram onze anos de um relacionamento que vai além do amor de pai e filho. Vocês tinham uma amizade linda e, a cada dia que passava, aumentava em meu coração a certeza de que você fora um presente de Deus para Benedito.

Antes de ir para a cama, ruminar meus sentimentos, minha mãe apertou firme e ternamente minha mão, para depois me dizer:

– Aconteça o que acontecer, sempre estarei ao seu lado – seus olhos brilhavam um amor franco, eivado de uma incondicionalidade que só os amores verdadeiros são capazes de reverberar.

Diante da confusão que aquele segredo me causara, diante daquele mar de ansiedade que me furtava o sono, não havia outra panaceia a não ser Deus. Orei muito naquela noite deitado em minha cama. Pedi a Ele que guiasse meus pensamentos. Conversei também com minha estrela, conversei com o lume que Benedito me deixara de legado; por seu intermédio, encontraria o rumo certo, mesmo no meio daquela encruzilhada de sentimentos.

• • •

A manhã chegou e as nuvens não davam espaço para o sol raiar. Não demorei a sair de casa rumo à praia do Cruzeiro para ver a montagem do parque... O parque do meu passado... O parque do meu futuro. Os funcionários se movimentavam com pedaços de ferro nas mãos. Uma dança sem beleza, mas cujo fim traria encanto e diversão, especialmente às crianças. Os homens que erigiam aquele mundo de diversões pareciam orbitar em volta de um mais alto, alvo e de olhos claros. Era ele quem dava as ordens, quem dizia onde era melhor colocar isso ou aquilo.

O coração não se engana... Sua voz era tonitruante, gesticulava de forma espalhafatosa e parecia ser simpático com todos.

– Sr. Milton Trombini! – gritou um dos trabalhadores.

A ansiedade que me pregara as pálpebras abertas na noite anterior ganhou força, fez ferver o caldeirão de sentimentos antagônicos, cujo conflito me dominava e me surrupiava o ar...

Queria correr até ele, dar um abraço, dizer que era seu filho e depois ouvi-lo pedir perdão. Todavia, também dentro de mim havia uma vontade imensa de socá-lo até ele se ajoelhar e me pedir perdão. Pelo ódio ou pelo amor, fosse qual fosse o caminho, o que queria naquele instante era o pedido de perdão de Milton.

A mistura de sentimentos em tão alta temperatura começou a me fazer mal. O medo de me pronunciar e de revelar minha identidade sem receber o efusivo retorno de afeto, o tão desejado pedido de perdão seguido de um abraço cinematográfico, cuja realização seria o maior dos presentes para um jovem como eu, desencorajava-me a concretizá-lo.

Fui embora frustrado, decepcionado com tudo. Com ele em especial, como se tivesse a obrigação de me reconhecer, de sentir minha presença. Seria apenas uma das inúmeras decepções que teria com ele. Naquela manhã cinza divisei pela primeira vez a face daquele que seria o meu maior oponente, a mesma face que veria inúmeras vezes nos rostos de meus adversários de tatame, a mesma que me motivaria a atropelá-los...

Quando a noite se debruçou sobre o dia e minha mãe chegou do trabalho, logo notou uma tristeza incomum em meus olhos.

– O que aconteceu? – perguntou-me.

– Hoje conheci meu pai – disse-lhe, sem me estender, como se essa frase fosse suficiente para explicar o meu estado de espírito.

– Vocês conversaram? – ela estava ansiosa por saber o que exatamente havia acontecido em nosso quase encontro.

– Eu o vi de longe. Ele estava coordenando a montagem do parque.

– Como sabe que era ele?

– Um funcionário o chamou pelo meu nome.

Ela lançou o olhar a um ponto aleatório, parou por alguns segundos com ar grave e depois continuou a conversa.

– Como está se sentindo, filho?

– Não sei se o amo ou se o odeio. Só sei que seguirei os ensinamentos de meu avô; que vencerei todas as minhas batalhas com honra e sem me deixar envenenar pelo ódio. Vou perdoá-lo no dia em que ele vier me pedir perdão.

– Se envenenar pelo ódio... – não conseguia deixar de sentir ódio dele. Se reprimisse esse sentimento, se o jogasse no lixo, como algo menor e indigno, mataria também o amor que nutria por Milton...

A verdade é que só o odiava – aliás, só o odeio – porque, antes de tudo, eu o amo.

• • •

O mesmo Milton Trombini que coordenava a montagem do parque naquela manhã de borralha estava casado e tinha três filhos concebidos e criados sob a bênção do matrimônio; meus irmãos mais novos por parte de pai... Com a chegada do parque a Ubatuba, toda a família viera para minha terra.

Milton não demoraria a assegurar-se da existência do primogênito, em saber quem eu era. Apesar disso, continuaria sem me dirigir a palavra, sem me procurar... Continuaria a viver como se eu nem existisse. Sua indiferença aumentava a ferida que ele mesmo me fizera. Como nunca, desejava imensamente dar-lhe uma boa surra. Ele deveria pagar, dessa forma, por tudo o que causara a mim e à minha mãe...

Não foi o que aconteceu, mas quando nos cruzávamos nas ruas da cidade, fazia questão de olhá-lo como um cão raivoso; de fechar os punhos, de modo que visse; de andar, como se fosse à sua direção, disposto a levar adiante meu desejo, meu carinho às avessas... Se batesse nele, entretanto, talvez a dor fosse, para mim, tão insuportável quanto imagino que seria para ele. Ficava na ameaça, na raiva sem disfarce, despudorada em meu olhar.

Éramos pai e filho, mesmo nome e mesmo sangue, vivendo como estranhos na mesma cidade...

– Eu sou o Milton mais velho. Quem deve me procurar é ele – disse meu pai certa vez ao *sensei* Josino que, por ser amigo do pai e do filho, tentava nos aproximar.

Certa vez, depois de eu ter ganhado o título dos jogos regionais do Vale do Paraíba, Josino me falou sobre uma conversa que tivera com meu pai. Disse-lhe que eu havia me sagrado campeão dos tais jogos; teceu alguns elogios a mim, ao que Milton respondeu batendo no peito estufado, menos cheio de ar do que de orgulho fátuo, suponho...

– O moleque puxou o pai... É forte que nem o pai. Não falei, Josino? É forte que nem o pai.

Não sei se é verdade. Não sei se Josino calibrou a reação de Milton para me encher o ego, elevar-me a autoestima, encorajar-me a procurá-lo e assim fazer de uma vez por todas as pazes com ele.

Não foi dessa vez, não foi com essa saborosa fofoca que me convenci de que precisava procurá-lo. Se ele era orgulhoso, eu também o era. Não sei se a força e a vitória no tatame se deviam a alguma herança genética dele, mas tudo levava a crer que meu orgulho e teimosia eram resultado do sangue dos Trombini...

Ironia do destino ou não, mas o certo é que, mais de uma vez, eu e ele dividiríamos a primeira página do jornal de Ubatuba: eu pelo esporte e ele como grande empresário. Confesso que o fato de termos a mesma importância perante a opinião pública me enchia de orgulho. Isso me dava cada dia mais ânimo e motivação para realizar meus sonhos. Sentia uma grande força, uma vontade imensa de vencer na vida.

No entanto, se éramos iguais em notoriedade, éramos bem diferentes em prosperidade. Ele era rico; eu continuava a viver em uma casa sem reboco e sem laje, com tijolos à vista de quem estivesse dentro ou fora da residência, que tinha apenas dois quartos, banheiro e cozinha.

As pessoas me cobravam.

– Vá atrás dele... Ele é rico, pode te ajudar, pode facilitar sua vida, realizar seu sonho.

Mas a única coisa que sempre desejei dele foi o pedido de desculpas, o amor de pai que nunca me faltou com Benedito.

• • •

Há momentos na vida em que sentimos um enorme vazio. Foi assim naquele 24 de dezembro. Eu tinha 18 anos. Caía uma garoa, típica dos natais de Ubatuba. Estava sozinho com minha avó. Tereza, como de costume na data, trabalhava. Só a encontrava no dia seguinte. O contexto me minava a resistência, fazia-me menos durão do que desejava ser. Foi quando me lembrei de Benedito, foi quando fui tomado por uma imensa saudade.

Meu coração se abriu em carência, ansiou um abraço, um carinho franco, especialmente quando me veio à memória a imagem de meu avô em prantos, falando sobre sua mãe, falando-me sobre o perdão. Desarmei-me, tirei o quimono da alma e resolvi que daria feliz Natal a Milton. Resolvi que colocaria um fim naquela situação incômoda, que me fazia sofrer calado.

Era por volta de nove horas da noite quando cheguei ao bar Vira Verão, que ficava bem em frente ao parque de meu pai. Sentei em uma mesa e comecei a olhar para o parque, montado na areia da praia do Cruzeiro. Quando o vi, ele estava conversando com alguns de seus seguranças. Sabia que ele atravessaria a avenida, pois sua casa ficava no calçadão, de frente da praia, ao lado do bar. Ele logo viria, passaria o resto da noite de Natal com a família. Enquanto não chegava, fiquei imaginando como seria sua reação à minha abordagem, se entusiasmada ou com menosprezo; fiquei ensaiando o que lhe diria, como diria, como lhe explicaria aquela atitude inusitada.

Estava disposto a colocar uma pedra no passado e ganhar um amigo.

Por volta das onze horas da noite, a chuva ficou mais forte; as luzes do parque se apagaram e meu coração começou a acelerar. O frio na barriga completou os sintomas de minha ansiedade e por um momento pensei que entraria no tatame para disputar uma importante competição.

A dona do bar, que me conhecia, disse:

– Miltinho, desculpa, mas hoje não vem mais ninguém... Vou fechar o bar. Já estou atrasada para a ceia. Feliz Natal.

Tentei esconder-me da chuva sob a beira de um telhado que ficava a uns cinquenta metros da casa de meu pai. Sabia que ele estava prestes a se aproximar e, na hora certa, eu o chamaria, antes que ele entrasse em casa.

Quase meia-noite... Eu estava todo molhado, afinal, a beira do telhado não dera conta da água que se precipitava vigorosamente do firmamento. Foi então que o vi saindo de uma cabine do parque rumo à sua casa. Andei em direção a ele, lentamente, disposto a desejar feliz Natal e pedir um abraço. De repente, ouvi uma voz berrando na calçada.

– Pai! Pai!

Era um de seus filhos, com um guarda-chuva. Ele correu para o menino e, antes de entrar em sua casa, gritei:

– Sr. Milton Trombini.

Ele olhou para trás, dando-me a sensação de que não viu nada, virou-se para a frente e, abraçado com o menino, entrou.

Os pingos das chuvas se misturavam com minhas lágrimas. Distinguia-nos pela temperatura. As lágrimas esquentavam meu rosto. Fui para a beira da praia em busca do alento que sempre encontrei no mar. Por lá fiquei um bom tempo, em prantos, com a chuva lavando-me a alma, suja de ódio e solidão.

Não sei se meu pai me viu. Se sim, tirou-me a oportunidade de dizer-lhe que eu o amava, apesar de tudo. Perdeu a chance de receber o amor sincero de um filho que só queria ser seu amigo.

Naquela madrugada sem lua, jurei vencê-lo. Não esmoreceria diante da dolorosa rejeição, da mágoa e não me perderia na raiva; faria desses sentimentos trampolins para minhas realizações. Sublimaria meu ódio, ia transformá-lo em combustível para alcançar meus sonhos. Faria de algo destrutivo, construtivo. Faria do mal, bem.

Levantei a cabeça e, no dia seguinte, treinei forte em busca de uma vida melhor.

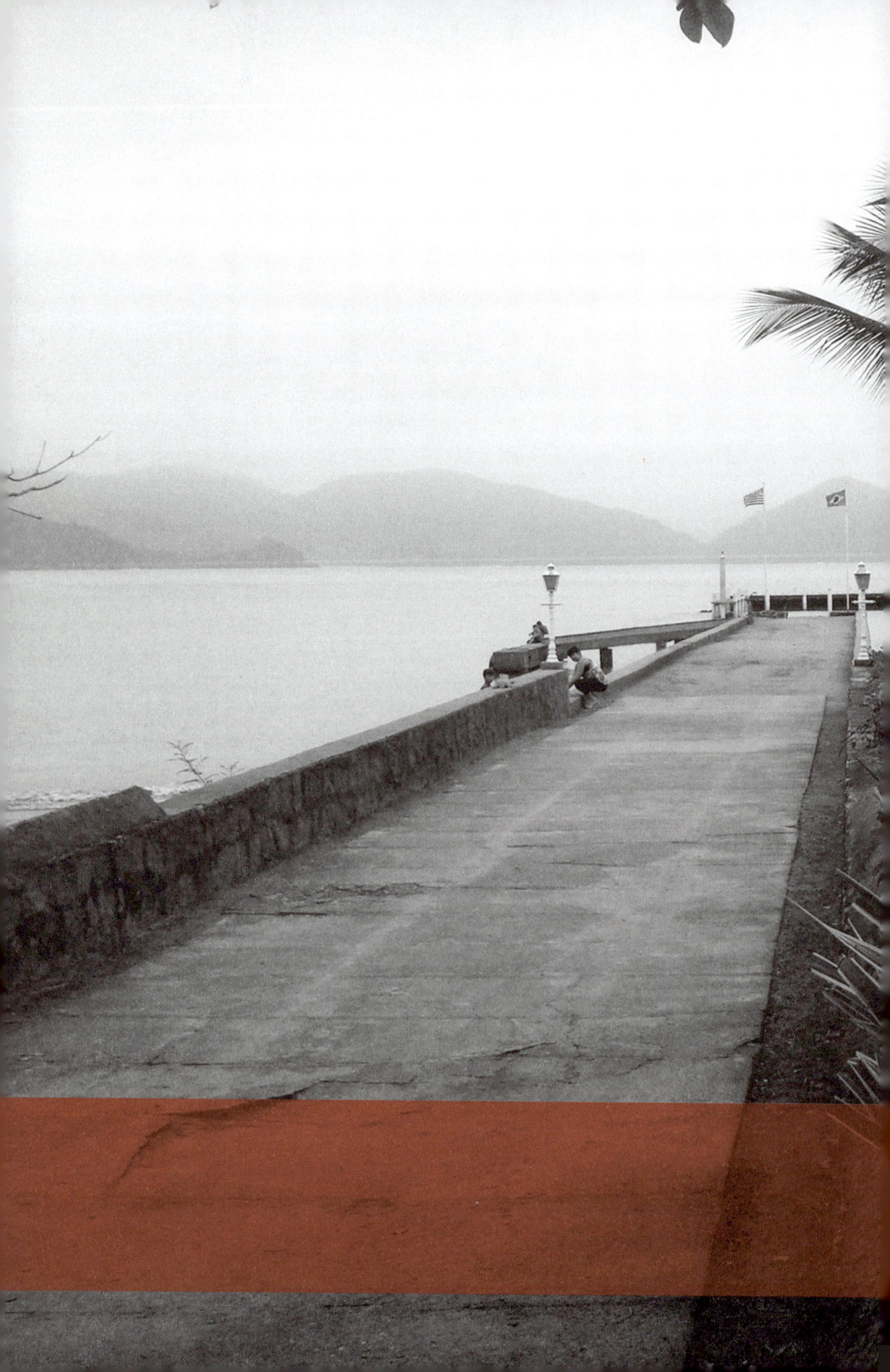

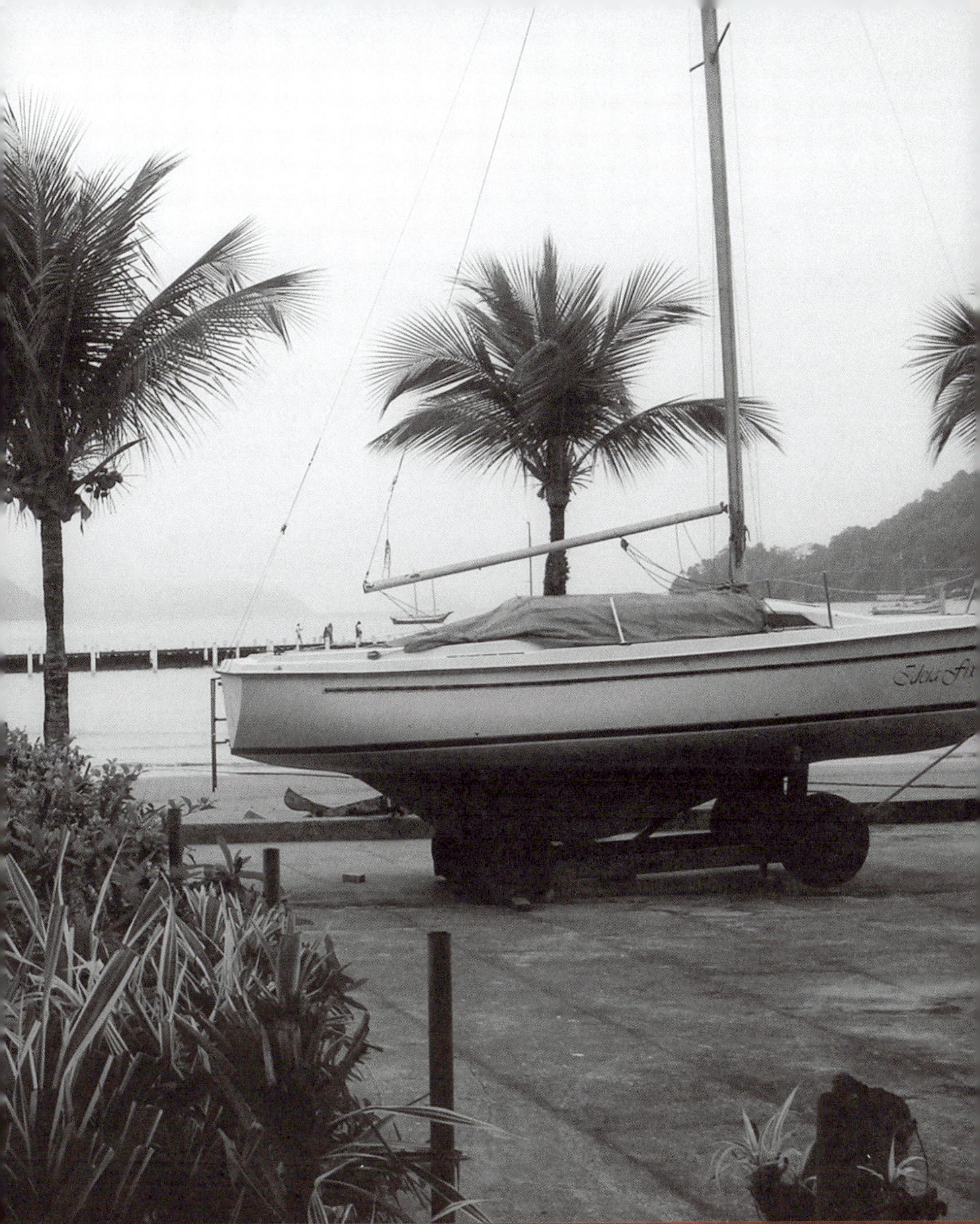

OCEANO DE SONHOS, PLANETÁRIO DE PEDIDOS

É graça divina começar bem.
Graça maior é persistir na caminhada certa.
Mas a graça das graças é não desistir nunca.
Dom Hélder Câmara

A mim, o horizonte da praia do Cruzeiro reverberava mais do que seus poentes laranjas, do que seus nascentes de luz diáfana e pacificadora a tingir Ubatuba de esperança. Era sobre a tênue linha, formada por céu e mar, que me via, pela imaginação, de quimono, vencendo os oponentes, brilhando como desportista. O palco de meus sonhos recendia maresia e eu alimentava a realidade de perseverança, embora eu admita que os contratempos fossem muitos e, inúmeras vezes, me visse com medo de desistir.

Isso porque, entre outras coisas, muitos vizinhos diziam a Tereza que eu deveria trabalhar em vez de me dedicar a corridas feitas à beira-mar, em companhia do horizonte e das minhas aspirações, ou treinando na academia.

– Onde já se viu, Tereza! Um marmanjo desses querendo viver de judô... Sonho de rico! Pobre tem de trabalhar – diziam alguns conhecidos à minha mãe.

– Se você não tem estrela, deixa a de quem tem brilhar – respondia Tereza, dominada pela certeza de que meu avô incutira em todos em casa, a certeza de que eu tinha uma imensa luz a guiar meus passos...

Todavia, os mexericos da vizinhança chegavam a mim e me abalavam.

Para piorar, presenciei, algumas vezes, discussões entre meu padrasto e minha mãe. A razão era a falta de dinheiro. Sentia-me culpado pelos bate-bocas. Era como se tivesse uma dívida imensa com eles e não soubesse quando poderia pagá-los. Eu sabia que não era vagabundo, mas me incomodava o que poderiam pensar a meu respeito.

O que podia fazer?

Uma vez, em um momento de fragilidade, de quase desesperança, pedi a meu padrasto que me ensinasse seu ofício. Ele era mecânico. Na ocasião, eu realmente estava propenso a trabalhar com algo mais próximo de mim. Fazer o quê? Seguiria a vereda comum aos meninos da minha condição social?... Era o mais fácil e, aparentemente, o mais honesto com minha mãe.

– Paulo, gostaria de trabalhar com você. Como posso te ajudar? – pedi-lhe.

Sem ser rude, porém sem esconder o desconforto que aquela possibilidade lhe causava, ele respondeu:

– Isso aqui não é para você. Prefiro que trabalhe com outra coisa. Na oficina está difícil.

Paulo tem a pele clara e na época usava barba, estava na moda. Seu sotaque e seus hábitos eram típicos de caiçara. Entre outras coisas, adorava caçar nas matas da Serra do Mar. Nunca me levava. A maneira como tratava as filhas, enchendo-as de beijos, abraçando-as à noite, enquanto assistiam televisão, inundava-me de saudade de Benedito... Aumentava a ausência de Milton. Porém, era minha referência paterna. Era como Paulo tratava suas filhas que eu deveria tratar as minhas e os meus.

A relação entre mim e ele, embora sempre cheia de respeito, nunca foi estreita, íntima. Éramos como dois conhecidos, não como dois amigos. Nunca fui destratado por Paulo, nunca o vi reclamar da minha dedicação ao judô e distanciamento de uma atividade com retorno mais palpável. Nunca o vi cobrar de Tereza uma atitude em relação a mim em função da minha postura. Enfim, ele parecia me entender, diferentemente de alguns vizinhos mexeriqueiros. Por isso, tenho um carinho muito grande por ele. Ele me ajudou muito mais do que outras pessoas que deveriam fazê-lo, mas não fizeram. Desejo, por isso, a Paulo, todo o sucesso e, sobretudo, felicidade do mundo.

Entretanto, ver Tereza – que na época parara de trabalhar em casa de família e passara a vender salgados na praia – varar as madrugadas preparando salgados, e depois os carregando dentro de um isopor pela praia durante o dia, sob um sol escaldante, fazia-me mal, fazia-me sentir ainda mais culpado. Apesar de eu perceber que preparar bolinhos de queijo, coxinhas, esfirras e afins era uma atividade que lhe proporcionava imenso prazer.

Nessa fase de angústia e tristeza, cujas evidências me impeliam a abandonar meu maior sonho, procurei emprego em alguns comércios locais, como uma loja de material de construção. Também tentei trabalhar em uma marina; capitanear veleiros que conduzissem turistas pela costa norte do Estado de São Paulo. Isso só era possível porque eu tinha a Arrais, a habilitação náutica. Conseguira-a aos 11 anos de idade, em um lance de ousadia infantil...

Benedito ainda era vivo na época. Eu assistia, ao lado de meu amigo de colégio, Júlio, às competições de vela que eram realizadas naquele dia, na praia do Cruzeiro, pelo Tamoios Iate Clube. Recordo-me que fazia frio e a brisa do mar piorava a sensação térmica.

Com seu barco da classe Star Fish – categoria que ao que me parece nem mais existe – ainda na areia, uma argentina, chamada Ângela, aparentando ter uns 28 anos, mostrava-se tensa e angustiada. Olhava repetidamente para os diversos pontos da faixa de praia, e seu rosto muitas vezes revelava frustração. Logo eu descobriria que era uma das timoneiras mais respeitadas do circuito.

Na classe Star Fish são necessárias duas pessoas por barco, o timoneiro e o proeiro. O certo é que o momento dos barcos da categoria ganharem o mar se aproximava, e ela estava só, até que resolveu gritar às pessoas que estavam na praia...

– Alguém aí sabe velejar? Preciso de um proeiro – disse, com sotaque castelhano.

O companheiro da moça, por alguma razão, não compareceu. Deixou-a só, e, só, ela não poderia disputar a competição.

– Alguém aí sabe velejar? Preciso de um proeiro.

A princípio, ninguém se manifestou, mas eu fui tomado por uma vontade irresistível de dizer-lhe "Eu!". Não sei por que tive essa vontade. Assim como também não sei como tive coragem de dizer-lhe "Eu!", efetivamente, e subir no barco, excitado e ainda cheio de otimismo diante da oportunidade de participar de uma competição como aquela e vencê-la.

Antes de subir no barco, contudo, pedi emprestado a Júlio seu casaco, cuja cor – lembro-me bem – era bordô e com três listras brancas ao longo das mangas compridas. Precisava me proteger do vento gelado que enfrentaria durante a prova. Assim fiz.

Qualquer um que conhecesse um pouco de regatas e visse um menino de 11 anos assumir o posto de proeiro em um barco da classe Star Fish diria que as chances daquela nau vencer a competição eram mínimas ou inexistiam. Diriam isso com ainda mais propriedade se ouvissem a conversa que tive com a moça, já no barco, logo após ela me pedir que pegasse a cabo tal e me posicionasse adequadamente para largarmos.

Fiquei parado, olhando para ela.

– Você não sabe velejar? – perguntou-me, incrédula.

– Mas aprendo rápido, é só a senhora me explicar – fui o mais sincero que pude.

Ela riu, e então partimos para a disputa.

Realmente tive facilidade para aprender, mas o que não se podia esperar era a calmaria – quando os ventos cessam. O vento é a energia do veleiro, o proeiro é o cara que cuida da vela da frente, enquanto o timoneiro é o comandante, que cuida do rumo do barco e da vela traseira. Quando está em uma calmaria, quanto menos peso, melhor tende a ser o desempenho do barco, pois qualquer brisa o faz navegar a uma boa velocidade.

Com o proeiro mais leve entre todos os competidores, a argentina deu uma sorte inacreditável. O vento fraco quase não empurrava nossos adversários. Já nós, navegamos em mar "de brigadeiro", seguros naquela inesperada calmaria, rumo à vitória...

A medalha de ouro não nos foi entregue logo após a regata. Isso ocorreria apenas à noite, em um coquetel, termo cujo significado eu desconhecia inteiramente, até aquele dia. Mesmo sem saber o que era, disse a todos em casa que receberia a medalha dourada durante o tal "coquetel" que aconteceria naquela noite. Tereza, Benedito e Maria estavam satisfeitos e orgulhosos de mim, embora antes estivessem preocupados com o meu sumiço – passara a tarde inteira fora.

Fui para o evento com a mesma roupa com que disputara a prova: chinelo, bermuda e a blusa do Júlio. Quando cheguei e me deparei com as pessoas – todas socialmente trajadas –, senti-me um estranho no ninho naquela festa chique. Porém, era medalhista de ouro. Só não sabia que, naquela noite, receberia mais do que a medalha. O presidente do Tamoios Iate Clube, Comodoro Magalhães, além da dourada, deu-me ainda uma bolsa para fazer um curso de vela, também em virtude do meu desempenho na regata.

Naquela noite, voltei para o barraco com a bolsa que me faria velejador "diplomado" e com a única medalha que Benedito, com um sorriso de realização pregado no rosto já na época debilitado, me veria usar.

Apesar dessa especial estima que tinha pela vela, cuja importância sentimental era inegável, em função de toda essa história, não consegui nenhum emprego bacana nesse meio durante minha turbulenta adolescência. É bem provável que também não quisesse no íntimo. Isso porque, pouco depois da minha busca por emprego, quando as dúvidas sobre que caminho seguir ainda me afligiam, fui convidado por uma família de velejadores a dar a volta ao mundo com eles. Recusei e não sei exatamente o porquê.

Em minha vida, tenho a impressão de que tudo que seguia no rumo contrário ao do judô parecia não progredir...

Então, mergulharia, de uma vez por todas, com a perseverança e a coragem de sempre, na arte que me regenerara, no esporte que sempre foi mais do que uma simples ocupação para mim... O judô era meu pai, assim como os que eu conheci por seu intermédio, ao menos parte considerável, são para mim como irmãos.

• • •

A partir dos meus 14 anos, passei a morar no sítio da Pedreira, em um dos terrenos comprados pelo meu avô, cuja distância do centro de Ubatuba e, por conseguinte da academia, fazia-me andar meia hora para ir e mais meia hora para voltar das aulas. Eu caminhava por uma trilha de terra, margeada por mato alto e volumoso, de onde dos diferentes cantos, diversos insetos saíam. O rústico trajeto ainda trazia uma ponte de balanço, suspensa sobre o rio da Ressaca, localizado, assim como o sítio da Pedreira, ao norte da cidade. Eu a cruzava, sem temor algum. Afinal, os anos de convívio com aquele caminho me tornaram íntimo da vacilante engenharia.

Como, àquela altura, frequentava os treinos diariamente e vivia em uma cidade na qual as chuvas fazem parte da paisagem, era comum encontrar a trilha enlameada, cheia de poças e obstáculos que superava brincando, como devemos fazer sempre, afinal, sem diversão, qualquer realização fica sem graça. Arregaçava as calças do quimono branco e me esmerava para não lhe dar pintas marrons indesejadas.

Contudo, mais divertido do que a ida era a volta, quando a escuridão destacava as estrelas, que se lhe pregavam como brincos de pedras preciosas. O lume estrelar não tinha, naquele breu esquecido pelo progresso, de rivalizar com a luz elétrica... Os luares também eram espetáculos únicos naquela estrada. Prateavam o mato e revelavam os pontos brilhantes do cenário, quase sempre úmido e gotado. Sentia-me como se flutuasse na noite e aguardava o próximo astro cadente para pedir a realização dos meus sonhos... Vi muitas estrelas cadentes durante aqueles anos. Fiz uma porção de pedidos.

Se aos céus eu pedia o impalpável, a felicidade e o sucesso, aos comerciantes de Ubatuba barganhava minhas passagens para as competições de judô disputadas nas cidades do Vale do Paraíba e em outros municípios do litoral paulista. Em troca do dinheiro da passagem, eu oferecia um espaço para a marca das empresas deles em meu quimono. Foi com esse argumento que consegui auxílio da Associação de Engenheiros e Arquitetos de Ubatuba – minha primeira contribuição –, por intermédio do Pedrão; com o restaurante Senzala, por intermédio do seu Alfredo; e com o Sérgio Sorveteria, por meio do seu Sérgio. A vereadora Maria do Carmo Mota Pereira era uma das que me ajudavam nessas viagens também. Evidente que não reivindicavam nada em contrapartida, até porque teriam pouco ou quase nada a ganhar com suas marcas em meu quimono. Faziam para ajudar-me, única e simplesmente.

– Eu contribuo, se você me garantir que vencerá – brincava Sérgio, o dono da sorveteria.

– Posso prometer que lutarei até o fim e que farei o máximo para ganhar – respondia-lhe, ao que ele me acariciava a cabeça com um sorriso bondoso.

A verdade é que eu não era o principal destaque em minha categoria no judô. Na região que compreendia o Vale do Paraíba e o litoral norte de São Paulo havia lutadores mais talentosos do que eu. Todavia, nunca fui um adversário dado por vencido antes do término da luta por nenhum de meus oponentes. Mais do que isso, não foram poucas as ocasiões em que surpreendi os favoritos. Assim, com muito empenho e vontade, eu me fazia respeitar.

Confesso que, nessas horas, as dificuldades me fortaleciam. Quando conseguia dinheiro para ir aos torneios, faltava-me para o lanche. Procurava me alimentar da melhor maneira possível antes de sair de casa para que a fome não me prejudicasse durante as lutas. Entretanto, quanto mais longe ia na competição, mais tempo passava desgastando-me e sem comer.

Minha mãe, inúmeras vezes, tentava me dar um trocado, mas eu sabia que faria falta em casa depois, e recusava. Quando ganhava o torneio, a dor de estômago provocada pelas horas sem ingerir nada era uma espécie de comprovação da minha força, da minha capacidade. O ápice da queimação no abdome se dava no ônibus, durante o retorno para Ubatuba. Quando o veículo parava em algum posto de combustível em que havia lanchonete, a maior parte dos meninos descia para comer algo. Eu ficava no ônibus.

– Vamos lanchar, Miltinho! – costumavam dizer.

– Não... Estou sem fome. – O abdome queimava, mas aprendera com meu avô que não devemos pedir sem poder oferecer nada em troca. E, apesar da fome, resistia a pedir aos colegas uma mordida que fosse do lanche.

Todavia, não tardaria para que minha vida começasse a ganhar tons mais corados, bem menos pálidos. Não tardaria a que o judô me recompensasse pela fidelidade, pela perseverança, pela fé que sempre tive nele e, sobretudo, pelo amor que lhe devotava.

• • •

Aos 17 anos, alcancei a faixa-marrom. A essa altura, tornara-me o braço direito do *sensei* Josino. Desenvolvi um logotipo para a academia e mudei a fachada do estabelecimento. Como gratificação ao meu desempenho dentro e fora do tatame, ele me concedeu a oportunidade de dar aulas, por meio da abertura de novas turmas, e receber um percentual por aluno.

Esse dinheiro era de grande valia. Além de eu não ser mais um custo ao apertado orçamento de minha mãe e meu padrasto, pude investir em mim. Comprava vitaminas, o que aumentava minha disposição física, passei a disputar mais campeonatos, tornando-me mais experiente e preparado, e comprei um quimono oficial, alvo como peito de águia e de textura firme, como nunca tivera antes. A nova realidade me trouxe outro benefício: melhorei sensivelmente meus resultados nas competições e, assim, era cada vez mais respeitado nos tatames.

A maioria das disputas era realizada em São José dos Campos, pelo fato de ser a cidade mais próspera do Vale do Paraíba e, se considerássemos, embora não fosse, também do litoral norte do Estado de São Paulo. Esses torneios estabeleciam uma rivalidade sadia entre as cidades da região, que investiam na contratação dos melhores atletas do país.

Em meados da década de 1980, a equipe de judô de São José ganhou um ilustre integrante: Luiz Omura, medalha de bronze nas Olimpíadas de Los Angeles. A partir dessa contratação, passei a ter um motivo a mais para participar das competições. Além de lutar para vencer minhas lutas, interessava-me muito assistir aos combates de Omura. Acompanhar o medalhista olímpico em ação era uma aula de judô. Quando ele entrava na área de luta, todas as atenções se voltavam para ele. Eu ficava contagiado com sua postura. Omura cumprimentava o dojô, com uma seriedade impressionante. Seu olhar evidenciava o foco no oponente, a concentração e a vontade irrefreável de vencer... Diante de minhas pupilas, nunca perdeu.

Foi me projetando em Omura que rebentou em meu coração o sonho olímpico. Queria ter o respeito e a competência que admirava no medalha de bronze. A partir de então, passei a imaginar-me como representante brasileiro em uma olimpíada. Nas costas, o BRA estampado, como símbolo do meu objetivo. Dormia e acordava pensando em disputar os jogos mais importantes do planeta.

Para chegar lá, ou pelo menos para sentir-me satisfeito comigo e com meu comprometimento olímpico, precisava ter a mesma perseverança e coragem que mostrara para manter-me devotado ao judô e para entrar em uma vela aos 11 anos e vencer uma regata. Enfim, para chegar lá, necessitava cultivar o poder de iniciativa, a persistência para alcançar um objetivo e a disposição ao sacrifício pessoal...

— Posso prometer que lutarei até o fim e que farei o máximo para ganhar.

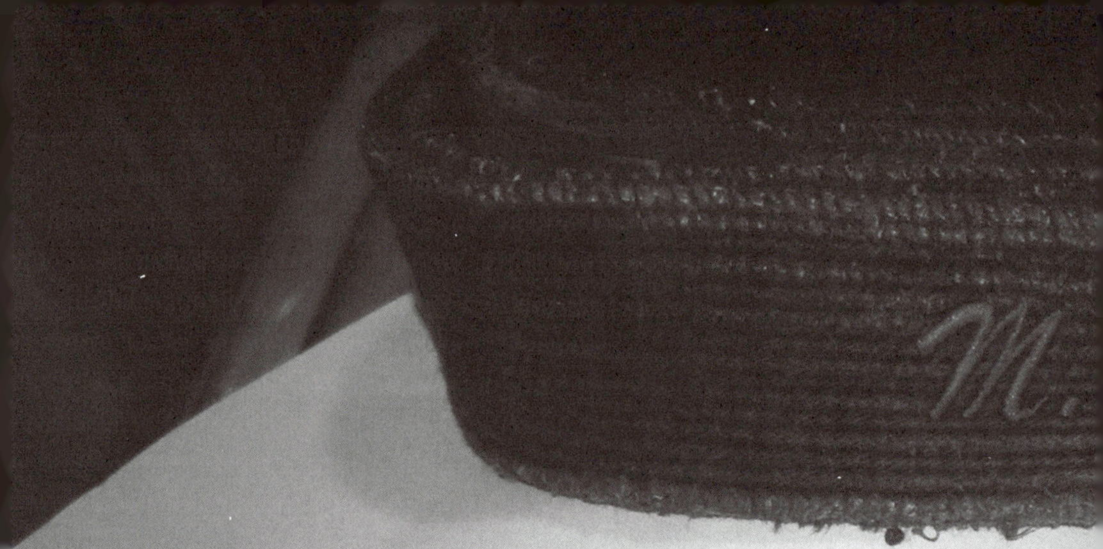

Milton maximiano Tro

MEUS PRIMEIROS CONTRATOS COM O MUNDO

O sucesso é apenas uma questão de sorte.
Pergunte a qualquer fracassado.

Earl Wilson

Ubatuba ainda hoje é como uma bela amante de olhos noturnos e profundos e de lábios cálidos como o sol. Os encontros esporádicos a fazem mais presente na alma do soldado apaixonado do que a própria esposa – a grande cidade, a terra onde vivi – cujo ônus do convívio, às vezes indesejado, se paga menos com amor do que com soldo, nem sempre farto. Todavia, se o deleite é intenso, a carência, a saudade e as incertezas o são proporcionalmente. A aura de diversão que ilumina o corpo da cidade litorânea parece não combinar com a cintura reta, com os olhos de cor cinza e sisudos da megalópole de onde vem o guerreiro.

Talvez Ubatuba seja como um sonho desejável, porém proibido à perenidade e por isso efêmero às pupilas dos turistas que a visitam em verões quentes e invernos agradáveis. Aos caiçaras, é certo que as temporadas são igualmente mágicas. Contudo, quando acabam, os turistas partem e levam consigo a alegria e as joias de papel com que coloriram e melhoraram as vidas dos moradores locais. Os olhos da cidade se entristecem ao ver as canoas modernas ganharem os rios de piche rumo ao oceano do dia a dia. O sentimento é recíproco e pisca, vermelho e amarelo pálido, na escuridão da despedida.

Confesso que, ao fim das temporadas, a ressaca de Ubatuba também retumbava em minha cabeça... Em que oceano eu desaguaria? No dos caiçaras ou no dos turistas? Faria das tripas coração para que minha vida fosse sempre a magia das lutas, sempre suave e vigorosa como o mar a lambuzar a areia naquela linda costa. Assim, saía do transe, despertava, como se entornasse aromado café preto, coado em minha revigorante rotina de treinos.

Para lamentar menos a partida dos turistas e mirar com ainda mais fé o futuro, não havia outra receita: precisava exercitar meu corpo e afiar minha alma. Só dessa maneira tiraria os espinhos das rosas com a qual pretendia presentear meu destino. Com apuro e afinco, com as mãos sulcadas pelos primeiros espinhos, com as cicatrizes expostas como marcas das primeiras vitórias, recebi meu primeiro botão de rosa, meu primeiro contrato como atleta.

A exemplo do Vale do Paraíba e do litoral paulista, outras regiões do estado também realizavam seus jogos regionais. As cidades mais esmeradas em fazer bonito nas competições de suas regiões costumavam buscar atletas de longe. Foi assim que Franca, cidade do extremo norte de São Paulo, aportou em Ubatuba atrás de alguns dos membros da competente equipe de natação do município costeiro. Os francanos queriam uma seleção forte para representá-los nas piscinas do norte paulista.

Os judocas de Ubatuba, assim como os atletas de outras modalidades, não estavam nos planos de Franca, mas minha amizade com os nadadores me trouxe a imperdível oportunidade de vir a ser, com apenas 17 anos, um atleta contratado, lutando como adulto e não mais como juvenil e júnior... Agora eu era sênior.

Antes, contudo, precisava viajar a cidade e lutar contra o principal judoca francano na categoria peso-médio. Fui e venci, sem grandes dificuldades. Esperava uma luta difícil e entrei bem concentrado. Todavia, meu oponente, cujo nome e a face me fogem totalmente da lembrança, desligou-se por um momento do combate: a brecha de que precisava para assinar meu primeiro e inesquecível contrato com a Associação Atlética Francana. Voltei para Ubatuba; alguns dias depois, arrumei a mala e me juntei aos meninos da natação, entre os quais, amigos de infância, como Luiz Henrique, Tibúrcio (Marcos Veloso) e Hector. A eles, somava-se uma jovem nadadora: Alessandra.

Partir para uma viagem, pela primeira vez só, com salário prometido e exercendo a atividade que sempre mais me encantou. Todos esses fatores enchiam-me de uma alegria calibrada pela esperança de tornarme, quem sabe logo, um grande atleta profissional, um judoca respeitável, cuja força se mediria pelo número de douradas trazidas ao peito. Sentia-me mais dono do próprio nariz. Nunca havia morado fora de casa, mas dessa vez passaria, em tese, um ano inteiro em uma cidade completamente estranha.

No entanto, logo que cheguei, percebi que o alojamento não refletia o tamanho de minhas expectativas. O quarto da república em que ficaríamos não tinha mais de trinta metros quadrados; ainda assim, havia quatro beliches dispostos paralelamente e distantes alguns centímetros um do outro. Dividia o alojamento com meus conterrâneos nadadores; isso porque não havia judocas no alojamento. A maioria deles morava em Franca ou nas cidades circunvizinhas.

O fato de eu ser o único da equipe de judô a morar na república e vir de tão longe me tornou um estranho indesejável para os demais judocas. Além disso, a academia escolhida para o treinamento do selecionado francano quase não tinha alunos, e o professor, apesar da boa vontade, não se mostrava tão conhecedor da arte como eu supunha. Em razão disso, não demorou para que o técnico da equipe de natação me indicasse a academia de um conhecido, onde encontrei mais judocas e, principalmente, um treinador mais capacitado. Passei a treinar ali.

Definitivamente, o judô não era a menina dos olhos dos chefes da comissão de atletas de Franca, mas mesmo a natação e o atletismo, cujos membros eram incontestavelmente qualificados, fruto de uma seleção acurada, sofriam com a falta de infraestrutura do alojamento. Mais do que isso, a remuneração estabelecida em contrato não era cumprida pela prefeitura e a alimentação era fraca. O vigor juvenil e a vontade de acreditar naquele empreendimento nos mantinham em Franca.

Ali comecei a entender a beleza e a pureza da alma do atleta, cujo principal propósito é a autorrealização, a superação de seus limites e de seus adversários, relegando a terceiro ou a quarto plano o interesse financeiro. A maior riqueza do atleta é a vitória, sobre si ou sobre o oponente. Talvez por isso, inúmeras vezes, vi rivais nas pistas ou nas piscinas serem grandes amigos na vida. Um parecia entender que precisava do outro, para ser maior adiante do que era naquele dia.

Não tenho dúvidas de que, como eu, a maioria dos atletas ali instalados sonhava em conquistar aqueles jogos regionais, de modo a nutrirem-se de confiança, cada vez mais, até enfrentar o maior dos desafios: as olimpíadas. A verdade é que éramos espermatozoides em busca de um lugar no ventre olímpico. Ali, começávamos nosso périplo. Alguns chegariam e nasceriam lendas na história do esporte brasileiro.

Lembro-me bem de um menino que ficava na república conosco. Ele era magro e alto, vinha de Ituverava, cidade próxima de Franca. Não parecia ter mais de 14 anos, mas o talento já era reconhecido pelos companheiros. Mais tarde, o Brasil inteiro o veria singrar piscinas olímpicas e pan-americanas e diria, com orgulho, seu nome: Gustavo Borges.

Contudo, minha disposição em levar adiante aquela empreitada começou a enfraquecer quando adoeci. Fiquei mal do estômago e, por falta de médico para diagnosticar meu mal-estar, nunca soube exatamente o que tive, mas suponho que se tratasse de uma congestão. Lembro-me de que, pouco antes de começar a vomitar sangue e passar quatro dias acamado, dos quinze em que precisei me distanciar dos treinos, havia brincado de luta com os colegas de quarto logo depois do almoço. O técnico da seleção de natação foi quem me prestou os cuidados básicos. Os amigos, evidentemente, ajudavam-me como podiam. Foi durante aqueles dias que minha mãe, de súbito, apareceu. Não tinha contato com ela por telefone e ela resolveu me fazer uma visita. Ao me encontrar naquele estado, olhou-me, visivelmente consternada, e disse:

– Se é para viver em condições difíceis, que seja em casa, perto de mim.

Pediu-me que voltasse com ela, mas eu decidi ficar e tentar chegar até a competição. No entanto, a precariedade do alojamento só aumentava e, depois de algumas semanas da volta de Tereza, pouco antes do mês de julho, quando as competições começariam, decidi retornar a Ubatuba.

– Não aguentava mais de saudade – disse-me Tereza, ao ver-me cruzar o batente da porta com as malas de pano, surradas, na mão.

Como é bom ser amado. Como é bom ter para onde voltar.

• • •

Fiquei alguns dias em Ubatuba, mas já àquela altura, uma impaciência, uma angústia, embora ainda incipiente, me incomodava. Os poucos recursos e o tempo, correndo impiedoso, embotavam minhas perspectivas. O horizonte marítimo da cidade natal não parecia ser mais o suficiente.

Contudo, mais uma vez minhas preces foram ouvidas e, nem bem voltei de Franca, fechei contrato com a cidade de Lorena, localizada no Vale do Paraíba, bem mais perto de Ubatuba. Lutaria entre os adultos, assim como teria feito em Franca. Disputaria os jogos regionais que envolveriam cidades do Vale e também do litoral, inclusive Ubatuba. Ganharia para isso, o que não aconteceria se lutasse pela cidade natal. Na minha situação, por menor que fosse o salário, receber para lutar era uma grande vantagem.

Diferentemente de Franca, a estadia em Lorena foi agradável em todos os sentidos. Em vez de uma república fui para a casa de seu Horst Lucke, um alemão de fala mansa e apaixonado por esportes, em especial pelo judô. Seus filhos, os gêmeos Edgar e Thomas, dois loiros, quase ruivos, de cabelo à moda militar e boa compleição física, embora não muito altos, cuja faixa etária era a mesma que a minha, também participariam dos jogos. Eu já os conhecia de campeonatos juvenis anteriores, o que facilitou minha ida para a casa deles. Eram ótimos judocas.

A casa dos Lucke era bela. Para quem, como eu, parede de cimento era luxo, banheiro com azulejos e sala com piso era um deslumbre. Via aquela família, aquela casa e pensava em um dia poder usufruir de vida semelhante, poder proporcionar aos meus ambiente aprazível como aquele. Era tratado como filho por Horst e Cida Lucke, uma matrona corpulenta e austera na rotina do lar, e como irmão por Thomas e Edgar. Entre eles viveria dias felizes, desfrutando de uma alimentação de excelente qualidade, o que para mim não era comum.

Posso dizer que os ventos dos sonhos sempre levaram minha vela para cais adoráveis, para portos de comerciantes honestos, cujas lições, dadas em atitudes, trago comigo até o fim. Mesmo em Franca, descobri uma porção de facetas edificantes da vida de atleta, embora a estadia na cidade interiorana me tenha mostrado mazelas e desonras. Enfim, desde que se aprenda, tudo vale, até o que aparentemente só é ruim, triste.

Em Lorena ganhei amigos para a vida toda. Os treinos que realizava junto com Thomas e Edgar se estendiam para o quarto, por meio das conversas que tínhamos pouco antes de dormir. A gozação era inevitável. Sempre que um apanhava do outro em um combate preparativo, a chacota, saudável, era um estimulante para que da próxima vez nos esmerássemos em levar a melhor na "pendenga caseira".

– Amanhã você vai levar mais uma dessas surras que levou hoje, não adianta se justificar. – Lembro-me de ter-lhes dito algo do gênero e de ouvi-los dizer algumas vezes, entre si ou para mim. De qualquer maneira, nós três defenderíamos Lorena nos jogos regionais, e já entre os adultos. Eu representaria a cidade como peso-médio, Thomas a representaria como meio-médio e Edgar, peso-leve.

Durante a preparação para os jogos regionais, seu Horst nos levava para torneios de menor dimensão realizados em cidades vizinhas, como Piquete, onde uma vez eu e Thomas, que havíamos pesado na mesma categoria, nos enfrentamos na final. Logo de início ele acertou um golpe e conseguiu um *koka*. Enquanto a luta prosseguia, e eu tentava recuperar-me, ao menos igualar-me a ele na pontuação, Thomas me dizia:

– Se ferrou, agora só vou administrar.

E o filho da mãe realmente administrou e venceu a disputa.

O fato é que nosso furor competitivo e nossa autoconfiança chegaram a tal nível que, nas primeiras lutas dos jogos regionais, aí cada um em uma categoria, seu Horst nos desafiou:

– Quero ver quem dará o *ippon* (golpe perfeito) no menor espaço de tempo.

Ganhei o desafio. Entrei no tatame dos jogos regionais daquele primeiro ano, como atleta de Lorena, literalmente voando. Sobrei na competição e venci minha primeira disputa como atleta contratado. Comemorei com os Lucke, até porque eles venceram em suas respectivas categorias também, e com a equipe de Ubatuba que, por falta de verba para contratar atletas e por falta de voluntários, não contava com um representante na categoria médio, onde lutei. No entanto, meus conterrâneos me diziam que a medalha que eu havia ganhado também era deles, também era de Ubatuba. E realmente era.

• • •

Voltei para Ubatuba e para os treinos na academia do *sensei* Josino. Não tive tempo para me inquietar, por querer alçar voos para além de meu território. Antes de qualquer insatisfação, descobri uma nova paixão, uma nova arte marcial, nova ao menos para mim: o jiu-jítsu. Um amigo da capital paulista, Waldomiro Júnior, foi quem me apresentou a milenar "Técnica Suave", tradução de jiu-jítsu, do qual, séculos depois de sua invenção, Jigoro Kano extrairia o judô.

Júnior, como o conhecíamos, vinha todo fim de semana para Ubatuba, em busca do mar de Itamambuca, a praia cujas ondas até hoje são as mais cobiçadas pelos surfistas, sejam eles caiçaras ou forasteiros. Júnior gostava de surfar. De falar da nova técnica de luta que aprendia, alguns amigos surfistas pediram a Júnior que começasse a dar aulas. Assim, com a ajuda de seu professor de São Paulo, Marcelo Behring, Júnior passou a usar os fundos de sua casa de veraneio como academia. As aulas eram ministradas todas as manhãs, às sextas-feiras, aos sábados e aos domingos.

Foi em uma das minhas idas a Itamambuca que encontrei Júnior e, ao conversarmos sobre lutas, ao falar-lhe sobre meus desempenhos recentes nos jogos regionais, ele me disse:

– Acho que se você começar a fazer jiu-jítsu conosco aos fins de semana, seu judô vai evoluir bastante, especialmente sua luta no solo.

Júnior, que chegou a morar durante um tempo em Ubatuba, quando foi aluno do *sensei* Josino – nos conhecíamos da dojô Kano –, me convidou para fazer um treino e, muito mais para não ser deselegante, do que por realmente acreditar que poderia obter algum ganho para o meu judô por meio do tal do jiu-jítsu, aceitei experimentar.

Na manhã seguinte estava na academia caseira de Júnior, em sua companhia e também na de Marcelo. Fizemos um aquecimento em que ele me deixou bastante à vontade para realizar os exercícios que eu considerava mais apropriados. Depois, eles começaram a me mostrar uma porção de técnicas de jiu-jítsu.

Adorei o que vi. Aquela técnica de solo, um verdadeiro xadrez marcial, era um combustível a mais para minhas ambições como lutador. Assim como com o judô, meu vínculo com o jiu-jítsu foi de amor à primeira vista. Júnior tinha razão. Realmente passei a acreditar depois daquela aula que poderia aprender muito com o jiu-jítsu. Por isso sempre que retornava de Lorena a Ubatuba, ia, aos fins de semana, à casa de Júnior tomar lições de jiu-jítsu. Muitas vezes, Marcelo Behring estava junto, o que enriquecia ainda mais nossos treinos...

Sou imensamente grato a Júnior, e serei sempre, por ter me colocado em contato com o jiu-jítsu...

Porém, mesmo com o forte treinamento de judô, a semana toda, e de jiu-jítsu, nos fins de semana em que estava em Ubatuba, sabia que precisava de mais. Precisava de novos ares, precisava de experiência em torneios de maior expressão ou treinadores que tinham passado por grandes provações no tatame, em grandes torneios, nacionais ou internacionais. Do contrário, não iria a olimpíada alguma.

• • •

Três anos se passaram desde que eu havia descoberto o jiu-jítsu e, aos 20 e poucos anos de idade, a falta de uma vivência em competições e treinos de alto nível me entristecia, quase me tirava as esperanças...

Contudo, mais uma vez, minhas preces foram ouvidas, e uma oportunidade me caiu nas mãos, em forma de correspondência.

Acredito que sorte é a soma de preparo com oportunidade. Sempre tive objetivos na vida e posso assegurar-lhes que, sem eles, não há como alcançar o sucesso. Trabalho na construção de meu destino e me preparo todos os dias para uma oportunidade que, por ventura, pode aparecer. Não era diferente naquela época.

Por isso, não tive dúvidas de que, naquele dia, em que a desesperança começava a ganhar terreno em meu coração, segurava nas mãos mais do que uma correspondência, segurava a oportunidade com a qual tanto sonhava; oportunidade escrita em letras garrafais...

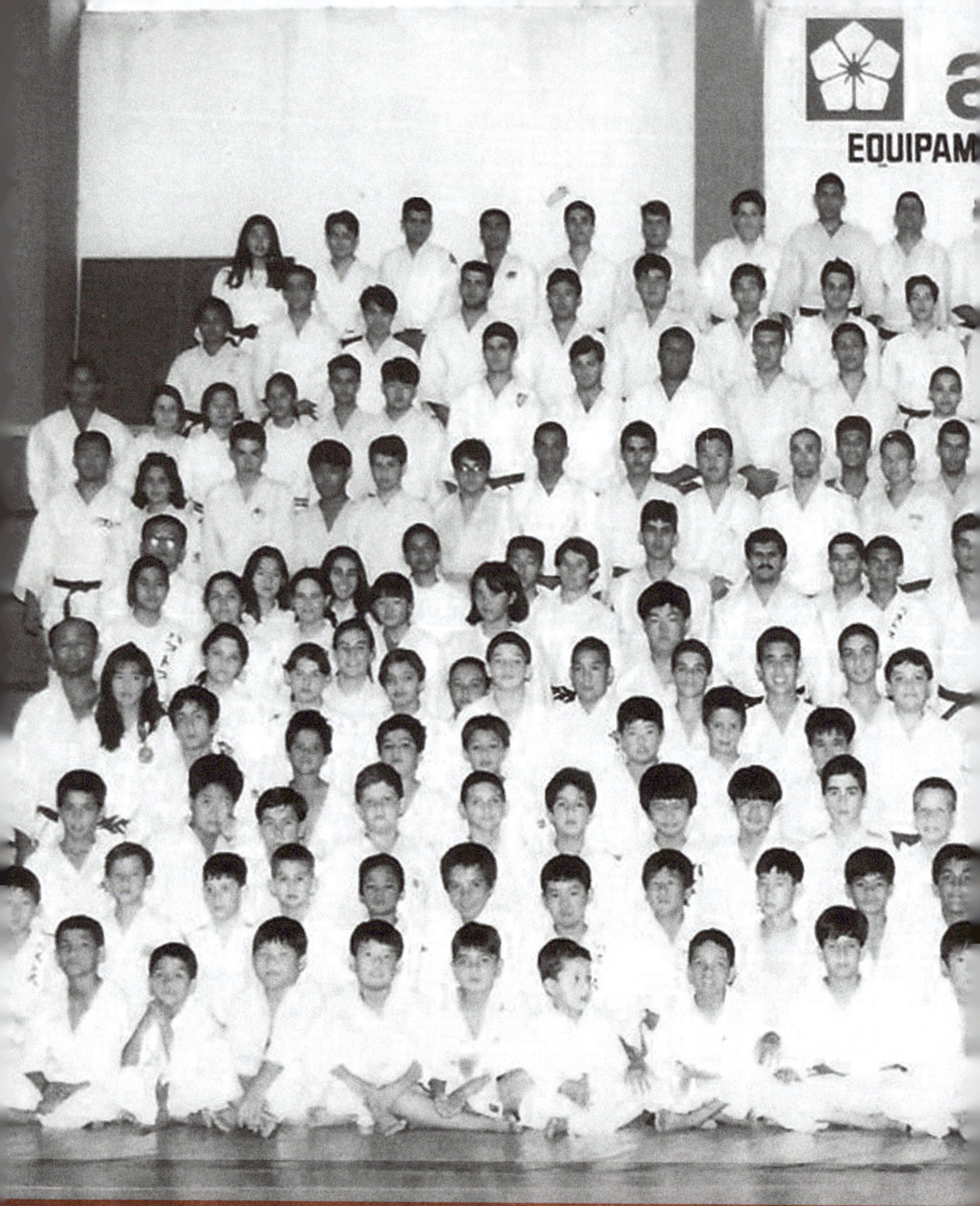
EQUIPAM

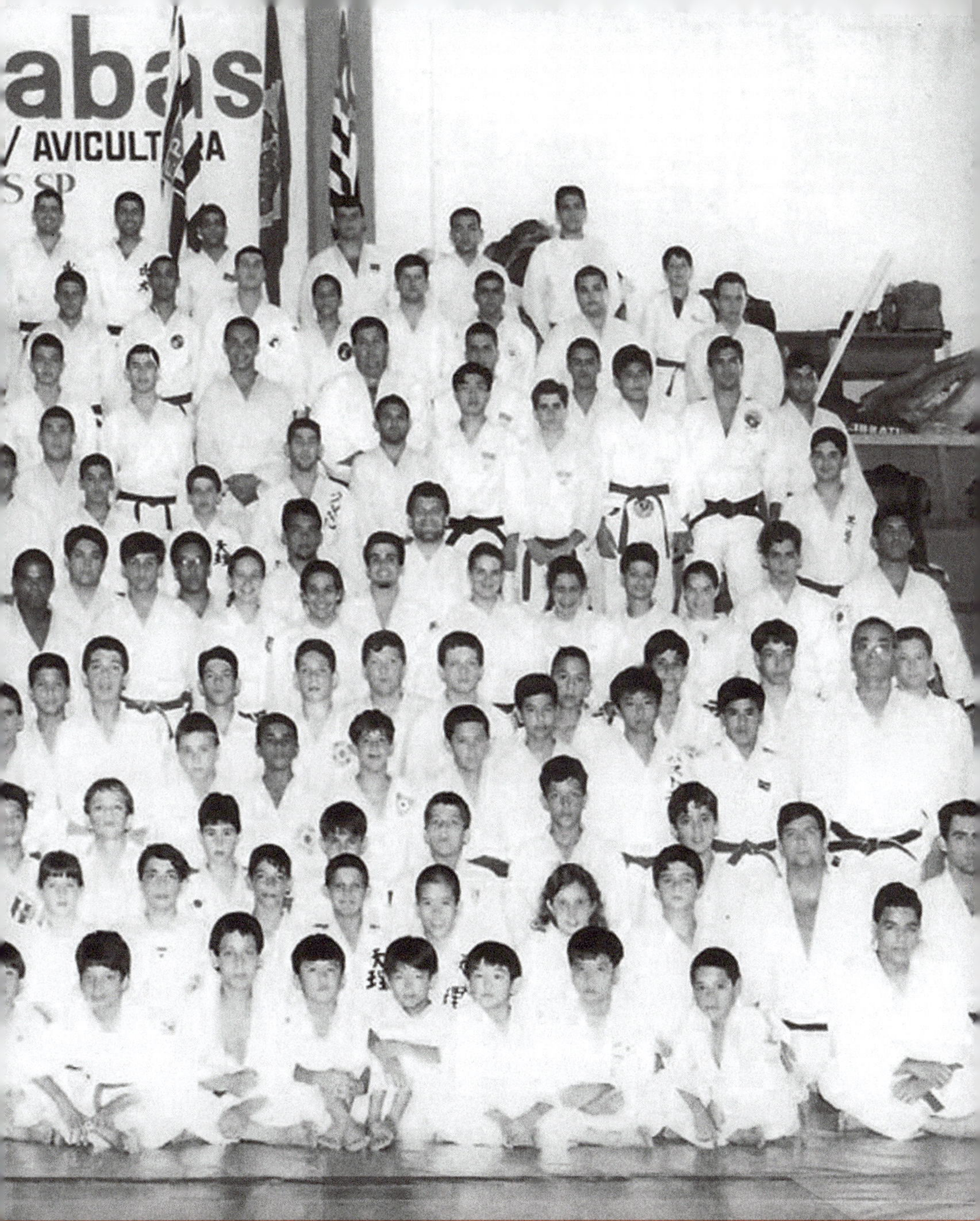

Aprendiz de Samurai

Eu não tenho pretensões, faço da minha disciplina minha pretensão.

Trecho do Código de Honra do Samurai

Quando o anil que tinge de esperança nosso horizonte desbota e dá lugar ao chumbo nebuloso da quase descrença, devemos buscar ainda mais em nossos corações, em nossas essências, o sol interior capaz de desanuviar as perspectivas que miramos. Ainda hoje, mesmo quando as nuvens da minha vida não se enchem de fúria, mesmo quando os sonhos estão longe de se transformarem em pesadelo, busco perscrutar os vãos da minha alma, de modo a limpar-lhe de qualquer rastro de sujeira, para que não atraia, em hipótese alguma, o monstro da desesperança.

Todavia, para chegarmos a esse ponto é preciso silêncio; não necessariamente o do mundo, mas essencialmente o da própria boca. O silêncio é a voz de Deus, quando nos prestamos a ouvir o canto que sopra nosso espírito. Silêncio significa atenção, observação e possibilidade de refletir acerca do que nos acontece em redor, do que ouvimos, vemos e sentimos. Quando em silêncio, permitimos que os outros sentidos – tato, audição, visão e paladar – tornem-se mais aguçados. O silêncio constrói o fator mais apurado, mais depurado e mais potente da comunicação, pois comunica o próprio ser. Acalma-nos e nos purifica, para que possamos lançar sobre o exterior nossa luz primordial.

• • •

Quando aquela correspondência me veio parar nas mãos, eu vivia imerso em minhas reflexões, entocado em meu iglu de angústias. Era envolvido pelo silêncio da dojô Kano vazia, que abria o envelope branco para ver o que havia dentro.

Como era de hábito, chegava antes de todos. Tinha a chave da academia e podia usufruir do isolamento daquele lugar nos períodos em que sabia não haver ninguém por lá. Podia passar boa parte do meu tempo pensando na vida e em completo silêncio, estendido no que considero meu solo sagrado: o tatame. Ali, conversaria com Deus, sem ver o sol pujante daquele dezembro. Depois, caminharia pela dojô Kano com a cabeça a girar, pegaria o envelope colocado por debaixo da porta por algum desconhecido, abriria e leria em letras maiúsculas e vermelhas:

"Participem do *kangueiko* de Bastos"

Kangueiko? O vermelho daquelas palavras esquentou meu sangue e meu corpo foi tomado de calor.

Eu conhecia muitas histórias de Bastos. Era a terra do grande *sensei* Uichiro Umakakeba, homem conhecido no mundo do judô por ser professor muitíssimo enérgico. Suas equipes sempre se destacavam nos campeonatos, não só pelo número de campeões que fazia, mas por serem quase todos os membros japoneses e por rasparem o cabelo. Diziam que Umakakeba obrigava seus comandados a adotarem o visual da cabeça raspada. Mais do que isso, comentava-se que seu treino era sobrenatural: exercícios físicos pela manhã e à tarde quatro horas e meia de judô sem parar.

As histórias também davam conta de que Umakakeba se valia de um *shinai*, uma espécie de vara de bambu, com a qual castigava os alunos que fizessem corpo mole. Mais tarde, veria que o *sensei* não era assim tão severo. Todavia, se fosse, a mim não era problema. Apaixonado pela austeridade marcial, como sempre fui, a fama do rigoroso mestre, em vez de me desanimar, encheu-me de força, especialmente depois que, ao continuar a leitura da correspondência, descobri que o termo japonês *kangueiko* quer dizer "treinamento de inverno".

Era presente de Deus aquela correspondência. Ele atendera às preces que havia feito deitado no tatame. Cabia a mim agradecê-lo da melhor maneira possível. Deitei-me novamente em meu solo sagrado com a correspondência entre os dedos e agradeci a Ele. Disse-Lhe que não deixaria escapar aquela oportunidade e logo passei a me imaginar em Bastos, lutando e treinando como nunca ao lado de atletas de várias partes do país. Afinal, Umakakeba tinha fama nacional; entre outras coisas, pela brilhante carreira como judoca, em que se sagrou duas vezes campeão brasileiro e campeão ibero-americano.

O *kangueiko* tinha duração de uma semana e seu propósito era, através de intensa rotina de treinos, desenvolver a técnica do judô, o companheirismo e, sobretudo, fortalecer o espírito. Em suma, buscava-se despertar, em cada um dos participantes, a alma samurai, a alma de guerreiro.

Continuei a ler a correspondência e me concentrei no cronograma:

5hs00mn às 7hs30mn – Bom dia! Banho gelado e treinamento.
8hs00mn às 8hs30mn – Café da manhã.
8hs30mn às 9hs30mn – Faxina.
9hs30 às 11hs00mn – Treinamento de campo e musculação.
12hs00 – Almoço.
13hs00mn às 16hs00mn – Descanso.
16hs00mn às 19hs00mn – Treino técnico e prático.
19hs30 às 20hs30mn – Faxina.
21hs00 às 22hs00mn – Vídeo e histórias.
22hs00mn – Boa noite!

No final da correspondência, o valor a ser pago. Era algo irrisório diante dos benefícios que teria em participar de um evento como aquele. Pedia apenas o suficiente para cobrir os custos do treinamento, o que envolvia a alimentação e a passagem de ida e de volta para a cidade.

Não tive dúvidas; saí pelos comércios de Ubatuba em busca de patrocínio para minha empreitada. Muitos bateram a porta aos meus pedidos, inclusive o prefeito da cidade na época, a mesma pessoa que alguns anos antes fora meu professor de história no colégio. Contudo, encontrei, na então vereadora Maria do Carmo Motta Pereira e nos mesmos homens de bom coração de outras jornadas, Sérgio, dono de sorveteria homônima, e Alfredo, dono do restaurante Senzala, o auxílio de que necessitava.

Não fosse a bondade deles, não conheceria Bastos meio ano depois.

• • •

Cheguei a Bastos em um domingo à noite, e a escuridão me impedia de ver a vermelhidão das terras férteis daquela cidade do interior do estado. Como não poderia deixar de ser, o frio era intenso, de rachar os lábios e embranquecer canelas. Foi o que senti enquanto caminhava para o 1º Centro de Treinamento do Interior do Brasil, da Associação de Judô de Bastos, onde ficaria alojado com os demais atletas.

Fiquei maravilhado com o lugar. De fora, o centro se mostrava grande, embora parecesse uma edificação térrea, ao nível da rua. No entanto, ao entrar, vi que era bem maior do que poderia supor. De um lado, a secretaria e, do outro, a lanchonete. Mais ao centro havia uma vitrine com troféus e adiante a construção parecia mergulhar em um vale imenso. Ao me aproximar, vi, estendendo-se aos meus pés, o centro de treinamentos grandioso, com muitas áreas de luta, cercado por arquibancadas. Uma espécie de Coliseu em estilo japonês.

Procurei o *sensei* Umakakeba, que transitava entre os mais de duzentos atletas. Estava ansioso por conhecer aquele homem com fama de severo e que, entre tantos atributos, acumulava ainda o de grande mentor daquele magnífico centro de treinamento; o maior da América Latina. Quando o divisei, vi um oriental com semblante sereno, franco e sério, de pele levemente bronzeada pelo sol característico da região, e de baixa estatura. Apresentei-me, e, com voz firme, ele respondeu, seco:

– Prazer. Seja bem-vindo. Pegue um colchonete e procure um lugar na arquibancada para você – os alojamentos, espalhados pela parte inferior e superior do centro, já estavam todos ocupados.

Segui a instrução do respeitável oriental de meia-idade que acabava de conhecer. Algo nele me lembrava Benedito... Arrumei minha cama e agradeci a Deus por estar ali.

• • •

Ainda estava escuro quando ouvi barulho de chinelo arrastando no chão, em ritmo ditado por passos curtos e rápidos. Logo que o som das solas do chinelo cessou, um estalo de disjuntor inundou de luz o centro de treinamento. Em seguida, o *sensei* Umakakeba disse, em voz alta:

– *Ohayou gozaimasu*! – bom dia, em japonês. – Todos para a ducha – completou.

Minhas pálpebras se contraíram e depois que abri os olhos uma das primeiras imagens que vi foi parte do grandioso tatame coberta por sereno que entrava, em forma de névoa, pelo vão livre nos fundos do centro de treinamento, cuja edificação, na época, ainda estava em fase de acabamento.

Em face daquela manhã de penumbra e fria de sereno, tomei uma decisão, já que ficaria naquele centro por sete dias: surpreenderia Umakakeba sendo, se não o melhor judoca daquela safra invernal, com certeza o mais esforçado. Mais do que depressa, pulei da cama e fui o primeiro a chegar ao banheiro. Havia cinco duchas, e a dinâmica dos banhos gelados consistia em:

– Vou abrir os chuveiros e quando eu disser *hajime* (vamos à luta!) entram cinco atletas. Cada um deverá ficar quinze segundos debaixo da água para dar lugar à leva seguinte. Caso o frio seja muito intenso dêem *kiais* (gritos de guerra) – disse o *sensei*, olhando-nos com serenidade.

Os infindos quinze segundos transcorreram gélidos como poucas vezes em minha vida e foram preenchidos por providenciais *kiais* que saíam vigorosos de minhas cordas vocais. Ir para a escola às sete horas da manhã, às vezes sem banho, era brincadeira de criança perto daquela ducha resfolegante às cinco da madrugada.

Saí da água rapidamente ao fim do tempo estabelecido, coloquei o quimono e fui para o tatame. Assim que todos passaram pela ducha, dispusemo-nos no dojô em formação de treino. Umakakeba, diante de nós, pequeno em tamanho, mas imenso em autoridade, disse:

– É assim que vocês fazem na casa de vocês... – mirava-nos com a cabeça levemente reclinada para o alto, sem demonstrar decepção, mas evidenciando severidade.

– Olhem para as camas, todas desarrumadas. Não parecem judocas, mas, sim, um bando de bagunceiros... – Umakakeba parecia levar bastante a sério o que dizia. – Voltem e arrumem tudo. Pelo atraso que trarão para o início do treino, pagarão quinhentos mergulhões (espécie de flexão de braço), logo após o treino – Umakakeba camuflava a dureza das palavras com a serenidade dos conselhos rescendentes em suas pupilas.

– Vocês estão aqui – continuou – para fortalecer o judô que praticam. Para isso, devem tornar seus corpos, mentes e espíritos fortes também, o que só é possível com muita disciplina. Como podemos ser fortes em um ambiente sujo e desorganizado? Assim, devemos cuidar da limpeza do corpo, da mente e do espírito para nos fortalecermos por inteiro. Para Umakakeba, por meio da limpeza, podemos conhecer o caráter daquele que chega à nossa casa. A limpeza mostra a verdadeira face de uma pessoa, pois manifesta força de vontade, atenção e paciência.

Ao ouvir o que dizia o *sensei*, lembrei-me de Tereza e do dia em que, ainda menino, eu a ajudei a limpar uma das casas de veraneio em que trabalhava.

– Filho, talvez você nunca precise viver disso, mas hoje vou lhe ensinar como se faz uma verdadeira limpeza do começo ao fim.

Com olhos de satisfação, ela me mirou e continuou:

– O banho é uma boa maneira de exemplificarmos a importância da limpeza, filho. Você pode deixar de lavar as partes do seu corpo que ninguém vê, mas, quando o conhecerem intimamente, vão sentir o cheiro ruim.

Para Tereza, um estafante trabalho pode perder-se no pó escondido debaixo de um tapete bem aspirado.

– Se a patroa descobre o desleixo debaixo, nem vai notar o bom trabalho que fez no tapete.

Naquele dia em que a acompanhei no trabalho, aprendi que caprichar na limpeza do todo, inclusive do que não se mostra aos olhos da maioria, revela asseio com a própria essência; torna-o confiável de verdade, resistente aos exames mais acurados. Umakakeba reiterava o que minha mãe há muito me ensinara: a limpeza do corpo, da matéria, denota a pureza da alma do homem.

Após o sermão e a arrumação, o treino aconteceu com o vigor prometido pela fama de Bastos e de seu *sensei*. Entretanto, nossa juventude e disposição não nos nutriu de ilusões ao término da primeira série de treinos: se o início era daquela maneira, deveríamos nos preparar para o pior. Pagamos os quinhentos mergulhões como podíamos, de forma sofrível, sou obrigado a admitir, especialmente depois da centésima flexão. Mas, enfim, acabou, e fomos fazer a primeira refeição do dia, em um refeitório cujo tamanho totêmico refletia a grandeza do centro.

Logo após o café da manhã, Umakakeba nos chamou de volta ao tatame e nos dividiu em turmas. Elegeu uma espécie de líder para cada uma e as chamava de "meninos de" mais o nome do "líder". Atribuiu função de limpeza a cada grupo. Caberia aos "Meninos de Max" a limpeza dos banheiros do centro de treinamento. As demais turmas se dividiriam entre limpar a cozinha, o ginásio e o tatame. Assim se daria. Nos intervalos dos treinos e das refeições, nos dedicávamos às tarefas de limpeza, de modo a purificar nossos espíritos, mas exaurir ainda mais nosso corpo.

• • •

O tempo tiquetaqueava, incessante, treino e trabalho e, de quarta para quinta-feira, meu corpo já não respondia com plena satisfação às ordens da minha mente. Estava exausto, com dores em todo o corpo. Parecia estar ali há dez anos. No treino da tarde de quinta, Umakakeba perguntou:

– Quem está cansado e com dores no corpo?

Riso amarelo estampado a contragosto na face, todos nós levantamos os braços.

– De agora em diante é que vocês começam a aprender a serem samurais. Vençam o cansaço e a dor; só assim é possível treinar o espírito samurai – disse-nos o *sensei*, cujo semblante plácido de oriental denotava satisfação em revelar-nos o grande desafio daquele *kangueiko*. Na visão daquele oriental, nascido em 5 de janeiro de 1946, em Ichigi-Mura, Mie-ken, Japão, mas brasileiro por naturalização, é nos momentos de cansaço e dor que as pessoas tendem a não suportar conflitos, a abrirem mão da paciência e a perderem do foco seus objetivos. Se o espírito estiver fraco, é nesse instante que os sonhos vão por água abaixo, que se perdem no ralo da vida. A força de espírito é o que nos faz renascer das cinzas, conceber o imponderável e deixar nossa marca para o futuro. Lutadores, escritores, professores e aspirantes ao que quer seja podem ter seus músculos fatigados, seus olhos ardendo de cansaço em virtude de uma mente sobrecarregada, mas jamais poderão deixar o espírito desprovido de brilho e fé.

Minha admiração por aquele homem que falava de valores sólidos e de como desenvolver o espírito samurai crescia a cada dia. Durante os treinos de campo, realizados às tardes, enquanto corríamos pelas ruas de Bastos, margeadas por granjas, ele nos acompanhava em sua caminhonete, gritando, ao longo dos dez quilômetros compreendidos pelo percurso:

– Não seja o último!

Os caminhos de terra fofa, vermelha e arenosa, de tanto que o sol lhe castigava durante os verões, dificultavam a corrida e exigiam dos músculos das pernas tanto quanto as areias das praias de Ubatuba. Esforçava-me ao máximo para ser o primeiro; algumas vezes conseguia. Ao lado daquela caminhonete, da qual a voz marcial de Umakakeba saía de modo a funcionar como um motor para nossas pernas, lembrei-me de mais uma das inúmeras lições que recebera de Benedito.

– Existem três bons motivos para chegarmos na frente. Em primeiro lugar, somos os que abrimos os caminhos. Em segundo, vamos ver antes de todos. E, em terceiro, não ficamos olhando o traseiro de ninguém. – Que outra alternativa eu tinha a não ser correr com todas as forças de que dispunha?

Minha missão não era nada fácil. Impressionar Umakakeba, professor acostumado a extrair até a última gota da capacidade de seus comandados, era pouco provável. Ainda mais em meio àquela multidão de atletas de quase todo o país. Porém, era movido pelo objetivo de ser chamado a ficar e treinar forte sob seu rigoroso e eficiente método, não apenas para o inverno, mas por primaveras, por verões e também por outonos. Queria ser, e sabia que alguns atletas de renome o eram, agregado de Umakakeba. Sabia que voltar para Ubatuba seria, possivelmente, o fim das minhas chances de disputar uma olimpíada.

Eu não desistiria de ser o melhor em Bastos. Não deixaria que as circunstâncias e o cansaço físico e mental debilitassem meu espírito.

• • •

Para muitos, aquela semana parecia uma eternidade. Mas não para mim. Embora também estivesse exausto, e pouco me preocupasse com o passar dos dias, concentrado que estava nos treinamentos, não desejava que aquela experiência tivesse fim; ao menos não um fim tão efêmero. Entretanto, não há golpes, de braço ou de perna, capazes de interromper a trajetória desse gigante invisível, inexorável e onipresente: o tempo.

Chegávamos ao sábado, quinto dia de treinos. Muitos atletas não resistiram à fadiga física e mental e já apresentavam sintomas de doenças oriundas da baixa imunidade; estavam resfriados ou em condições deploráveis de estresse. Havia até casos de desistência.

Contudo, os que aguentavam, jovens bravos em busca de um lugar ao sol invernal do judô, esse esporte que também é uma redentora filosofia de vida, estavam em pé e prontos para mais uma laboriosa manhã de *randori* (treino prático). Todavia, esse seria um *randori* especial, pois traria consigo um episódio que ensejaria uma dura mas inestimável lição de Umakakeba.

A verdade é que a estafa física nos embotava os reflexos, e a reação natural dos atletas, muitas vezes, durante os treinos práticos era precaver-se aos ataques dos oponentes em vez de pensar em uma forma de furar-lhes a defesa e, quem sabe, encaixar o golpe vitorioso. Foi esse tipo de postura defensiva em um dos alunos que incomodou Umakakeba, cuja atitude corretiva foi a de repreender o pupilo temporário, exigindo que atacasse.

– Vamos parar com esse judô negativo. Fica fugindo da luta! – disse-lhe o mestre.

No entanto, o atleta reagiu mal à crítica. A bronca de Umakakeba, recheada da autoridade de que desfrutava no mundo do judô, melindrou o ego do lutador em vez de revigorar-lhe o espírito.

Sem entendermos o que dizia, o jovem atleta murmurou o que, pelo seu olhar furioso, pelos lábios crispados, músculos e nervos tesos, não nos deixava dúvida: eram palavras duras contra o adversário de treino e contra o *sensei*, embora não os olhasse nos olhos, mas, sim, para baixo.

Umakakeba fez que não ouviu, mas ao retomarmos o treino, com ódio e sem respeito, o jovem ressentido partiu de forma desleal para cima do companheiro, em uma agressão mal disfarçada de judô. Tentando-lhe aplicar pretensos *de ashi barais* – golpe semelhante a uma rasteira –, o judoca melindrado acertou, com explícita má-fé, a lateral do pé na canela do adversário em vez de acertar-lhe com a sola do pé, como seria o golpe correto.

Ficou claro que se tratava de ato intempestivo, embora proposital, pois assim que recebeu o revide do outro atleta seguido de esbravejar e lição de moral, ele caiu em si. Percebeu que passara dos limites, que perdera o prumo. Chorou e, sensibilizados como estávamos, inundados pelo espírito de grupo que Umakakeba nunca escondeu ser um dos principais propósitos daquela semana de treinamento, colocamo-nos a consolá-lo e enchê-lo de força para retomar os treinos, agora mais calmo.

Sem sombra de dúvidas, as dificuldades que enfrentávamos nos obrigavam a sermos solidários e parceiros. Parceria semelhante à que experimentara em Franca e em Lorena. Porém, um tanto quanto diferente, especialmente da que vivera com os Lucke, pelos quais nutria afeição que transcendia o tatame... Em Bastos, a ligação se dava em virtude da necessidade de não piorarmos a situação, que em si já era crítica. Da empatia compartilhada, por sabermos que o sofrimento do colega era legítimo, já que também o sofríamos. E pela admiração, pois, só de enfrentarmos aquele treinamento, já éramos todos campeões.

Umakakeba parecia saber de tudo isso e acompanhou a desavença entre os alunos e o choro de um deles sem dizer sequer uma palavra, apenas a espera, indiferente, do instante adequado para retomar o *randori*. O fato é que não foram os golpes aprendidos e as instruções dadas pelo *sensei* em termos de posicionamento e postura os atributos que mais me encantaram naquele treino prático. O que ele diria ao término do *randori* me impressionaria muito mais.

– Não basta treinar para ser o melhor ou vencer o adversário; temos de vencer nossas fraquezas. Não podemos alimentar o ego na hora da luta, pois ele nos enfraquece. O ego nos torna mesquinhos, vaidosos e fracos. O ego faz com que nos preocupemos mais com a torcida e que esqueçamos o verdadeiro propósito do lutador, a luta. O ego nos leva a encenar, e o tatame não é lugar para atores. É lugar para lutadores.

Estávamos todos atentos, em especial o atleta que ensejara, com seu destempero, a lição do *sensei*. Dessa vez, ele reagia bem às palavras de Umakakeba. Parecia compreender, com nitidez rara, mesmo à maioria dos ali presentes, tudo o que nos dizia o mestre.

– Se o ego o domina na hora do combate, você não luta por você ou por sua honra; luta pelos aplausos, com medo do que vão dizer caso perca. Assim, você opta pelo caminho aparentemente mais fácil, mas as chances de vencer o combate e vencer na vida ficam mais limitadas.

Parou por um instante, como se buscasse em nossos olhos o entendimento que gostaria que tivéssemos. Umakakeba queria que soubéssemos que as batalhas não necessariamente se vestem apenas de quimono e faixas. As batalhas são vividas no dia a dia, de terno e gravata, de uniforme, de calça jeans, camiseta, agasalho ou calça de sarja e camisa. Na mão, o lutador pode levar caderno universitário ou uma velha pasta.

– Sei que estão cansados, mas isso não lhes dá o direito de agredir o companheiro de treino com palavras ou gestos impensados. Coitadinhos ou coitadinhas não devem ir à guerra; só atrapalham. Quando recebem comando mais enérgico ou são advertidos, perdem a cabeça e agem de forma desleal e impensada.

Nosso colega judoca que se descontrolara ouvia Umakakeba calado e olhando fixamente nos olhos do mestre. Concordava com as palavras do *sensei*, como demonstravam seus movimentos afirmativos de cabeça. Naquele momento, parecia disposto a controlar-se em uma próxima oportunidade e apto a lutar em uma guerra, se fosse necessário.

– Alguém gostaria de ter em seu exército soldado chorando e nervoso no meio da batalha? Com depressão, dando chiliques?

Mais uma pausa, para depois retornar à vereda da lição.

– Foi muito bom que tenha acontecido isso para que esse jovem atleta e todos vocês aprendam que ou se é um guerreiro ou se é uma flor. E a flor precisa de cuidados que não encontramos na hora da luta. A flor precisa de carinho e deve ficar em vasos para que enfeite o ambiente. Apesar da beleza e do encanto, não resiste à mais leve brisa da manhã. Já o guerreiro tem de suportar a dor, o comando enérgico, as críticas e ter frieza para agir, sempre, pois, ao menor vacilo, ele pode morrer e, o que seria ainda pior, levar toda sua equipe à morte... Pelo deslize do guerreiro no treino dessa manhã, mil mergulhões. Pelo erro de um, todos pagam.

• • •

A admiração que eu nutria por Umakakeba não ecoava em todos os atletas ali presentes. Sei disso porque ouvia diversos comentários a respeito do mestre, fosse nas arquibancadas do centro, no refeitório ou durante a realização das tarefas de limpeza.

– Que velho louco! – diziam alguns. – Não vejo a hora de chegar domingo para me mandar daqui.

Por outro lado, eu não estava só no grupo de admiradores de Umakakeba. Havia também muitos que o defendiam, que enxergavam nele mais qualidades do que defeitos.

De qualquer maneira, estimássemos ou não o mestre, naquela manhã de domingo, cuja data exata me escapa da lembrança – apenas sei que estávamos em julho de 1988 –, o fim do treinamento de inverno era iminente e inevitável para todos os participantes. Entristecia-me ter de ir embora, mas meu espírito estava revigorado, posto que, em todo momento, havia me mantido leal aos meus propósitos. Havia cumprido minha determinação.

No último treino, mais um *randori*, realizado na manhã de domingo, dei tudo de mim. Após a bronca de Umakakeba, todos nós nos esmerávamos para tomar a iniciativa da luta. Foi quando meu adversário tentou encaixar um golpe se valendo do tronco e dos braços, enquanto eu tentei contragolpeá-lo com as pernas. Quando nossos corpos se chocaram, senti o ar se perder e a testa suar. Com muita dor, levantei o quimono e vi que havia quebrado a costela flutuante do lado esquerdo do tórax. Umakakeba, ao ver a contusão, disse:

– Que sorte! Vai levar uma lembrança de Bastos.

Ainda hoje, a costela quebrada se exibe mais proeminente que sua similar do lado direito. Contudo, aquela não seria a única lembrança que levaria para casa.

Assim que Umakakeba retomou o treino, recobrei posição de combate e dei continuidade às atividades junto com meu companheiro e os demais atletas, ciente de que precisava vencer não apenas o meu oponente naquele instante; precisava vencer, sobretudo, a dor; inimigo que se sente e se enfrenta na carne; inimigo que se sente e se enfrenta na mente e no coração...

A verdade é que me habituava a vencer a dor. Fora assim aos 11 anos, ao ver Benedito partir com o braço esticado e um riso de orgulho e despedida pregado na face. Habituava-me a vencer esse inimigo e era bom que fosse dessa maneira. Afinal, a dor não nos abandona e precisamos vencê-la para sermos fortes de alma.

Força de alma que, aliás, não faltara ao homem cuja história de gratidão Umakakeba nos contou logo após o *randori* derradeiro. Estávamos todos ainda de quimono e exaustos, mas a tradição rezava que a última atividade do treino de inverno consistia na narração de uma história emblemática da cultura japonesa.

O *sensei* então apanhou um livro, lembrou-se de pegar os óculos também, colocou-os na ponta do nariz e se pôs a folhear, atento, até se deter em determinada página... Na voz cheia de sotaque de Umakakeba, conhecemos a célebre história de Anton Geesink, o holandês que venceu a Olimpíada de Tóquio na categoria absoluto.

Na época, a hegemonia nipônica no judô era total e, após vencer em todas as categorias da modalidade, estava fora dos prognósticos dos anfitriões uma derrota de Akio Kaminaga, ídolo japonês, na disputa do absoluto olímpico.

Todavia, os nipônicos não ignoravam o talento de Geesink. O holandês aprendera judô no Japão, na Tenri University; fora, aliás, um dos primeiros estrangeiros a ser treinado na "Terra do Sol Nascente", o que causou muita polêmica na época, já que alguns dos nativos viam com maus olhos a possibilidade de um estrangeiro aprender os diferenciais do judô praticado no país em que a arte marcial fora concebida.

Porém, essa concepção se contrapunha à finalidade fundamental do judô: disseminar o modo japonês de se desenvolver física, mental e espiritualmente. Quando Jigoro Kano fundou o Budo, via-o como caminho capaz de levar as pessoas que o praticavam para o equilíbrio pleno. Restringi-lo aos japoneses estava fora de seus planos e o mestre de Geesink seguiu à risca as ideias do grande Kano.

Mesmo sem que Umakakeba, sentado em seu banquinho no meio daquele imenso centro de treinamento, dramatizasse ou alterasse a voz para conferir mais gravidade à história que contava, eu estava imerso nela. O feito de Anton Geesink, que ainda não tinha sido contado por inteiro pelo *sensei*, já me fisgava e eu desejava saber mais. Suspeitava de que só a vitória sobre Kaminaga não o fazia tão admirado pelo povo japonês. Havia mais alguma coisa na trajetória do holandês. Eu descobriria mais adiante, conforme Umakakeba ia desenrolando a história.

Quando o *sensei* nos narrou o embate entre Geesink e Kaminaga, eu pensava menos nos pormenores e nos lances decisivos da luta do que no sentimento a dominar o público japonês presente; no sentimento a dominar também o mestre nipônico que ensinara Geesink e naquele instante via o pupilo estrangeiro levar para a Europa a medalha cuja probabilidade havia reservado para o Japão.

Assim que Geesink aplicou o *ippon*, a torcida holandesa eufórica se precipitou para o tatame, comemorando o feito inédito. Geesink, que não dera sequer um *kiai* de satisfação pela vitória, expulsou os compatriotas do tatame e pediu-lhes silêncio – venerável e respeitoso silêncio. Os japoneses, atônitos, o observavam. Kaminaga era a face e o espírito da desolação. Houve até quem dissesse que o atleta nipônico se suicidara após a luta, mas Umakakeba afirmava que essa história não passava de boato.

O fato é que Geesink incorporara muito da cultura japonesa durante os anos em que viveu no país. Comemorar na frente do adversário derrotado a vitória é, para o japonês, desrespeitoso, e o holandês aderira à mentalidade. Por isso, impediu os compatriotas de vibrarem de forma tão desbragada. O silêncio e o olhar grave para o oponente que se levanta triste e incrédulo do tatame são sinais de compaixão, e a compaixão é um dos sentimentos mais valorizados pelos nipônicos.

Contudo, a atitude que faria de Geesink quase um japonês aos olhos dos mesmos viria em forma de palavras, nem tão líricas, mas, sobretudo, sinceras. Depois de receber a medalha de ouro, diante dos aplausos orientais, Geesink diria que o Japão não tinha do que se envergonhar.

– Essa medalha vale por duas. Não é apenas a Holanda que a ganha; o Japão também pode considerar sua essa medalha, pois, se eu sou holandês, meu judô é japonês... – foram mais ou menos essas as palavras de Geesink.

Acredito que todas as medalhas conquistadas no mundo – em olimpíadas, mundiais ou mesmo em competições municipais –, sejam os vencedores nipônicos ou não, são do Japão, representado pela alma de um dos maiores samurais de que já ouvi falar: Jigoro Kano.

• • •

Todos reunidos para o almoço. O amplo refeitório e suas mesas enfeitadas com flores das mais diversas cores, as brancas margaridas, as rosas vermelhas e os amarelos girassóis, pareciam nos dizer que, se a guerra não é feita para as flores, os guerreiros só lutam pelo privilégio de poder vê-las, cheirá-las e tocá-las depois, contagiados pela felicidade e pela alegria que apenas a certeza do dever cumprido pode nos conferir.

O cenário de aromas e cores era em si um convite à alegria; denunciava, doce ao vento, que ali haveria uma festa. Assim seria. Contudo, antes, cabia ao anfitrião saldar e ao mesmo tempo se despedir dos convivas. Foi o que fez Umakakeba.

— Sei que não foi fácil para vocês e que estão loucos para voltar para casa. Mas, caso haja qualquer má impressão dos que passaram aqui, logo adiante perceberão que deram um passo muito importante em suas vidas, pois venceram muitas barreiras no transcorrer dessa semana. Vocês venceram o frio, a dor, o cansaço e a saudade de casa; tudo sob o comando enérgico, como deve ser um exército de campeões. E é isso que serão na vida.

Umakakeba acreditava piamente em suas próprias palavras. Seus olhos sinceros não me deixavam desconfiança, e aquilo contribuía para que eu acreditasse cada vez mais em minha luz interior.

— Saibam vocês que a travessia da vida não é fácil... Temos de nos manter em postura, pois aquele que perde a base, o mais leve sopro de vento derruba. Cada época da vida é uma batalha e devemos estar sempre atentos para não cair... A verdade é que a vida é muito mais do que uma luta de judô. Talvez, por isso, as medalhas enferrujam, e as almas não.

Nós o ouvíamos, semblantes juvenis em busca de referencial teórica para escrevermos nossa biografia com atitudes nobres, atitudes de samurai.

— Foram sete dias em busca de aprendizado. Porém, haverá quem retorne para casa arrependido por ter enrolado em vez de treinar... Mas, se realmente estiver arrependido, ótimo, sinal de que tem brio, sinal de que se treinar também será samurai.

Parou por um instante, olhou-nos afetuosamente, com um contido sorriso nos lábios, expressão incomum a ele, mas que lhe caía muito bem, e disse:

– Enfim, é hora de festejarem a despedida como dignos vencedores que são.

Comemos, dançamos e rimos, em meio às flores. As mesmas flores que, com seu colorido e sua textura de seda, funcionam como ducha morna para descansar e apaziguar o áspero e sofrido espírito do guerreiro. Talvez seja por isso que Jigoro Kano tenha escolhido como símbolo do judô a flor do *sakura* (cerejeira).

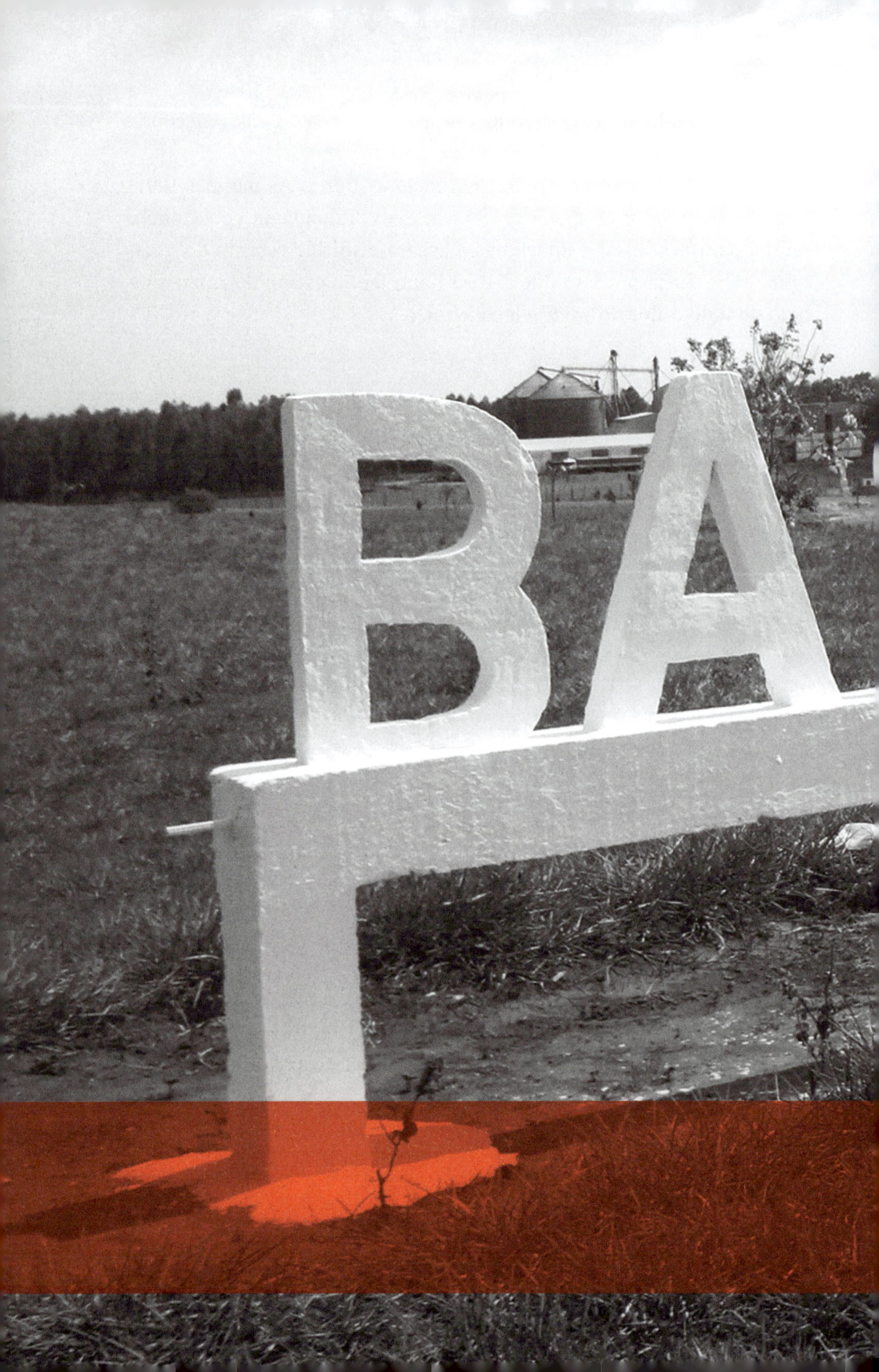
BA

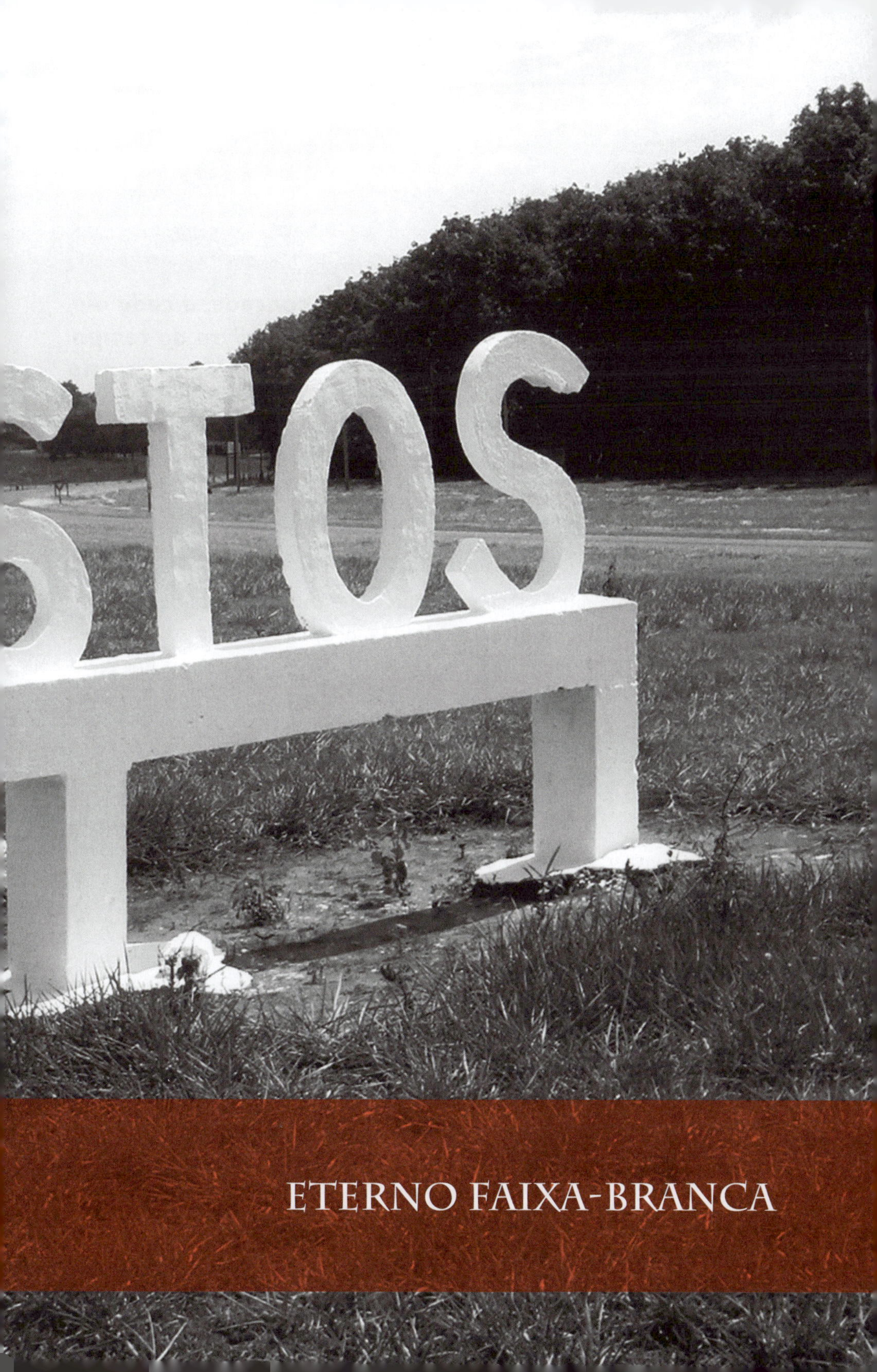

ETERNO FAIXA-BRANCA

Deus nos concede, a cada dia,
uma página de vida nova no livro do tempo.
Aquilo que colocamos nela
corre por nossa conta.
Chico Xavier

A alegria de minha mãe me manteve na trilha do judô. Se ao voltar dos dias escaldantes de vendas de salgados na praia ela se mostrasse triste e exausta, é bem provável que eu deixasse as partituras dos meus sonhos de lado, para pegar a enxada da sobrevivência. Porém, Tereza não trazia nenhuma espécie de amargura no rosto, apenas suor. Mesmo quando as vendas não a satisfaziam, preocupava-se mais em encontrar uma maneira de melhorar o desempenho no ensolarado dia seguinte. Se as cifras superavam as expectativas, entrava em casa sorrindo e passava a noite contando detalhes da jornada bem-sucedida.

Ainda assim, não conseguia superar a tempestade de conflitos que caía em gotas de culpa e alagava minhas vias de esperança. Essa serenidade só existiria a partir do momento em que, mais do que não depender de Tereza para ganhar a vida, algo que parcialmente já conseguira, eu a ajudasse a ganhar a vida dela; a partir do momento em que conseguisse andar com minhas próprias pernas, levando-a comigo por caminhos que àquela altura do campeonato ainda estavam cobertos de insegurança. Eu mantinha a rotina de treinos em Ubatuba e não conseguia escapar da pergunta, por mais blasfema que ela hoje me possa parecer: será que todos os meus esforços valem a pena?

Passaram dois meses do término do *kangueiko*, quando minha mãe, voltando do trabalho, contou-me:

– Filho, ligou um homem perguntando por você. Pelo sotaque, parecia japonês. – Só podia ser Umakakeba. No dia seguinte, pela manhã, liguei para Bastos... O próprio Umakakeba atendeu e confirmou o que eu ansiava.

– Max, conhece as regras de Bastos. Você está disposto a morar aqui? – perguntou-me, com sua voz arrastada, quase um rosnado de vigor e seriedade oriental.

– *Hai*! – respondi, firme e em bom tom, em sinal de respeito e, sobretudo, felicidade. Falava o léxico do judô, berrava alegria sem tirá-la da fôrma nipônica, ao menos naquele instante enquanto conversava com Umakakeba. Ele me explicou que gostaria de me chamar antes, na ocasião do *kangueiko*, mas não dispunha de vaga para me agregar. Quando um de seus ajudantes partiu para o Japão, em busca de trabalho, o *sensei* lembrou-se de mim. Mais tarde, ele me diria a razão.

– Fiquei impressionado com o seu trabalho na limpeza, com a sua liderança e com o seu empenho durante o *kangueiko*.

A verdade é que não apenas as lições de Benedito mas também as de Tereza me abasteceram de respostas para as perguntas que a vida haveria de fazer antes de outorgar-me o direito à realização de meus sonhos. Quando me punha a limpar os banheiros do centro, pensava no que Tereza havia dito sobre limpeza. Agora, ia para Bastos, disposto a enfrentar dura rotina de treinos e, quando fosse a hora, voltar para casa sem lamúrias, apenas com o suor do dever cumprido a escorrer pela face bronzeada pelo sol da cidade interiorana.

Eu estava preparado para o rigor de Umakakeba. Jamais deixara que a dúvida quanto ao futuro agrilhoasse meus objetivos. Treinava só, mas forte, em Ubatuba, sem perder a esperança na mudança da maré, sem perder a fé na onda que me levaria à praia da realização. Contra as adversidades, não há melhores aliados do que o objetivo claro e o trabalho forte. Do contrário, se nos entregamos à preguiça, o que era sonho a ser realizado vira mentira. Em vez de orgulho, em vez da conquista de um feito, sentimos vergonha. Viramos fanfarrões. Sem ação, não há motivação.

Arrumei minha mala, despedi-me da morena, como passei a chamar Tereza depois de certa idade, e parti.

• • •

Às cinco da manhã desci do ônibus, na mão esquerda a mala de roupas, na direita, o quimono dobrado e amarrado com a faixa preta. Do lado oposto ao que os ônibus param na rua da pequena rodoviária, soou uma buzina. Olhei e vi Umakakeba dentro de sua caminhonete.

– *Ohayou gozaimasu* – disse, como se me despertasse em mais um dia de *kangueiko*.

– *Ohayou, sensei* – respondi, ciente de que o mesmo empenho que lhe demonstrara na ocasião do treinamento de inverno precisaria de continuidade por tempo indeterminado a partir dali.

– Max, você vai ficar hospedado em minha casa. Ao chegar coloque roupa para correr. Os meninos pela manhã vão para a escola. Você faz treinos físicos. À tarde, treinarão juntos.

Estava cansado das quatorze horas de viagem, mas não podia lhe pedir uma folga naquela primeira manhã. Levou-me até sua casa, mostrou-me os cômodos e o quarto em que eu ficaria. Deixou-me à vontade para trocar-me. Coloquei shorts e tênis, e encontrei Umakakeba no quintal.

– Max, está vendo essa estrada? Ela é uma reta só; não haverá bifurcações. Vá até o final e encontrará um lago. Depois de encontrá-lo, volte.

Alonguei bem para que as quatorze horas de quase absoluta inércia no ônibus não se transformassem em contusão durante a corrida e depois corri. A estrada cruzava a granja do *sensei* e o barulho dos meus passos, meio que sufocados pela areia fofa e vermelha da estrada, quase não chegavam aos meus ouvidos, muito mais entretidos com o cacarejar das galinhas. Logo, a visão ganhou espaço entre os sentidos. Pouco antes das seis da manhã, via o sol brasil derramar sua lava de luz laranja no horizonte e me recarregar de energia. Estava feliz.

Com trinta e cinco minutos de corrida, vi o final da estrada. Em vez de lago ou vereda de terra vermelha, havia capim alto, alguns maiores do que eu, alguns queimados, contraídos pelo fogo. Estranhei. Pensei ter errado o caminho; mas se era uma reta só! Tinha de achar o lago. Embrenhei-me pelo capinzal e depois de cem metros de desbravamento notei, pouco adiante, uma lâmina de água. Era o lago. Atraído por barulho de motor, olhei para a margem oposta. Umakakeba seguira por estrada alternativa e aguardava minha chegada ao destino combinado. Buzinou e disse, em voz alta, para que eu o ouvisse bem:

– Pode voltar, tomar banho e café.

Quantas vezes na vida, as pessoas, geralmente as que amamos, mostram-nos o caminho para o lago em que se espelha o céu, mas por cansaço ou falta de fé voltamos e juramos não haver nada no final da estrada. Por pouco, muito pouco, deixamos nossos sonhos escaparem, tornamo-nos mártires e culpamos o mundo pela nossa falta de perseverança e comprometimento.

Voltei para a casa de Umakakeba, tomei banho e me sentei com ele para o café. Naquela manhã, percebi o tanto de carinho que ele nutria por mim. Não demonstrou com afagos ou coisa que o valha. Não era esse o seu perfil. Fez isso com uma frase dura e ao mesmo tempo terna.

– Max, você é um diamante bruto que precisa ser lapidado.

• • •

Há muito não me sentia como me senti em Bastos. Aos 23 anos, era como se tivesse voltado aos tempos de Benedito. Apesar da seriedade que pautava nossa relação, Umakakeba encarnava a figura de pai – figura que meu avô havia incorporado para me dar a referência de que tanto me ressentia, mesmo sem eu ter consciência.

A semelhança entre *sensei* e Benedito no plano do espírito paternal verificava-se também na leitura de mundo que ambos faziam. Por intermédio de Umakakeba, conheci a palavra *Bushido* e o que ela significava: o código de honra não escrito dos samurais, cujos pilares são bravura, autocontrole, humildade e gratidão. Curiosamente, algumas das mesmas qualidades que meu avô me ensinou ao longo dos poucos, mas inesquecíveis, anos que vivemos lado a lado.

O *Bushido* tinha para os samurais o mesmo princípio que as lições de Benedito – meu código de honra íntimo – adquiriram para mim com o passar do tempo. Por meio de valores sólidos, ambos os códigos funcionavam como caminho de retidão, respeito e virtuosismo para alcançar meus sonhos.

Assim como ocorria com meu avô, cada detalhe da vida ao lado de Umakakeba ensejava aprendizados.

Entendi isso logo no primeiro almoço na casa do *sensei*. Na ocasião, conheci todos os seus familiares e agregados. As refeições na casa de

Umakakeba tinham por característica contar com todos os moradores presentes à mesa. Agora, havia mais um adepto à tradição.

Antes de tomar meu lugar como novo conviva daquela mesa, conheci dona Linda, esposa do *sensei*, seus filhos, Tetsuo e Isamu, bem como os agregados, Takeshi, Lee e Shiguê. Alexandre Lee – talvez valha situar – ganhou medalha de bronze nos Jogos Pan-Americanos do Rio de Janeiro, disputados em 2007.

Na oportunidade em que o conheci, não tinha mais de 12 anos, a exemplo dos demais agregados.

Ao terminarmos o almoço, Umakakeba disse:

– Max, aqui cada um lava seu prato, talheres e mais uma peça.

A louça, dessa maneira, ficava limpa sem que ninguém se sobrecarregasse. Acredito que se fizéssemos o mesmo em outros aspectos da vida, não haveria quem ficasse sobrecarregado e o mundo seria bem mais "limpo". Talvez falte esse tipo de atitude à maioria das pessoas. Talvez esperemos sempre que o outro dê o primeiro passo no intuito de adotar conduta mais colaborativa. Defendo que façamos por nosso autorreconhecimento e, aos poucos, nos tornamos exemplo.

Lavei o que sujei e mais uma peça para depois descansar um bocado antes de tomar nos dedos os quimonos dos colegas no treino da tarde. Chegamos à imensa arena às três e meia da tarde. Inspirei a lembrança dos dias de *kangueiko* e expirei satisfação. Afinal, naquele instante, tragava o ar da vitória, do dever e do objetivo cumprido.

O treino estava marcado para as quatro, mas me chamou a atenção cena que vi antes que qualquer golpe começasse a ser treinado exaustivamente pelos comandados de Umakakeba. Havia por volta de quarenta meninos, todos com cabeças raspadas e faixas brancas, azuis, amarelas, laranjas e verdes amarradas aos quimonos.

– É o treino das crianças? – perguntei a Umakakeba, sem esconder a curiosidade.

– Não, todos nós treinamos juntos. Porém, os *kohai* (iniciantes) são os responsáveis por varrer o tatame para os *senpai* (mais graduados). Eles anseiam chegar à faixa preta e, para isso, trocam trabalho por conhecimento... Max, conhecimento é, verdadeiramente, a única coisa que compartilhamos na vida. Dinheiro vem e vai. Vigor físico acaba. Conhecimento é para sempre. Só assim faz sentido. É nisso que se sustenta a relação pai e filho, professor e aluno. Troca de conhecimento gera respeito mútuo. Dessa maneira, o *kohai* respeitará para sempre o *senpai*; o *senpai* respeitará o *sensei*; o filho, o pai...

Embora respeitasse a hierarquia, Umakakeba tinha consciência de que o aprendizado não era uma via de mão única. Inspirado no mestre maior do judô, Jigoro Kano, o *sensei* me disse:

– O espírito do iniciante deve nos acompanhar sempre, porque quando o perdemos, nos tornamos arrogantes e estagnamos.

Para ilustrar ainda mais essa ideia, especula-se que Jigoro Kano, pouco antes de morrer, teria pedido para ser enterrado de quimono e faixa branca. Verdade ou mentira, o fato é que essa história alerta para a necessidade de o homem preservar em sua essência o espírito aprendiz. Simbolicamente, ser enterrado com a faixa branca é levar a alma aprendiz para além da existência física.

Essa gênese humilde explica por que o esporte é praticado nos mais recônditos rincões. A qualquer lugar que vá, as chances de que encontre uma academia de judô é grande. Além disso, sua flexibilidade, fruto do princípio da eterna aprendizagem, permite que o judô evolua sempre, sem, contudo, perder sua essência pacífica, de sublimação da força bruta por meio da disciplina, do companheirismo e do equilíbrio.

• • •

Apesar de treinar em Bastos, eu era atleta de Lorena. Tinha contrato com a cidade do Vale do Paraíba e, se surgisse alguma competição para os lados do litoral ou do Vale, deveria comparecer.

Embora eu desejasse ser atleta de Bastos, sobretudo pela admiração que nutria por Umakakeba, também me enchia de orgulho e gratidão poder defender Lorena. Ciente de que estava preparado como nunca, sentia-me tentado a retornar, temporariamente, ao meu reduto e mostrar o quão mais forte e competitivo poderia ser desde que submetido a treinamento de alto nível – enfim, desde que treinasse em Bastos.

Depois de alguns meses sob a batuta de Umakakeba, a oportunidade de mostrar em competição oficial tudo o que eu aprendera nos últimos tempos chegou às minhas mãos. O chamado para os jogos regionais correu às terras vermelhas de Bastos e me levou de volta, a caminho do mar. Foi confiante de que faria bonito e de cabeça erguida que cheguei ao leste paulista.

Ao colocar os pés no centro em que se realizariam as competições percebi que meus companheiros de judô me olhavam admirados, respeitosos e até com certo temor. Ouvia, em conversas cochichadas:

– O Max está treinando em Bastos.

Ficava orgulhoso. Alongava-me para a primeira luta e a imaginação projetava-me já na segunda. Meu primeiro oponente era um velho conhecido, para o qual nunca havia perdido. Tratava-se de atleta sem muita expressão. Não seria dessa vez que me veria derrotado por ele, estava convicto.

Fui chamado para o combate, olhei-o de cima, com certa soberba, mas não fazia tipo; era um gesto tácito e sincero. Não queria intimidá-lo. Porém, dominei a pegada no quimono sem nenhuma dificuldade e entrei na minha melhor sequência de golpes que culminaria no *uchi-mata*. Quando lancei minha perna de golpe contra a de apoio dele passei no vazio. *Ippon*! O contragolpe do meu frágil oponente fora impecável e, aos meus olhos soberbos, imponderável. Não conseguia compreendê-lo. Se antes o olhara de cima, agora, o olhava de baixo.

Voltei para Bastos ansioso por conversar com Umakakeba. Pediria a ele informações técnicas sobre aquele contragolpe. Como evitá-lo? Precisaria reprimir minha sequência contra um atleta que dominasse aquele tipo de movimento?

– Pelo que entendi dessa sua história, Max, você perdeu para um adversário fraco usando o seu golpe mais forte.

– *Hai, Sensei*! – respondi, assentindo com a cabeça, os olhos provavelmente arregalados e a testa franzida, sem esconder a ansiedade que me dominava por descobrir que segredo aquele oponente guardava.

– Max... Não há adversários fracos ou fortes, somente adversários... Você perdeu porque entrou de salto alto...

A consciência de meu deslumbre foi como um tapa que eu mesmo aplicava em meu rosto. Consciência que guardei em silêncio, enquanto Umakakeba concluía suas explicações.

– Max, o leão ataca um coelho e um elefante com a mesma vontade. Lembre-se disso.

• • •

O tempo seguia sua marcha linear, inexorável, irreversível, e à custa de muito treino, erro e acerto o atleta que eu projetava no fio de horizonte avistado da praia do Cruzeiro ganhava a forma desejável. Só não trazia ainda nas costas do quimono as siglas do Brasil. Estávamos em 1991 e queria muito voar para Barcelona no ano seguinte para disputar a Olimpíada. Se vencesse as seletivas, defenderia o país na categoria que na época ia até ointenta e seis quilos, ou seja, médio. Não teria de enfrentar, na seletiva, Aurélio Miguel, uma categoria acima e campeão da edição anterior, realizada em Seul, na Coreia do Sul, nem Rogério Sampaio, uma categoria abaixo da minha, que se sagraria o segundo campeão olímpico da história do judô nacional em Barcelona. Todavia, mesmo sem enfrentar esses atletas na seletiva, sabia que não seria fácil.

Dentre as minhas principais virtudes como judoca, destaco a raça. Já disse que nunca fui um gênio do esporte, um atleta com estupendo diferencial técnico e talhado desde o berço a ganhar uma medalha olímpica. No entanto, de modo algum essa consciência me desestimulava a lutar pelo sonho. Ao contrário, sempre acreditei que as conquistas vêm à base de muito suor, trabalho e fé. Isso não me faltava.

– O esforçado vence o talentoso – dizia-me Umakakeba, reproduzindo um ditado japonês, o qual, aliás, simboliza bem a essência do povo nipônico.

Todo acontecimento pode ser bom ou ruim, depende de como olhamos para ele. Para alguns, às vezes até para a minha mãe, eu era um menino sem pai, pobre, com pouco estudo e praticamente sozinho. Eu, por outro lado, via-me um guerreiro valente, sonhador e que, honrando meus relacionamentos, seria vencedor. Talvez ainda não soubesse a cor, a forma, o sabor, o aroma e a textura da vitória, mas, àquela altura, a via materializada na vaga olímpica, cujo ingresso buscava todos os dias, a cada passo em minhas corridas matinais, a cada golpe em meus treinos de tatame vespertinos e a cada competição que tinha a oportunidade de disputar.

Apesar dos deslizes, apesar dos tropeços na soberba, a convocação para o pré-olímpico veio. Eu estava entre os principais atletas do país em minha categoria e lutaria por um lugar sob o monumental sol de ouro que há muito aquecia minha alma e iluminava meu caminho.

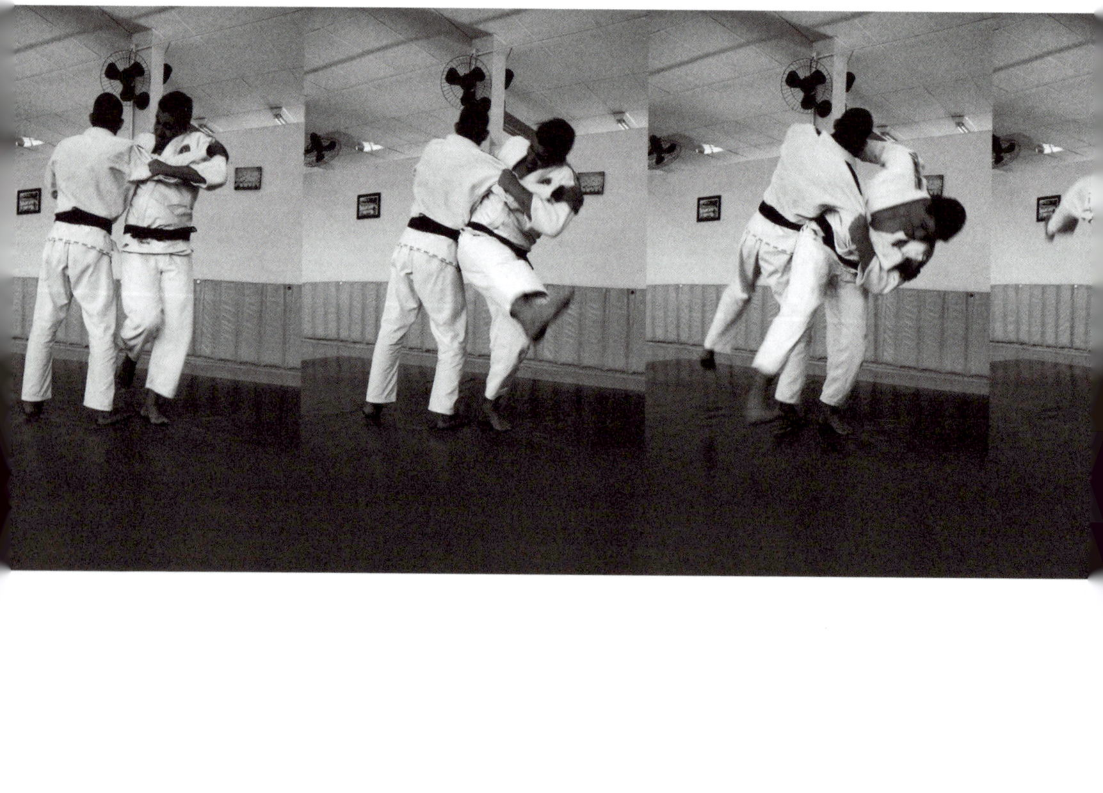

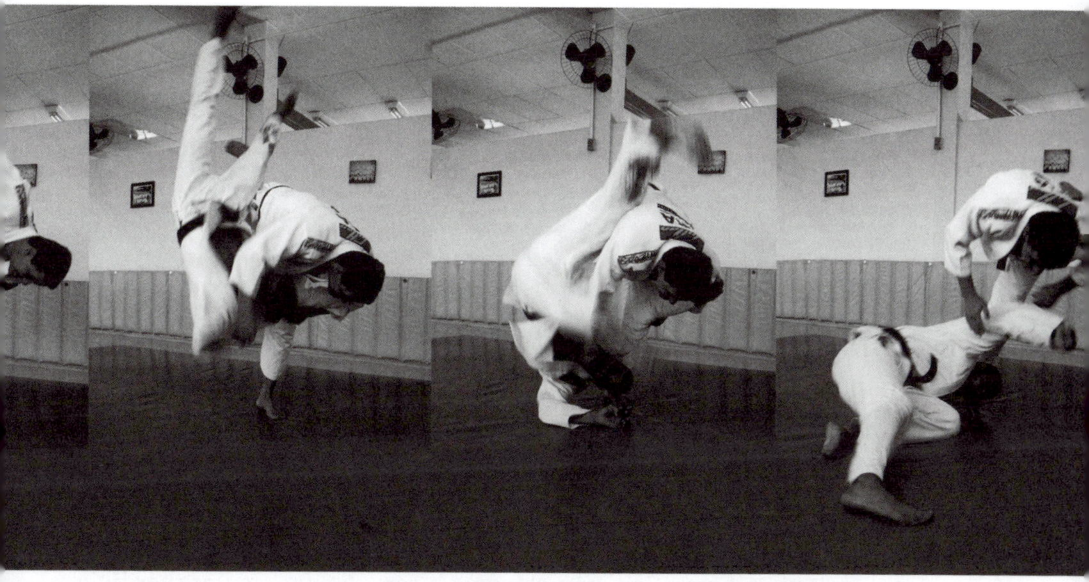

A ESPADA CONTRA AS BAIONETAS

As ruínas são restos
mas não do que acaba
e sim do que morre
pra recomeçar.
Oswaldo Montenegro

O Natal de 1991 e o *réveillon* que desaguariam no Olímpico 1992 foram as melhores festas de fim de ano da minha vida. Não vi os fogos de artifício iluminarem a noite de ano-novo nem a esperança embriagada das pessoas com garrafas de champanhe nas mãos. Treinei nas vésperas das festas e durante as festas de fim de ano. Submeter-me a isso foi apenas parte do preço pago para chegar ao pré-olímpico, e confesso que tal sacrifício não chegava a ser exatamente um sacrifício. Era, mesmo, uma alegria incomum. Afinal, festas de fim de ano eram sempre solitárias para mim. Aquelas não foram.

O fato é que o convite para o pré-olímpico não me chegou por carta nem trouxe letras garrafais nas primeiras linhas, tampouco me custou cifras que pudesse conseguir com os comerciantes de Ubatuba. O pai de meus amigos de Lorena, Edgar e Thomas, Horst Lucke, conhecia o prestigiado *sensei* da cidade de Santos, do litoral paulista, Paulo Duarte. Na época, os judocas que disputavam o pré-olímpico eram selecionados com base em seus desempenhos no circuito nacional e internacional, mas também por indicação.

Horst conversou com Duarte, que se dispôs a nos avaliar. Ele gostou do nosso judô e fomos indicados. Comuniquei o fato ao meu *sensei* Josino, em sinal de respeito ao homem que me revelou o mundo do judô. Para eu, Edgar e Thomas participarmos da disputa pela vaga, precisávamos de forte preparação. Fizemos a primeira parte dos treinos preparatórios em Lorena. Paulo Duarte foi até lá. Fizemos a segunda parte em Santa Isabel, cidade do interior paulista, mais próxima da capital do estado. Lá passamos por uma intensa temporada de treinos também sob o comando do *sensei* de Santos.

O treinamento com Duarte consistia em acordar às seis da manhã e correr dezesseis quilômetros em terreno cheio de morros. Das oito às nove e meia, fazíamos musculação; das quatorze às quinze horas, praticávamos *uchikomi* (entrada de golpes). Das dezessete horas às dezenove: *randori*. Como as lutas se realizariam em janeiro, começamos a preparação em dezembro e comemoramos Natal e *réveillon* no tatame, praticando à exaustão os mais diversos golpes, caindo e levantando; brindando o ano olímpico com *kiais* cheios de esperança.

Entre o cansaço e a ilusão, pedia a meu avô que me guiasse e me dotasse de força para aguentar bem a forte rotina de treinos. Recorria a ele sempre que sentia as pernas faltarem, sempre que o corpo mastigado pelos treinos ameaçava desnutrir minha fé no sonho. Quando revigorado, via-me no desfile de abertura das Olimpíadas ou recebendo a medalha. Ouvia o som do Hino Nacional e a bandeira tremular sobranceira.

Nas horas vagas, eu, Edgar e Thomas conversávamos sobre tudo o que já vivêramos. Estávamos juntos em mais uma jornada, compartilhávamos dos mesmos sonhos e não queríamos sofrer a mesma dor. Confraternizávamos como soldados pouco antes de mergulharem no campo de batalha. Nas horas vagas, também ouvíamos Almir Sater, em especial *Tocando em frente*, cuja letra fora composta em parceria por Sater e Renato Teixeira.

Ando devagar
porque já tive pressa
levo esse sorriso
porque já chorei demais...
Cada um de nós
compõe a sua história
cada ser em si
carrega o dom de ser capaz
de ser feliz...

Os instantes de paz e arte eram refrescos para almas que em breve se deparariam com uma realidade nada plácida. Assim foi, até que a grande guerra chegou.

• • •

Estávamos no Rio de Janeiro. O pré-olímpico seria disputado na Associação Atlética do Banco do Brasil (AABB) e, naquele sábado, logo depois de tomarmos café da manhã, partimos para a arena. Quando pisei no ginásio, senti o inevitável frio na barriga. Mais adiante percebi que não conseguia me concentrar. Embora sonhasse, embora me visse em uma Olimpíada, sabia que ali eu era o fraco entre os fortes. A maior parte dos competidores dispunha de experiência internacional, eram atletas que conheciam na prática as táticas da elite mundial do judô e, mais do que isso, estavam habituados a conviver com a pressão psicológica que uma disputa desse nível traz. Eram judocas tarimbados, eram baionetas; eu, uma espada. Havia mais esperança do que chance...

Você sabe o que é no mundo, mas quando entra no palco, você é o que sonha...

Fui buscar meu quimono cujo pano com o nome do banco patrocinador do evento acabara de ser bordado nas costas. O pré-olímpico teria transmissão televisiva. Depois, fui para a pesagem e descobri que estava quatro quilos abaixo do peso máximo da categoria médio. Um erro: deveria ter perdido mais alguns quilos e me inscrito como meio-médio. Porém, era tarde para pensar nisso. Devia esquecer a falha e me concentrar na jornada que consistia em ser o melhor de trinta e dois atletas com até oitenta e nove quilos, ser o melhor dos trinta e dois melhores. Logo na primeira rodada dezesseis dariam adeus à Olimpíada de Barcelona antes mesmo de terem chegado a ela. Os outros dezesseis passariam para a segunda etapa...

– Milton Maximiano!

Eu me aquecia quando soou a voz no alto-falante me convocando para a primeira disputa eliminatória.

Meu coração disparou, como se corpo e mente demandassem mais sangue para fazerem vibrar com o máximo de intensidade o lutador que mais do que nunca eu precisaria ser naquele tatame. Fechei os olhos e pedi a Deus que não deixasse acontecer nada de mal a mim nem a meu adversário... O resto ficava por minha conta e risco.

A luta foi travada no início. Entrei disposto a estudar e entender o oponente, sem receio de que a luta se estendesse demais e depois me faltasse perna para superá-lo. Havia treinado como nunca e sabia que poderia aumentar o ritmo no fim do combate. Foi o que fiz e a poucos instantes do fim apliquei o golpe perfeito. Subi o primeiro degrau da escada mágica que me levaria ao céu olímpico.

– Lutou muito, Max. Hoje é o seu dia – ouvi de Thomas e Edgar ao sair da área de luta.

Dos dezesseis "sobreviventes" sobrariam oito, que seriam divididos em dois grupos de quatro. Os quatro de cada grupo lutariam entre si, e os que tivessem melhor desempenho em cada um dos grupos se enfrentariam em uma melhor de três para definir quem ficaria com a vaga olímpica.

Descansei trinta minutos até soar a chamada para a próxima luta. Enfrentaria dessa vez um atleta de Santos que figurava entre os favoritos à vaga.

– Agora é a hora da verdade – pensei, enquanto me dirigia para o tatame. –Vou para cima dele com tudo.

Cumprimentei o adversário e... *Hajime*!

Precisava ser veloz, mas não precipitado. Por estar abaixo do peso, se eu quisesse medir forças, tinha grandes chances de ser derrotado. Estudei rapidamente a pegada dele e com menos de um minuto de combate entrei um veloz golpe. Consegui um *koka*, pontuação mínima do judô. Estava à frente. Diante das circunstâncias, decidi atacar o tempo inteiro, sem dar ao oponente muito tempo de raciocínio. Atacando-o incessantemente o obrigava a se defender, tirava dele o tempo de pensar em atacar-me. A estratégia surtiu o efeito desejado, pois a luta entrou nos trinta segundos finais comigo à frente no marcador. O *koka* me daria a vitória, não tivesse eu, já cansado, tentado saber quanto faltava para o fim do combate... Quando olhei para o relógio, abri a brecha para o *ippon* que pôs de costas no chão uma juventude de sonhos.

Meus olhos incrédulos pararam na direção da cobertura do ginásio; via os holofotes e a estrutura metálica. Daquela posição, não podia ver sol nem céu nem horizonte. Ouvi ainda uns *kiais* gritados nas áreas de lutas vizinhas. Antes de me levantar, ainda fechei os olhos, como se aos reabri-los pudesse ver outra realidade, como se aos reabri-los pudesse descobrir que um segundo de descuido não havia posto a perder uma vida de treinos... Levantei, mas ainda não sabia para onde ir.

Cumprimentei meu adversário de forma protocolar e saí. As pessoas batiam nas minhas costas.

– Quase, Max... Você lutou muito bem.

De que valia? Eu estava fora, estava fora das Olimpíadas.

Precisava ficar sozinho. Com um nó na garganta, fui para o vestiário. Sentei no chão, num canto, dobrei os joelhos, depus meus cotovelos sobre eles e formei com os braços o esconderijo das minhas lágrimas. Pensei em meu avô, em minha mãe, no desprezo de meu pai e nas pessoas que diziam que eu era louco de passar meus dias treinando. Diziam que aquilo não ia dar em nada.

Enquanto estava imerso nas lembranças e na tristeza, lembro-me de ter recebido afago na cabeça de colega que até hoje não sei quem é. Podia ser até meu adversário, meu algoz. Mas quando levantei e decidi tomar um banho, não havia ninguém no vestiário.

A água que me limpava o suor se misturou às lágrimas que me limpavam a alma. Então, levantei as mãos para cima e gritei a dor que sentia naquele momento. As lágrimas cessaram e lembrei de uma frase, possivelmente dita por algum de meus *senseis*: "O campeão não é o que nunca cai. É o que cai, levanta e prossegue".

Edgar e eu fomos eliminados na fase de mata-mata. Thomas chegou entre os quatro. Era um alento. Pelo menos um de nós tinha chance de chegar à Olimpíada. Nossos esforços agora estavam nas mãos de Thomas. Ele, assim como nós, fez de tudo, mas também não conseguiu. Se servisse de consolo, pelo menos estava entre os quatro maiores do Brasil.

Tudo na vida pode ser sorte ou azar, depende do que vem depois. Toda derrota traz lições para que o futuro se materialize em vitórias. Saí do ginásio com isso na cabeça; àquela altura, não me restava outra alternativa. Só pensando dessa maneira, poderia seguir em frente.

• • •

Terceirizar a culpa de nossos insucessos não nos fará bem-sucedidos jamais. A partir do momento em que nos responsabilizamos pelos problemas e pelo fracasso, responsabilizamo-nos também pelas soluções e pelo sucesso.

Refleti sobre a luta por várias semanas: não deveria ter lutado tão leve na categoria, não deveria ter olhado para o relógio, não deveria ter feito isso, não deveria ter feito aquilo. O certo é que nada me traria de volta a vaga olímpica. Ela ficara no passado, junto com minhas lembranças. A verdade é que, para sublimar a dor da desclassificação, descobri que precisava encarar o pré-olímpico como uma possibilidade olímpica e não como uma expectativa. A expectativa, quando não se realiza, frustra. A possibilidade, mesmo quando não acontece, continua a ser uma possibilidade ou simplesmente deixa de ser. Não fere tanto.

Assim, após a desclassificação, eu tinha alguns caminhos, algumas possibilidades, a seguir: tentar uma próxima olimpíada e me manter na difícil vida de atleta de um esporte mais amador do que profissional; buscar maneira de me sustentar e, quem sabe, retribuir a minha mãe tudo o que ela sempre me deu; ou, finalmente, tentar as duas coisas ao mesmo tempo.

Não coloquei minha meta no topo da montanha, porque depois do topo é só ladeira.

Fui para a capital paulista, logo após a seletiva. Por ser filho de imigrante italiano, poderia adquirir dupla cidadania, o que me motivou a procurar o consulado da Itália, localizado em São Paulo. Estava disposto a emigrar para a Itália e me tornar professor de judô na terra de meus avôs paternos.

Não podia mais viver só de sonho. Aos 24 anos, quase 25, o que eu tinha em termos de bens? Uma mala de roupas e um quimono. O mais importante eu já conseguira, é verdade. Tinha um ofício, tinha amigos em todos os lugares pelos quais passei e havia adquirido valores que serviam como trilha segura para um futuro digno. Usaria essa fortuna para construir o que Benedito dizia ser o bem maior de um homem: a família. Para tanto, tinha de me esforçar por uma nova realidade financeira, que não se conciliava com a vida de atleta.

É muito mais fácil erguermos a cabeça e darmos um novo rumo à nossa vida quando não somos escravizados pelo dinheiro. É ainda mais fácil quando a isso se somam experiências adversas pelas quais conseguimos passar. Costumo dizer que não se pode duvidar do sujeito que enfrentou mais obstáculos existenciais do que se poderia supor. A cada obstáculo transposto, a pessoa ganha força interior, em vez de perdê-la. Não que seja preciso sofrer todas as dores do mundo para ser forte, para enxergar o mundo com mais sabedoria. Há homens capazes de aprender com o erro do próximo e se fortalecer sem sentir na pele. De qualquer maneira, a dor caleja e nos faz mais resistentes aos infortúnios. Quem já sofreu bastante e suportou o sofrimento conhece a trilha da felicidade.

Ao chegar em São Paulo, liguei para Júnior, o mesmo amigo que me apresentara o jiu-jítsu e que morava na cidade. Precisaria da ajuda dele nos dias em que ficaria em São Paulo.

– O que faz aqui, Max?

– Vim para tirar cidadania italiana. Quero ir para a Itália, tentar a vida como professor, já que fui desclassificado no pré-olímpico.

– Eu soube. Fiquei chateado.

O papo continuou e logo ganhou profundidade. Ele me disse que ainda estava na Cia Athletica, uma das maiores academias da capital paulista, onde dava aula de jiu-jítsu.

– Aliás, que coincidência você ter me ligado justamente hoje. O professor de judô da companhia acaba de ser demitido... Você não quer trabalhar na Companhia?

– Claro, é só me dizer como.

Conhecia a fama da Cia Athletica e fiquei empolgado com a ideia.

– Vá até a academia e procure o professor Miguel de Oliveira. É o coordenador de lutas e é um homem bastante correto. Talvez o conheça, ele foi campeão mundial de boxe.

– Não o conheço, Júnior, mas vou conhecê-lo. Quando posso ir?

– Hoje... Se conseguir a vaga, você pode começar ensinando judô para a criançada e depois podemos montar uma equipe de jiu-jítsu.

Ele me passou o endereço.

– Vou avisar ao Miguel. Direi a ele que você é uma indicação minha.

Parti, sem pestanejar. Até porque, assim como um *ippon* pode ser aplicado em um piscar de olhos, nossa vida pode virar de uma hora para a outra, e é preciso ter pernas vigorosas para correr na direção que nos foi indicada pelo destino; do contrário, de nada adianta se pôr a caminho. Sorte é isso, oportunidade mais preparo para aproveitá-la.

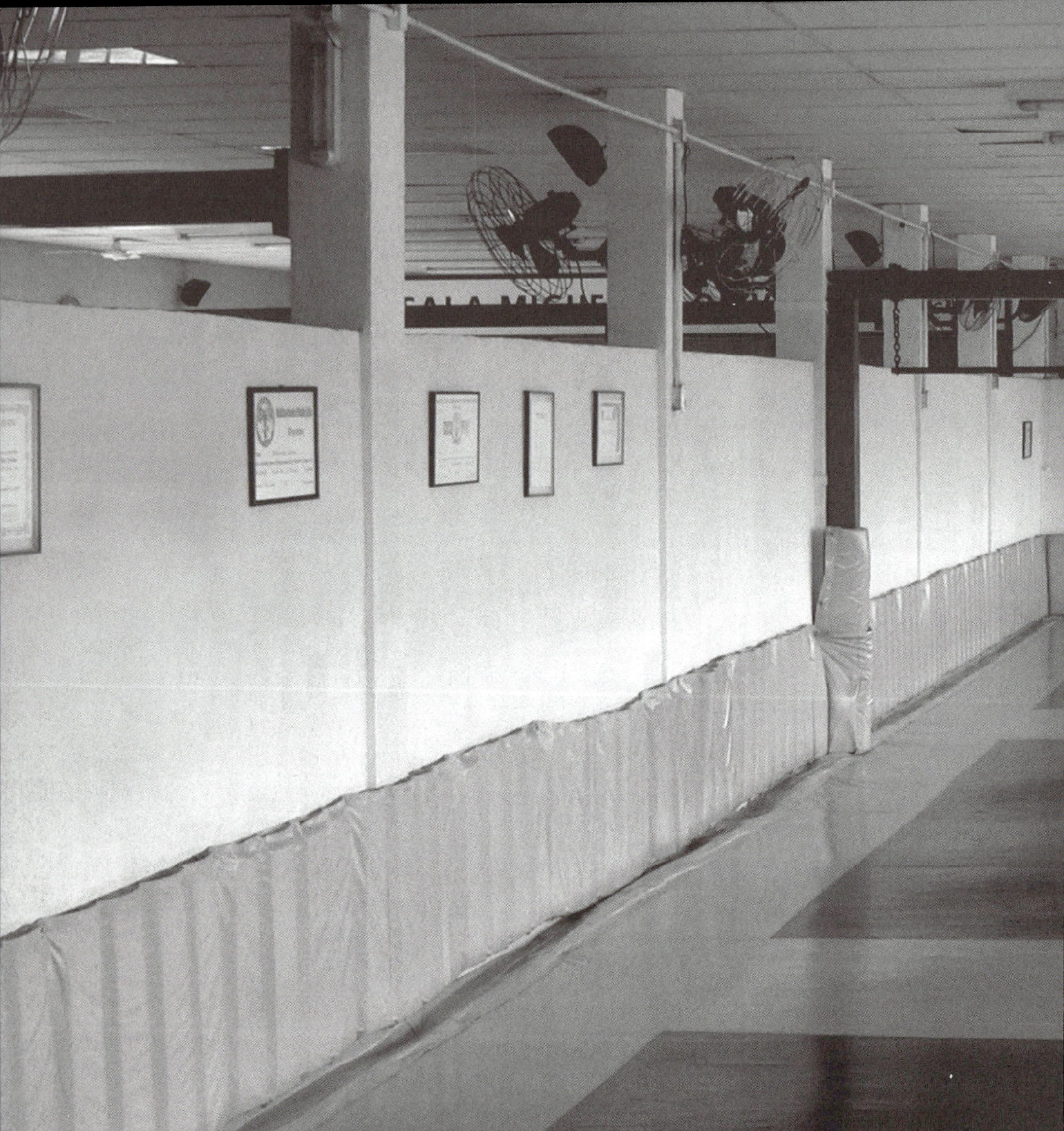

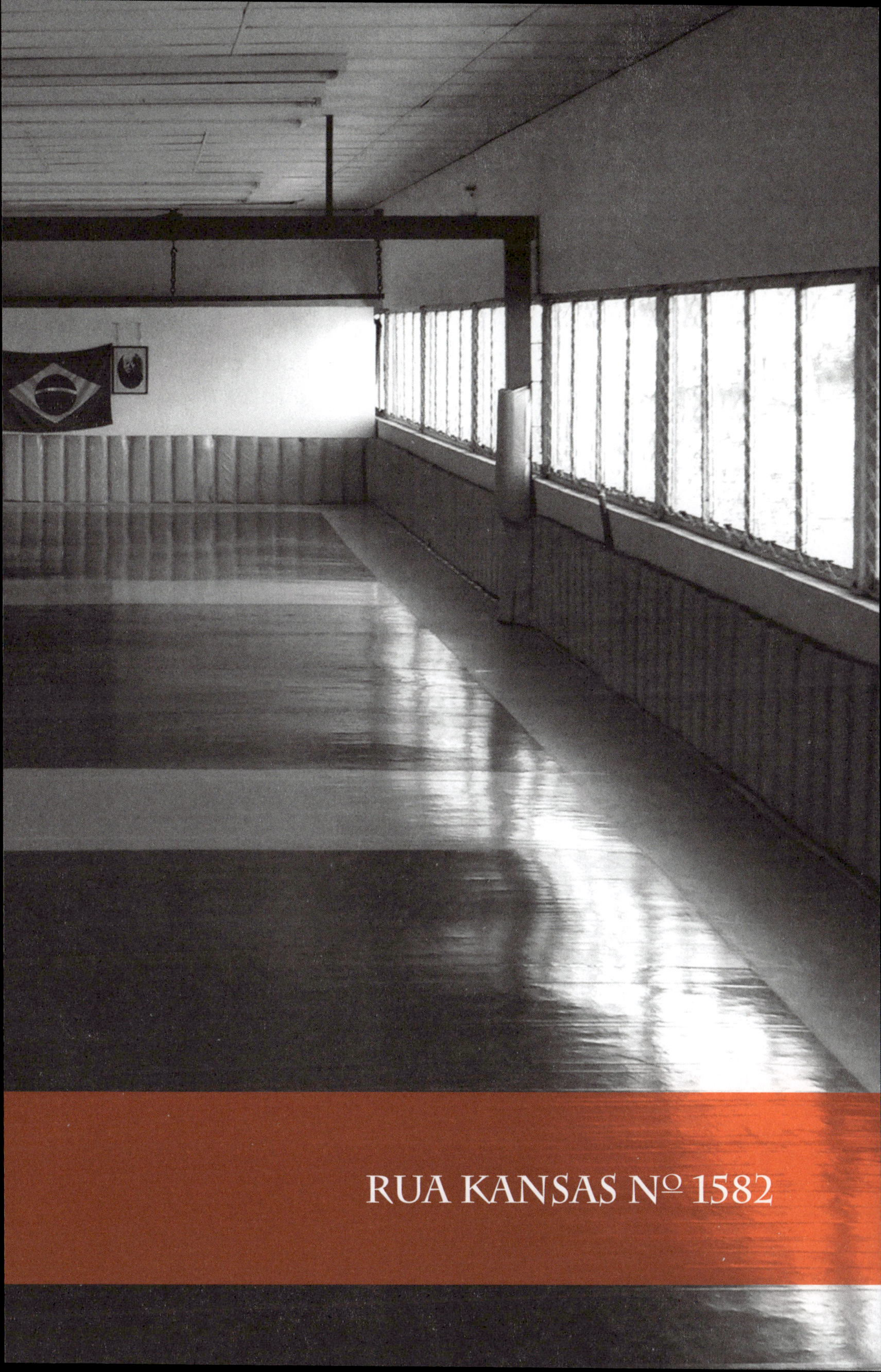

RUA KANSAS Nº 1582

Embora ninguém possa voltar atrás
e fazer um novo começo,
qualquer um pode começar agora
e fazer um novo fim.

Chico Xavier

Era o universo conspirando a favor da minha felicidade. Agora não estava mais diante da possibilidade de realizar um sonho, estava diante da felicidade; conquista mais simples que a de um sonho: porém perene; conquista que se dá a cada dia, a cada cerrar e descerrar de pálpebras. A felicidade é como o trabalho com o qual nos deparamos todos os dias; é arregaçar as mangas e colocar a mão na massa. As pessoas não são felizes, muitas vezes, porque associam felicidade a feitos fantásticos, a obras mágicas, apoteóticas... Mas ela está à mão e se faz de suor e sangue.

Depois de ouvir a profética notícia de que a Companhia Athletica precisava de um professor de judô, fiquei pensativo, em total silêncio... Que sincronismo cósmico era aquela oportunidade! Depois de uma decepção do tamanho da que acabara de ter, uma oportunidade dessas só podia ser a consequência imponderável dos meus esforços.

Fiquei imerso nesses pensamentos até que algo – talvez a buzina ou o ronco de um motor que cruzava a metrópole – me despertasse para o fato de que não conseguira nada ainda, de que tinha apenas um aceno da sorte. Despertei para o fato de que antes de me entregar à imaginação precisava pegar na mão do futuro e conduzi-lo para o destino que eu queria e não me deixar pairar feito nave perdida no espaço. Precisava agir, pois a ação é a ponte que une a vontade de ser feliz à felicidade.

Então, saí do apartamento em que estava hospedado e onde viviam os irmãos Juanito, Alessandra e Ramon, três colegas de Ubatuba, que conheci também pelo esporte e que agora faziam faculdade em São Paulo. Fiquei no apartamento deles porque Ramon estava na Europa, e seu quarto, desocupado. Juanito, que na juventude fora um grande judoca, havia me dito que quando eu quisesse ir para algum lugar em São Paulo, que fosse antes para a praça da República e me informasse. O apartamento ficava na av. Angélica, e por isso pude andar até a praça que mais parecia o coração da cidade. Perguntei a um motorista que ônibus sairia dali e passaria na rua Kansas, em Santo Amaro, na altura do número 1582.

– O Sto. Amaro 5121 passa – ele me respondeu.

Esperei no ponto até que ele chegou. Pelo trajeto, eu ia admirando a "terra da garoa" e seus imponentes edifícios. Via o horizonte nas raras vezes em que as construções permitiam, e me impressionava com o tamanho de São Paulo. Olhava para os outdoors e sonhava com o dia em que estaria em um deles. A linda e imensa metrópole era pequena diante da minha vontade de vencer na vida, de prosperar. As imagens se sucediam, velozes, pela janela do ônibus, que em seu ritmo intenso dava medida de como corria a capital. Quem não corresse mais rápido do que ela seria atropelado. Minha decisão estava tomada, ia me dedicar de corpo e alma à carreira de professor. Se eu não tinha sido o campeão que gostaria de ser, por que não poderia ser um formador de campeões?

Na vida nada acontece por acaso. Tudo o que vivera até aquele momento foram degraus para que pudesse chegar apto para minha missão: conquistar o meu espaço na megalópole. Pensar assim era mais do que reconfortante. Era a energia que precisava para continuar forte e, na medida do possível, feliz pela estrada da existência. O sonho olímpico também havia cumprido seu papel como combustível para minha vida. Por ele aprendera mais do que poderia imaginar. Mais do que depurar a técnica de judoca, por meio do sonho olímpico aprendi sobre moral, fortaleci meu corpo e meu espírito para atingir o propósito para o qual eu fora treinado por Benedito: ser um grande homem, ter uma linda família e amar o mundo.

Algo soprava em meu ouvido que aquele emprego seria meu e não conseguia parar de pensar com o entusiasmo de quem recebeu a notícia de que foi contratado, mesmo sem nem ter passado pela entrevista ainda. Sentia como se fosse o guerreiro que encarou uma complicada batalha e que agora desfruta de um instante de trégua. As reflexões se sucediam como os rostos das pessoas que caminhavam apressadas nas calçadas da cidade, e então pensei que meu maior adversário àquela altura era a incerteza e que para vencê-la eu deveria impor minha fé, a fé de que eu chegaria ao destino ansiado, fé que sempre tive e fé que todos temos, mesmo que seja no mais íntimo recanto da alma.

Um grande lutador não é arrastado ao combate, sabe impô-lo ao inimigo.

– Ei, rapaz! – gritou o cobrador. – Este é o último ponto da rua Kansas.

Desci e caminhei até a linda e famosa Companhia Athletica. Na entrada, um tapete azul com a logomarca da academia. Mais adiante, um chão de mármore cercava a recepção, cujo balcão era de aço escovado.

– Por favor, tenho uma entrevista com o professor Miguel de Oliveira – disse eu à recepcionista.

– Ok. Qual é o seu nome?

– Max.

Então, ela pegou um microfone e tocou uma campainha. O som parecia o das campainhas de aeroportos, um "din don" eletrônico...

– Atenção, professor Miguel de Oliveira. Por favor, comparecer à recepção.

Assim que a ouvi chamá-lo, imaginei:

– Atenção, professor Max. Por favor, comparecer à recepção.

Inconscientemente, eu já me colocava em ponte ao futuro.

• • •

Miguel de Oliveira tem por volta de um metro e setenta de altura; é careca, como o *sensei* Josino. A pele é morena, quase cobre, e a voz é calma e segura.

– Qual é o seu nome?

– Max.

– Prazer, Miguel de Oliveira – foi a primeira vez que vi o campeão mundial de boxe. Não precisei de muito tempo para me assegurar de que, mesmo sem nos conhecermos, tínhamos muito em comum. Essa sensação me dava a certeza de que seríamos grandes amigos. Nada me tirava da cabeça que a vaga seria minha.

– Entre, vamos conhecer a academia.

Com certeza era a academia mais bonita que eu já tinha visto. Era um mundo diferente para mim; não estava acostumado com toda aquela tecnologia e glamour. Passamos pelas inúmeras salas, e ele ia me explicando o que se fazia em cada uma delas. Ao chegarmos ao andar mais alto da Cia Athletica, antes do terraço, entramos em uma sala e então vi um ringue de boxe.

– Aqui é minha sala – ele me disse.

Na parede, havia uma porção de molduras com fotos de Miguel em ação, inclusive uma em que desferia um dos inúmeros golpes que deu no combate que lhe valeu o título mundial de boxe. Estava diante de um atleta que fora em sua modalidade o que eu gostaria de ter sido na minha. Contei a ele, então, sobre a eliminação que sofrera na seletiva olímpica, e ele me contou sobre suas vitórias e também sobre suas pouquíssimas derrotas.

Éramos dois esportistas que por muito tempo tivemos como maior aspiração de vida uma conquista gloriosa. Ele a havia conseguido; eu não. Porém, todo atleta, seja o maior de todos ou não, em alguma oportunidade da carreira teve de conviver com a derrota. Todo atleta, mesmo sem nunca ter conquistado um título de expressão, em algum momento se imaginou no ponto mais alto do pódio ou com o cinturão mais brilhante e importante preso ao corpo. A vontade de ser o melhor em minha modalidade era tão intensa que me aproximava da grandeza de Miguel. Por outro lado, a humildade daquele homem, a aparente certeza de que também poderia não ter atingindo o lugar que atingiu no mundo do boxe e do esporte parecia fazer com que entendesse meu ponto de vista, parecia fazer com que ele se colocasse no meu lugar. O esporte e seu árduo caminho irmanam os homens, mesmos os adversários. Quem vence sabe da luta do derrotado e geralmente o respeita, trata-o como igual.

Passamos uma tarde falando sobre isso. Mais uma vez estava diante de um mentor.

Ao me despedir de Miguel, ele me olhou com olhos de amigo:

– Tenho seu contato... Ligarei para você, garotinho.

Peguei o ônibus de volta e não me lembro do caminho, não me lembro de ter visto pessoas nem de ter passado pela catraca. Estava hipnotizado pela conversa e ainda a saboreava. Ouvia os relatos, via os olhos de Miguel e registrava suas expressões na memória. Ato involuntário. Ato involuntário também foi a conversa imaginária que tive comigo mesmo naquele ônibus que parecia conduzir, sem paradas, meus pensamentos. Era como se eu enlouquecera e buscasse em mim mesmo minha sensatez. Batia papo com a minha sensatez e ponderava os prós e os contras daquela possível contratação. Do meio-termo entre as duas faces do meu íntimo, do meio-termo entre loucura e sensatez, nasceria meu rumo. Claro que aceitaria a vaga: os dois "eus" concordavam.

Já era noite quando cheguei ao apartamento de meus amigos. Vi um bilhete. "Ligar para Ubatuba." O número marcado eu desconhecia, mas imaginei que naquele número encontraria minha mãe. Liguei e uma senhora me atendeu. Eu me apresentei. Era uma amiga da família que me pediu para ligar no dia seguinte pela manhã.

– Sua mãe quer falar com você.

Fiquei preocupado.

– Aconteceu alguma coisa?

– Fica calmo. Amanhã ela te explica melhor.

No dia seguinte, nem mal havia levantado, o telefone toca.

– Alô. Bom dia. Por favor, o Max.

– Bom dia. É ele.

– Olá, garotinho, é o Miguel. – Nem precisava dizer, o "garotinho" já o revelara. – Você passou na entrevista. Gostaria de trabalhar conosco na Cia.?

– Sim, claro.

Se eu escrevesse aqui que ao receber a notícia fui tomado por uma alegria maluca estaria mentindo. Realmente, já sentia que isso ia acontecer e esse porre de felicidade já me dominava há algum tempo. Evidente que a confirmação do que intuía reforçava o porre, mas era hora de pensar em algumas burocracias. Então, eu disse a Miguel:

– Só gostaria de ver alguns detalhes com o senhor antes – quando Ramon voltasse da Europa, eu precisaria sair do quarto e do apartamento. Onde ficaria? Com que dinheiro me manteria um mês até receber o primeiro pagamento? Além disso, não sabia quanto ia ganhar. Tudo o que eu tinha era uma mala de roupas é um quimono Mizuno. Precisava explicar todas essas complicações a Miguel.

– Ok! Você começa amanhã às nove e quinze da manhã, e veremos esses detalhes pessoalmente.

– Ok, sr. Miguel, até amanhã.

• • •

Eram umas onze horas da manhã quando telefonei para Ubatuba. Agradava-me a ideia de que Tereza fosse a primeira a saber da novidade. Talvez fosse a melhor notícia que eu já lhe dera. Talvez fosse tudo o que ela sempre quis ouvir de mim. Minha mãe sabia da possibilidade de eu me tornar professor da Cia., havia lhe dito sobre a indicação de Júnior no dia em que falara com ele ao telefone.

A mesma senhora, que na noite anterior me havia pedido para ligar, atendeu ao telefone.

– Um momento, Max. Vou passar para a sua mãe.

– Olá, Morena! Tenho uma boa notícia.

– Que bom, filho – ela devolveu do outro lado da linha em uma voz aparentemente cega para o que poderia ser essa boa notícia. Uma cegueira que seguramente não se devia à falta de sensibilidade, mas a uma venda que a impedia de ver qualquer forma de alegria, uma venda de lágrimas prestes a se desmanchar em seus olhos e face. Ansioso que estava, não consegui em um primeiro momento perceber em sua voz a dor. Comecei a contar, sem freios, acelerado pelo entusiasmo, que havia sido contratado pela Cia. Athletica.

– Só não sei onde vou ficar, mas eu me arrumo.

Com a voz embargada por mais uma ironia do destino, como se a sua e a minha sina fossem nunca viver uma alegria em plenitude, ela me parabenizou:

– Deus vai te ajudar, filho, como ele sempre te ajudou, desde que nasceu.

– Mãe, aconteceu alguma coisa?

– Por telefone não é a melhor maneira de te contar.

Meu coração acelerou.

– O que foi, mãe?

Ela não podia, embora quisesse, esconder de mim a má notícia. Não deve ser fácil desmanchar o entusiasmo de um filho.

– Sua vó não passou bem ontem... Nós a levamos para o hospital, mas ela não resistiu.

Minha triste desconfiança se confirmou em palavras e no soluço molhado que a voz de Tereza não pôde conter depois de desatar a notícia triste.

– Ela morreu filho... Ela morreu.

Eu chorei do outro lado da linha, mas ainda consegui dizer...

– Mãe, estou indo para aí, agora.

– Não vai adiantar, ela já foi enterrada. Não vai conseguir mais vê-la. Tenho certeza de que ela preferiria que você ficasse por aí e vencesse mais essa etapa em sua vida... Reze por ela, que tenho certeza de que ela está olhando por você.

As lembranças de Maria José se precipitaram mesmo antes de eu desligar o telefone. Aquela mulher, certa vez, me levara no colo, por quilômetros de distância, até o hospital de Ubatuba para que me tratassem uma ferida no pé. Não me deixara tocar na terra do caminho porque temia uma infecção. Eu tinha mais de oito anos e era quase do tamanho dela. Maria era baixa, talvez a mulher mais baixa que já conheci.

Eu e Tereza falamos por mais alguns minutos, mas a verdade é que não havia mais o que falar. Àquela altura, só um abraço confortaria minha mãe e me confortaria. Longe como estávamos me restava fazer o que Maria José me ensinara e que faço até hoje todos os dias: rezar – agradecer, pedir e venerar. Desliguei o telefone e fui para o quarto agradecer a Deus por me ter colocado no caminho Maria, pedir a Ele que a fizesse anjo, como ela dizia que eram todas as crianças, como ela dizia que eu era. E O venerei, porque tenho fé de que foi isso o que aconteceu. Maria virou anjo.

Sem saber o significado, mas respeitando a fé cristã de minha avó, acendi uma vela para ela.

• • •

Meu Deus, peço que ilumine minhas decisões; preciso fazer minhas escolhas antes que as façam por mim...

Meu objetivo de vida é ser sempre pleno pessoalmente, profissionalmente, com a família, com todos e com meu próprio espírito.

Sei que não é hora de colocar limites. Devo sonhar, imaginar, fantasiar, abrir e consultar o coração. Sei também que devo considerar em minhas aspirações o desejo de servir a algo maior do que somente a mim mesmo.

Entendo que sou o protagonista de minha vida e de meu futuro. Entendo que os obstáculos que se impõem entre mim e o que concebo como meu futuro não são capazes de me impedir de agir. Ao contrário, valorizarão os feitos.

Tenho as dores do passado, mas não perderei meu tempo em suavizá-las. Quem vive resolvendo problemas do passado perde tempo para construir o futuro.

Devo, contudo, cuidar para que minhas atitudes não firam meus valores, adquiridos ao longo da jornada, ao lado de meus avós, minha mãe e meus mestres.

Jamais passarei por cima de alguém para atingir meus objetivos.

Abri os olhos, despedindo-me da oração, e vi a chama da vela que acendera para minha vó. Naquele instante acho que compreendi seu significado. Seu brilho encontrava reflexo em minha alma, e se já vinha me renovando, renascendo após a eliminação na seletiva, agora podia dizer que tinha pernas fortes o suficiente para sustentar meus anseios, pernas fortes o suficiente para chegar ao meu benedito destino. Estava pronto para enfrentar a megalópole.

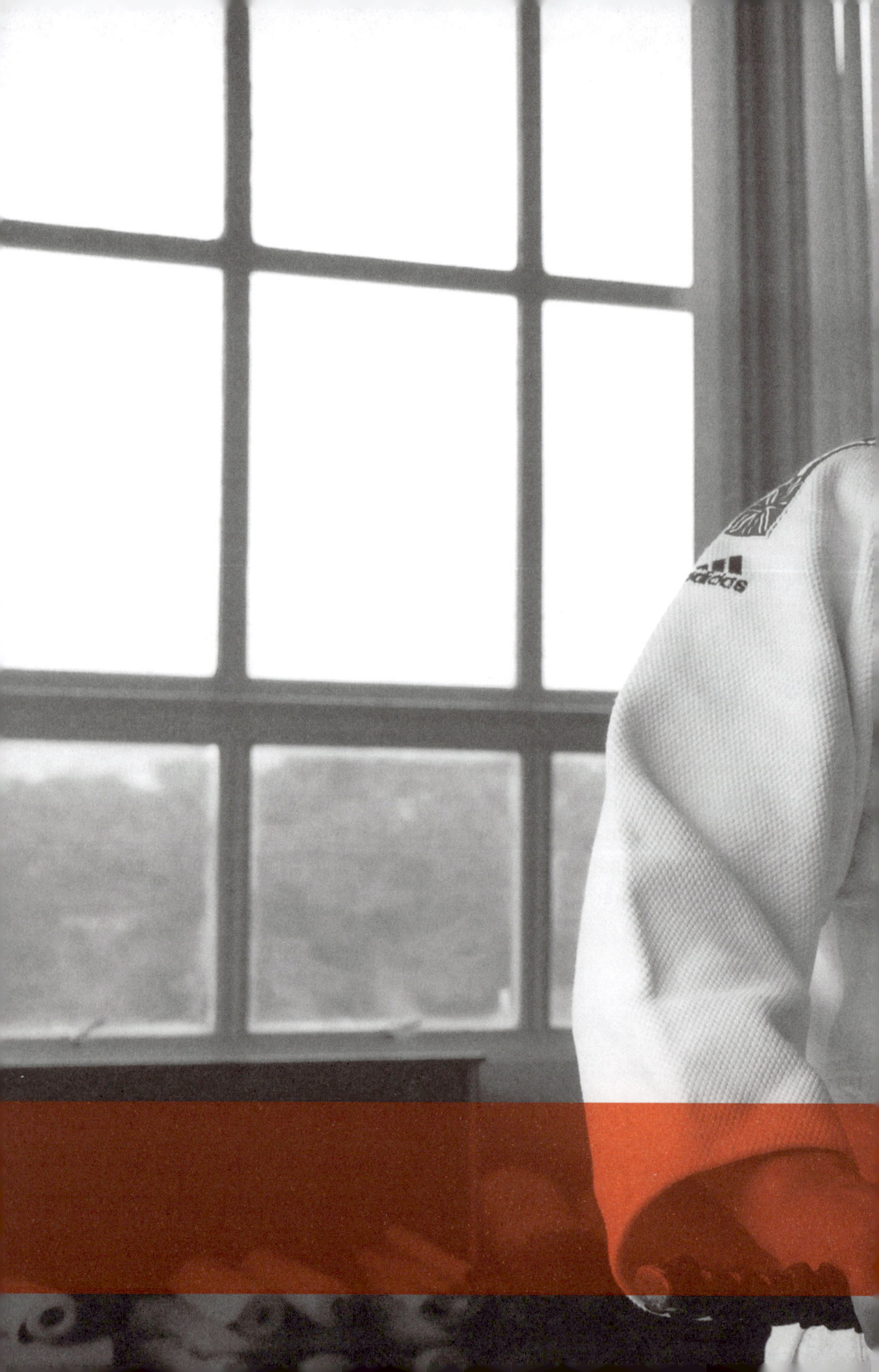

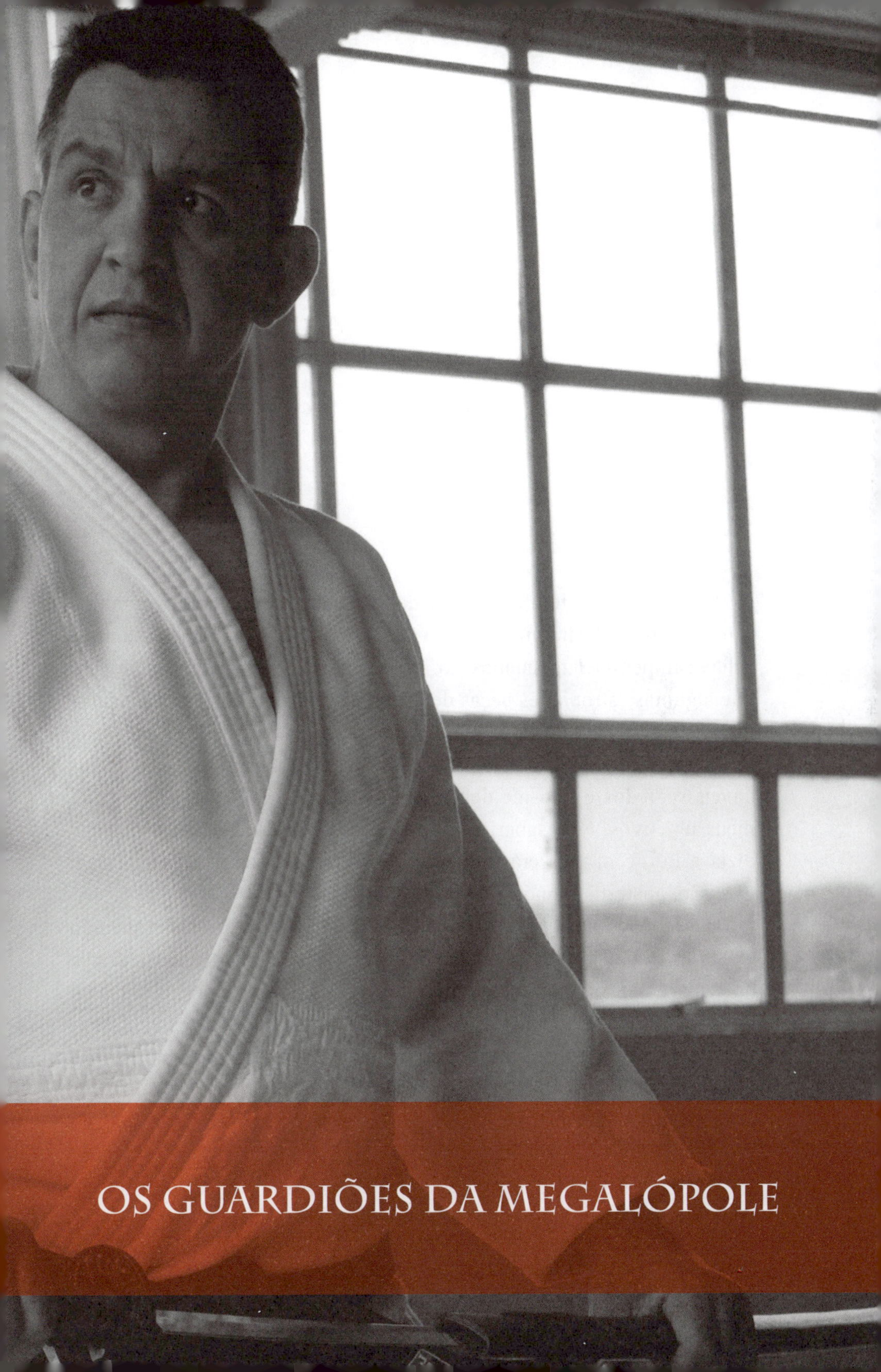

OS GUARDIÕES DA MEGALÓPOLE

Faça da tua vida
um reflexo da sociedade que desejas.
Mahatma Gandhi

Quando não se tem nada a perder, há menos barreiras no caminho rumo à vitória. Assim me sentia na megalópole. Não temia nada, porque achava impossível ter menos do que um quimono Mizuno, menos do que algumas estropiadas peças de roupa e menos do que um tênis multiuso – servia para corrida, passeio e festas.

No meu ouvido, a sinfonia urbana da capital paulista soprava agradáveis segredos e não me deixava a menor dúvida de que alcançaria meus objetivos. Não saberia traduzir com o lápis da razão o que me dizia a intuição, mas era dominado por uma certeza sem forma, sem precisão, abstrata e amorfa como só pode ser a fé.

O célebre compositor austríaco Ludwig van Beethoven disse que não existe inteligência sem bondade. Sem nunca parar para refletir acerca do tema e sem jamais ter ouvido a frase, sempre procurei olhar com bondade para as pessoas. Antes de antipatizar, sempre procurei simpatizar. Assim também sou e era com os lugares. Por isso, quando lembro dos meus primeiros dias em São Paulo, lembro também da lenda dos cavaleiros e do velho na entrada da cidade medieval; lenda que na época também não conhecia.

Um senhor estava sentado sobre uma pedra na frente do portal de entrada da velha cidade, toda cercada por muros. Um cavaleiro se aproximou e perguntou:

– Senhor, que pessoas existem nessa cidade? – Estava claro que gostaria de entrar e passar alguns dias ali, quem sabe até viver.

Ao que o velho respondeu com outra pergunta:

– Que tipo de pessoas vivem na cidade de onde vem?

– Ah, senhor... Só há pessoas más, egoístas e capazes de qualquer coisa para obter sucesso. Não as aguento. Por isso saí de lá – disse o jovem de armadura.

– É, meu filho. Aqui não é diferente. As pessoas são exatamente como disse que são as pessoas da cidade de onde vem.

O cavaleiro então se despediu e disse que não lhe interessava ficar naquela cidade, nem que fosse por uma curta temporada.

Não demorou, outro jovem cavaleiro se aproximou e fez a mesma pergunta ao velho que devolveu a mesma contestação que formulara ao anterior.

– Ah, senhor... Tenho muita saudade da minha cidade. Hoje estou longe demais dela, mas espero um dia voltar. Lá as pessoas são minhas amigas, lá eu tenho guarida quando preciso... É meu porto seguro – respondeu o outro rapaz.

– Aqui não é diferente, jovem – disse o velho. – Aqui as pessoas vão gostar de você e seguramente encontrará guarida semelhante a que encontrava em sua cidade natal.

Um homem que acompanhara os dois encontros e as respostas incoerentes do velho ficou intrigado, esperou o cavaleiro entrar na cidade e se aproximou do velho.

– Desculpe-me, senhor. Mas acompanhei sua conversa com os dois jovens e não entendi por que deu respostas divergentes à mesma pergunta.

O velho então justificou:

– Os lugares estão no coração das pessoas. A ideia que fazemos dos outros e dos lugares que habitamos diz muito do que somos.

São Paulo não me assustava. Aos meus olhos, era uma linda cidade, cheia de oportunidades. Era um novo horizonte para mim e, por isso, me abria perspectivas que jamais sonhara. Agradava-me a possibilidade de fazer minha vida na megalópole e me via refletido não apenas nos outdoors de São Paulo, mas também nos olhos das pessoas que encontrava pelas ruas coloridas, pessoas na grande maioria das vezes tão simpáticas comigo como eu me esforçava para ser com elas.

• • •

Quando saí para o meu primeiro dia de trabalho, cruzei com o porteiro do edifício em que estava hospedado e com o qual já havia feito amizade.

– Fala, Eddie – cumprimentei.

Ele se parecia muito com o ator norte-americano Eddie Murphy, e eu não perdi a oportunidade de lhe dar um apelido.

– Queria ter o dinheiro dele – me respondeu, rindo.

Ganhei à calçada da rotina daquele imenso mundo de concreto e caminhei quase toda a avenida Angélica e boa parte do centro velho de São Paulo até a praça da República, onde peguei o ônibus que me deixou na rua Kansas, quase diante da academia.

Entrei, identifiquei-me na portaria e segui para o vestiário. Coloquei o quimono e fui para o dojô esperar meus jovens alunos.

A chegada deles me deixou perplexo. Imaginava que ensinaria judô a crianças, mas o que vi chegar ao tatame naquela aula inaugural foi uma horda de bárbaros mirins que não sabiam o elementar da arte marcial.

Eu estava sentado em um banco de madeira comprido, de frente para o tatame, quando os pequenos chegaram, alguns acompanhados de babás, outros sozinhos, mas todos gritando e jogando suas malas para as mais variadas direções, sem nenhum zelo com o material que traziam e sem o menor respeito com o local de treino.

Observei por um tempo a algazarra inacreditável. Minhas reflexões vagavam entre o prazeroso desafio que seria transformar aqueles bagunceiros em homenzinhos e as dificuldades que teria para isso. Levantei do banco, entrei no dojô e me dirigi ao final dele sem sequer ser notado. Era como se eu não existisse. Do fundo da área, podia vê-la quase que por completa, podia ver todas as crianças. Sem mais tempo para observações, resolvi dar um basta à baderna.

– *Kiyo tsuke*! (tomar posição).

A firmeza e o tom alto da ordem abafaram a algaravia aguda das crianças. Eles me olharam atentos, as bocas fechadas pelo susto e pela surpresa. Talvez nunca tivessem ouvido a palavra, embora seja tão comum em um tatame quanto é a palavra "marca!" em um campo de futebol. A minha suspeita se confirmou quando um dos meninos, recomposto do susto, perguntou-me, com ar insolente:

– O que é isso, tio?"

Tio? Pensei... E disse:

– Venham todos aqui, perto de mim... Aqui não existe tio, tia, pai e mãe. Existe *kohai, senpai*, e *sensei.*

Então, expliquei-lhes o que significava cada uma daquelas palavras. Disse-lhes que o *sensei* era o mestre de todos ali, que todos lhe deviam respeito e obediência dentro do tatame. Disse-lhes que o *senpai* era o judoca superior, superior em conhecimento e graduação, e que o *kohai* era o inferior. Por exemplo, o faixa-preta é superior a todos os demais e o faixa-branca é inferior. Porém, mesmo entre os brancas, os pretas e as outras colorações de faixa, há os com mais experiência e os com menos, o que também vale para a estrutura hierárquica.

Assim, todos, de alguma maneira, eram superiores e inferiores, porém não no sentido de ser melhor, mas de ter mais conhecimento a passar. Quem sabia menos devia obedecer e respeitar o superior em troca de conhecimento, como se fosse uma relação de pai e filho. Isso quer dizer que um *sensei* e mesmo um *senpai* não devem se impor pela força, nem atemorizar seus companheiros menos graduados; eles devem conquistar seu respeito e sua obediência pelo conhecimento que possuem e pelo modo carinhoso com que o transmitem.

Pedi, então, que se sentassem em "agura", posição de índio, com as costas encostadas à parede. Fui até a entrada do tatame, onde estavam depositados, em total fora de ordem, roupas, mochilas e materiais escolares. Peguei uma meia e perguntei:

– De quem é?

O dono ergueu a mão e disse:

– É minha, tio.

Remedei.

– Repita comigo: "É minha, *sensei*".

– É minha, *sensei.*

– Então venha cá e arrume seu tênis e meia. Depois volte ao seu lugar.

Assim foi, um por um. Ao fim da primeira etapa, coloquei-os em filas retas de quatro pessoas e lhes expliquei a importância da disciplina para o judô.

Eu sabia que ali estavam crianças cujo poder aquisitivo dos pais era alto e que isso poderia intimidar os treinadores no cumprimento de seu papel. Porém, eu estava ciente de que deveria preservar a essência do judô, inclusive no aspecto disciplinar, mesmo que isso me custasse o emprego. Seria o melhor a fazer por mim e por aquelas crianças. O melhor a fazer por todos. Abrir mão dos princípios do judô era algo impensável. Afinal, Jigoro Kano não havia dedicado a maior parte de sua vida ao desenvolvimento dele por acaso. Por isso, nunca fiz média no tatame.

Depois do atribulado início, o que não é assim nenhuma novidade, pois embora os partos tragam muita alegria, trazem também dor, fizemos um excelente treino. Para terminá-lo, resolvi presentear as crianças com o mesmo presente que inúmeras vezes recebi de Umakakeba em Bastos. Contei-lhes uma história. Contei-lhes a história de Jigoro Kano, a história de como nasceu o judô.

Jigoro Kano, nascido em 1860, era um jovem estudante quando percebeu que precisava aprender alguma técnica de luta. Pequeno como poucos, tinha apenas um metro e cinquenta de altura e cinquenta quilos; o menino era o que se pode chamar de saco de pancadas da turma. Tal condição não lhe agradava nem um pouco, mas sua compleição não colaborava para que fosse diferente. Como encararia jovens bem maiores e mais fortes sem conhecer nenhuma forma de luta?

Resolveu fazer jiu-jítsu, na época a principal arte marcial japonesa, e não demorou a se destacar como um dos mais técnicos. Os tempos de saco de pancadas se foram, e Kano passou a ser o principal aluno da academia em que estudava a arte marcial. Porém, ele sentia que podia ser ainda melhor, que podia privilegiar ainda mais a técnica e a inteligência em detrimento da força. Começou a desenvolver uma nova técnica de luta, mais em linha com os conceitos da educação física da época. Uma arte que trazia consigo filosofia de vida alinhada à cultura japonesa e, sobretudo, calcada no uso da força do oponente contra ele próprio, calcada no uso eficiente da energia.

Dessa maneira, Kano transformava em arte marcial a técnica que desenvolvera para sublimar sua fragilidade física. Kano criara, por volta de 1882, o judô – "caminho suave", na tradução para o português. E foi com suavidade, disciplina e inteligência que comprovou a eficácia de sua criação, tornando-a, em pouco tempo, a mais importante arte marcial de seu país.

Sem demora, o judô saiu da ilha dos samurais e ganhou os mares rumo a novos mundos. Assim que aportou em terras distantes, a arte conquistou inúmeros corações e deixou claro que não se tratava de um patrimônio cultural e intelectual apenas do Japão, mas de toda a humanidade, pois falava a todas as almas. Por isso, não enfrentou barreira de espécie alguma, tampouco de língua. Apresentou-se como uma espécie de esperanto ao mostrar que a função da arte marcial não é nos tornar capazes de derrotar ou destruir alguém, mas, sobretudo, nos tornar capazes de superar nossas próprias limitações, sempre de maneira honrosa.

Kano faleceu aos 77 anos, dentro de um navio, quando voltava para o Japão de uma reunião do Comitê Olímpico, no Cairo, Egito, e não chegou a ver sua obra de arte ser “tocada” em uma olimpíada.

Evidente que não contei a história de Jigoro Kano e do judô exatamente assim para os meus alunos. Para atingir as crianças precisava pintá-lo com cores de herói ainda mais vivas. Mas o fato de se tratar de um herói humano, a ponto de ter fraquezas tão palpáveis quanto a fragilidade física, cativou ainda mais os garotos que o viam como um homem que tocou o mundo inteiro com sua inteligência e criatividade, e que se notabilizou como grande guerreiro, respeitado, seguramente, até pelos que o haviam agredido na adolescência.

Ao terminar a história, estavam todos em profundo silêncio. Seus olhos brilhavam deslumbrados com os feitos daquele pequeno grande homem.

Tenho certeza de que ali conquistei o respeito dos meus alunos. Mais do que isso, o judô conquistou o respeito de seus pequenos seguidores, apenas porque teve sua história, sua gênese revelada. A razão pela qual todos nós precisamos ser contadores de história é que sem lembrança não há identidade para protagonizar o presente e tampouco para sonhar com o futuro.

• • •

O primeiro desafio, a meu ver, fora superado com muito sucesso. Mas ainda havia questões burocráticas e não muito agradáveis para resolver. Então, procurei Miguel.

– Sei que sai um adiantamento no começo do mês, mas só tenho dinheiro para esta semana... – Depois desse prazo, nem para comer e nem para transporte eu teria.

Miguel me ouviu atentamente e sabia que eu não estava me fazendo de coitado. Assim, logo me providenciou passes de ônibus para o mês inteiro. Para comer, conseguiu uma marmita que seria descontada do salário e que me servia para o almoço e o jantar, metade em uma refeição, metade em outra. Para aquecê-la, valia-me de um marmiteiro.

As providências de Miguel eram mais do que suficientes, pois sabia que era apenas o começo e a minha situação em breve melhoraria.

Quando tudo parecia resolvido, um novo episódio me deixou em polvorosa. Aquele dia parecia não ter mais fim! Às vezes passamos muito tempo sem que nada digno de registro aconteça. Porém, há horas, minutos, segundos que ocupam um imenso espaço em nossa memória. Era o caso daquele meu primeiro dia como professor da Cia.

Depois de falar com Miguel voltei para o vestiário. Deixei minhas roupas, quimono e tênis em um banco de mármore, entre os armários de ferro, e fui tomar meu banho. Quando terminei, enxuguei-me, coloquei minha camiseta, minha calça e... onde estava meu tênis? Onde estava o meu velho calçado multiuso, sem o qual perdia, literalmente, o chão? Como voltaria para o apartamento descalço? Procurei em todas as partes, até no lixo do vestiário. Passei alguns minutos caminhando com o rosto colado ao chão na esperança de que, por um ângulo rasteiro, pudesse ver o meu surrado companheiro... Nada!

Não era possível que o houvessem roubado! Em um lugar chique daquele, quem se interessaria em roubar meu Nike esgarçado? Só se a ideia fosse amarrar um par no outro com os cadarços e lançá-lo em algum fio da rede elétrica da cidade. Uma idiotice, mas há quem faça. Perguntei à faxineira se havia visto algum tênis no vestiário. Descrevi o pobre à mulher que não tinha visto nada. Não era possível! O que eu faria?

Pedi socorro a Miguel, novamente. Expliquei a situação, com cara de taxo, evidente. Afinal, naquele dia só levava dor de cabeça a Miguel. Primeiro minhas reivindicações e agora esse pedido de socorro. Sentia-me mal e nem tinha como ser diferente. Porém, Miguel era realmente um sujeito acima da média. Ele foi meu anjo naqueles complicados dias de recém-chegado a São Paulo.

Hoje dou risada daquele episódio, mas naquele momento era triste e até vergonhoso. Porém, ele olhou para mim e compreendeu meu desespero. Então, pediu que eu o acompanhasse até um quartinho no cômodo mais alto da academia, onde guardava luvas e outros materiais de treino, como sacos de pancada e cordas. Puxou uma caixa grande de papelão do meio de seu modesto depósito. De dentro da caixa, ele retirou um tênis velho e surrado, talvez só não mais surrado do que o meu, cujo fim até hoje desconheço.

– Vê se te serve, Max – disse-me. Miguel fazia cooper quase todos os dias e perdia seus tênis em pouco tempo, em razão do desgaste. Aquele era um dos que havia perdido.

Peguei o par e coloquei no pé. Era uns dois números maior, mas em face da necessidade cabia feito uma luva.

– Pé de pobre não tem número – brinquei com Miguel.

Depois, sério, disse que lhe pagaria um tênis assim que recebesse o meu primeiro salário.

– Imagina, garotinho, é só um tênis usado.

Mais do que um tênis usado, Miguel de Oliveira me deu a mão naquele e em outros tantos momentos. Mostrou compaixão, um dos sentimentos mais apreciados por um verdadeiro lutador, não importa se de judô, jiu-jítsu ou boxe. Um lutador da vida.

• • •

Passado o primeiro mês como professor da academia, recebi o melhor dos elogios possíveis: o número de alunos havia triplicado. Minha metodologia, que nada mais era do que o judô de verdade, ao menos o que eu entendia por judô de verdade, agradara pais, crianças, babás e, consequentemente, meus superiores.

Isso era bom, porque meu salário era baixo e eu precisava de um incremento na renda – do contrário minha permanência na cidade se tornaria inviável. Por não ter uma referência de valores adequada, acreditava, a princípio, que o que ganhava bastaria por um bom tempo. Mas logo a realidade da grande cidade se impôs e me vi em uma situação delicada. Pedir uma revisão salarial em menos de dois meses não me parecia justo, mas era necessário. Temia passar a impressão de oportunista, de alguém que mal chegou e já se dá o direito de pedir aumento porque faz um bom trabalho.

Fui até Miguel, nada à vontade, e lhe disse o que acontecia. Expliquei-lhe toda a situação e mais uma vez ele me ouviu, atencioso, para depois dizer:

– Sei perfeitamente que você precisa de mais, e o que me diz é convincente.

Miguel, então, mostrou que não era um sujeito centralizador, que gostava de dar liberdade aos seus subordinados.

– Faz o seguinte: conta isso que me contou para o Gary.

Gary era o dono. Por mais coragem que se tenha, falar com o dono, ainda mais falar sobre um assunto invariavelmente desagradável para um empresário – aumento de custo –, não era o que se pode chamar de grande oportunidade de conhecer o chefe. Pensei vinte vezes no assunto e só me decidi depois de me aconselhar com algumas pessoas. Àquela altura do campeonato, apesar do pouco tempo desde a minha chegada, já tinha o que perder e, se não conseguisse um aumento, não teria forças para permanecer em São Paulo. O que eu mais queria era ficar.

Então fui até a sala de Gary, e o meu temor começou a se dissolver assim que vi a porta da sala dele aberta. Não sabia explicar, mas aquela imagem equilibrava um pouco a luta interna que eu vivia, luta entre a insegurança e a confiança quanto a ir até ele ou não. O fato é que, quando olhei para dentro da sala, vi-me fisgado pelas fotos dos filhos e da esposa, pelas fotos de sua família. A sala era, definitivamente, agradável, muito agradável, o que me convenceu de que aquele era um bom sujeito, um sujeito confiável e com o qual eu não precisava me preocupar.

Vi Gary sentado à mesa e ele me pediu que entrasse. Aproximei-me, cumprimentei-o e tratei de me apresentar. Afinal de contas, ainda não nos conhecíamos. Ele me interrompeu:

– Sei quem você é e quero desafiá-lo para uma luta.

Estava diante de um sujeito esguio, com feições vigorosas, nariz adunco e grosso. Suas sobrancelhas eram proeminentes e volumosas. Ele era alto, bem alto – por volta de um e noventa. Sua pele era clara e seus cabelos acinzentados, hoje grisalhos. A combinação lhe dava e ainda lhe dá um aspecto inegavelmente germânico – é filho de alemães.

Quando me propôs uma luta, com uma voz calma, em linha com seu olhar enigmático, tive a sensação de que estava diante de um ponto de interrogação, cuja resposta, assim, de bate-pronto, eu não tinha. Pensei por alguns segundos e aceitei o desafio. No tatame não tenho patrão, pensei. Não darei mole. Olhei-o sério.

– É brincadeira... Eu não luto nada – quebrou o gelo. Assim como eu me valia dos apelidos para me aproximar das pessoas, ele lançara mão de uma brincadeira.

O fato é que a conversa se desenvolveu bem e eu me senti à vontade para pedir o aumento. Ele aceitou numa boa e me elogiou pelo trabalho que vinha fazendo.

Saí da sala dele mais do que satisfeito, não apenas pelo aumento que conseguira, mas por ter certeza de que me deparara com um sujeito que seria mais do que meu chefe; título que, aliás, ele até hoje dispensa. Ele costuma dizer – talvez dizer não seja a palavra apropriada, já que sua paixão por enigmas o leva a fazer perguntas cujas respostas que encontramos dizem por ele – que o chefe de qualquer um é sempre o cliente.

Saí daquela sala embriagado pela imagem que fazia de Gary, e que mais tarde se confirmaria na prática. Imagem gerada em razão das fotos de sua família. Imagem derivada do seu bom humor e da segurança que sua pessoa recendia. Imagem de um pai que eu gostaria de ter.

Pensava mesmo: por que meu pai não é ele? Se fosse, ele teria, naquele momento, uma foto minha, cuidada com todo o zelo, em cima de sua escrivaninha.

Aquela fora a primeira das muitas vezes que entraria na sala de Gary, cuja porta sempre estava aberta para mim. Aberta para me ensinar sobre uma das suas maiores paixões: os negócios.

A verdade é que, como costuma acontecer entre filho e pai, não demorei a descobrir, por meio de sua influência, que tinha tino para os negócios. Descobri que também era apaixonado por essa séria "brincadeira" de gente grande.

Em pouco tempo, nosso relacionamento ficou mais estreito do que se poderia imaginar. Gary fazia como todo o pai, como todo *sensei* deve fazer com seu pupilo. Ele me ensinava a pescar, em vez de me dar o peixe.

Entre outras coisas, foi com o seu auxílio que desenvolvi o gosto pela leitura. Com ele, aprendi que um relacionamento só vale, seja profissional ou de amizade, se ambas as partes ganham. Com ele, tive a certeza de que a vida compensara a ausência de um pai biológico com a presença de muitos mestres.

Os olhos bondosos de Gary, assim como os de Miguel, me enchiam da certeza de que a agradável imagem que tinha de São Paulo era também a imagem que a capital paulista tinha de mim. Os guardiões da megalópole tinham, fosse por enigmas a serem desvendados ou por compaixão, me convidado a entrar, e eu aceitei, de bom grado.

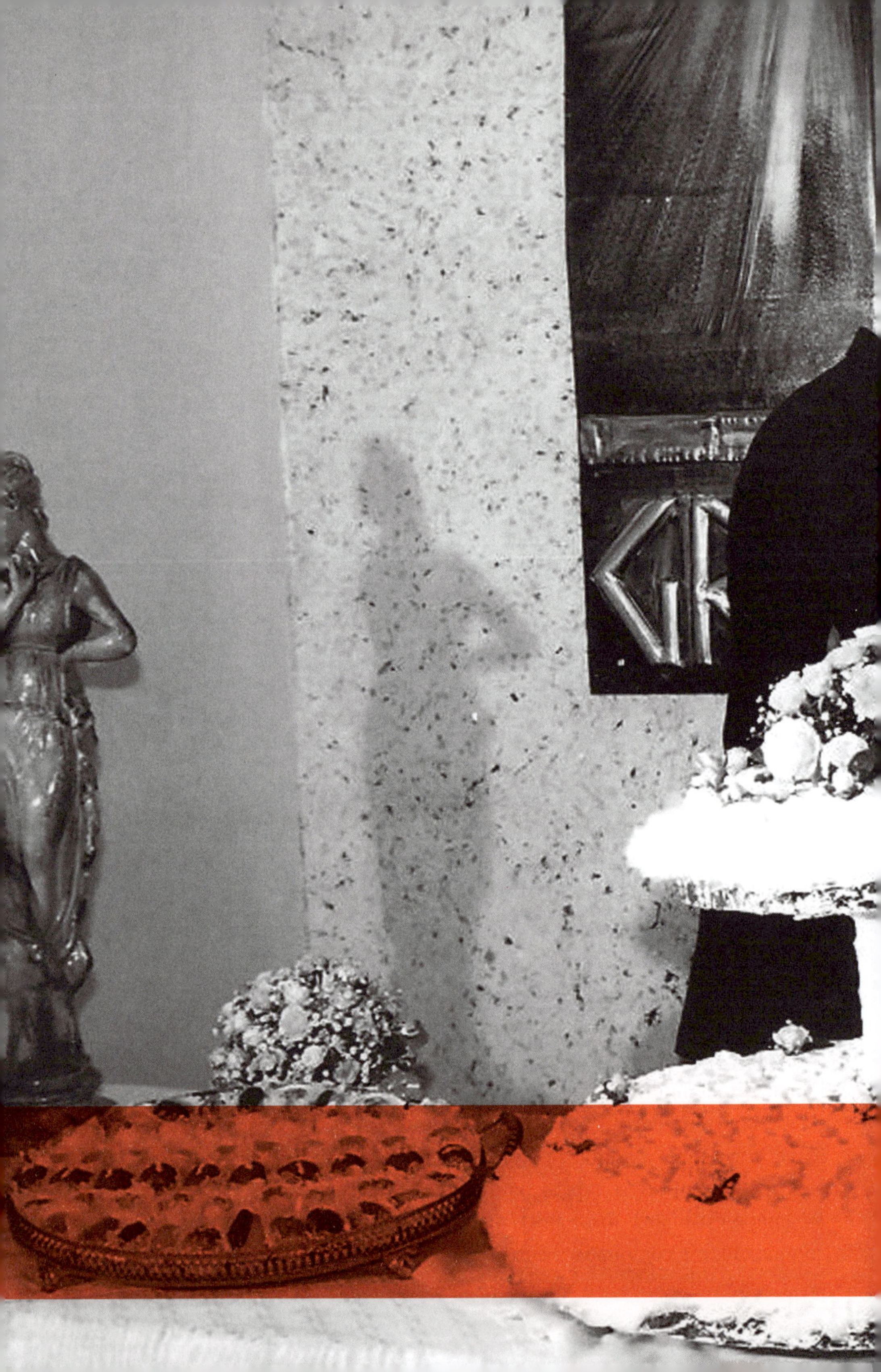

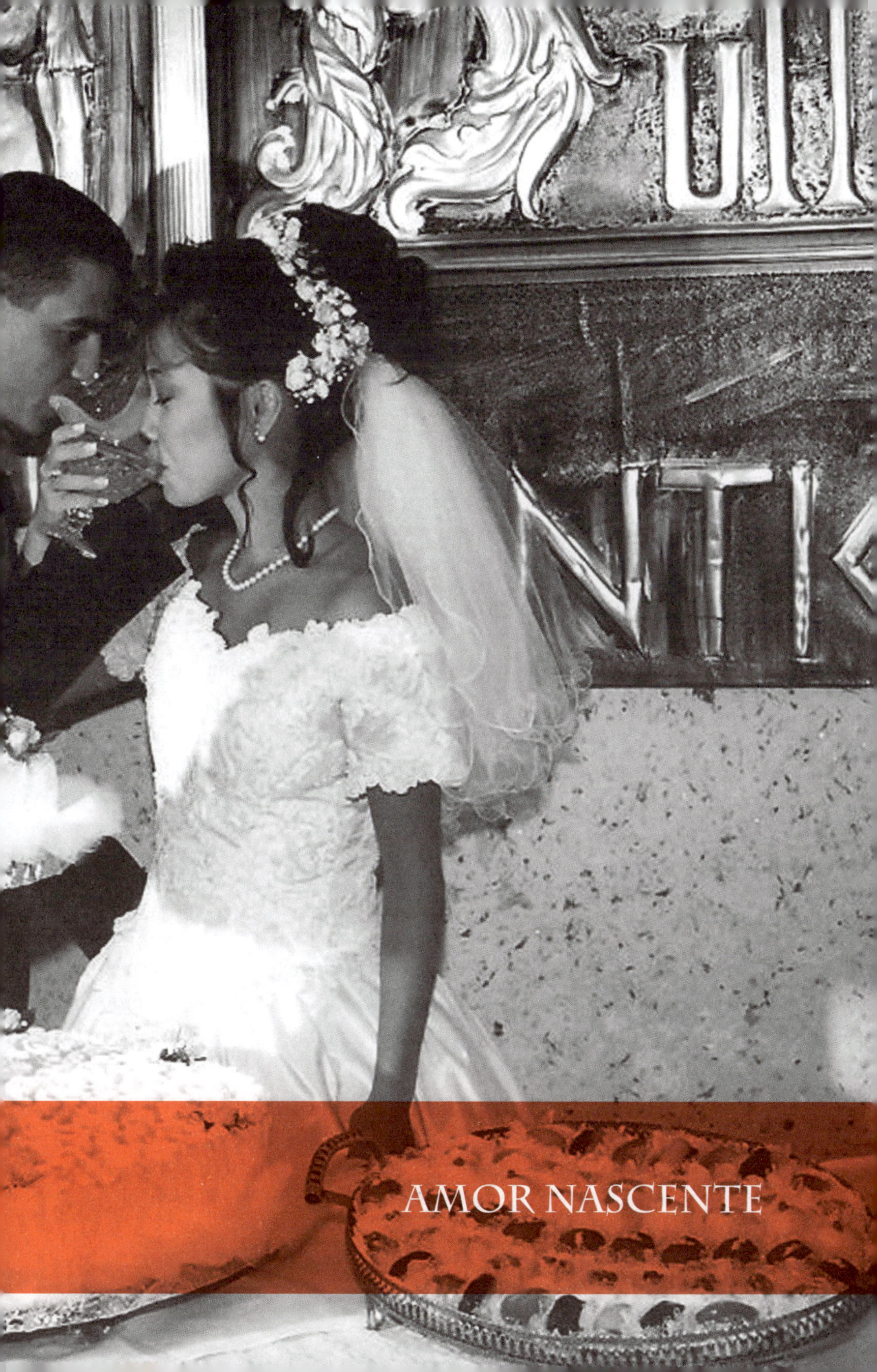

Amor Nascente

Para fazer uma obra de arte,
não basta ter talento,
não basta ter força,
é preciso viver também
um grande amor.
Wolfgang Amadeus Mozart

A metáfora é tão velha quanto a história; as mulheres nunca foram costela, as mulheres são rosas. São cores para a realidade preta e branca do cotidiano; aroma de esperança no campo de batalha. Seus espinhos, todavia, são a prova de que não são apenas formosas, são guerreiras por essência, guerreiras porque amam com peculiar intensidade. Exigem do amado mãos fortes de dignidade, olhar determinado, mas um suave coração.

Desde muito menino eu me perguntava onde estaria a mulher dos meus sonhos. Haveria nascido? Qual seria seu nome? Em meio às interrogações apenas um ponto final: seria uma japonesa. Como eu sabia? Se houvesse uma explicação lógica para essa fé, talvez jamais a visse se materializar. Isso porque o destino é um mapa cheio de caminhos, todos cobertos de névoa, e cabe a nós escolher um, muito mais de acordo com o que acreditamos do que com o que enxergamos. Na vida existem coisas que você não vê, só sente. Pensar não adianta, pois é preciso escolher com o coração. Assim sendo, qualquer escolha nos leva ao fim ansiado.

São Paulo não era a mulher dos meus sonhos, mas guardava em seu seio minha japonesa, aquela que pressentia por trás das névoas. Aquela que eu dizia a Tereza: "Me dará um filho mestiço campeão de judô".

Eu morara em Bastos, onde a colônia japonesa é numerosa. Havia muitas moças de origem nipônica, mas não a Dani.

Parecia mais um dia de trabalho. Eu já estava em minha quarta semana e, exceção feita à falta de dinheiro, as coisas iam bem. Ainda não tinha muitas amizades nem colegas na academia, o que me permitia o isolamento, condição importante para uma boa reflexão.

Perto da Companhia Athletica existe uma grande praça arborizada, cheia de sombras aconchegantes, onde os olhos podem se jogar no vazio e a cabeça se abastecer de ideias, sem a opressão do sol. Era para a praça que me dirigia naquela tarde. Passava pela catraca da portaria quando me deparei com a matéria viva de meus sonhos de menino; cabelos negros e longos, olhos espertos e um sorriso mágico. Pela primeira vez na vida eu sentia: encontrara alguém que transporia a catraca do meu coração.

Quando nosso amor é grande, a espera não será eterna, a espera o fortalecerá. Se até então a vida me tirara um pai e me dera muitos outros, faltava um amor. Nem mesmo paixões juvenis eu tivera para poder dizer que as havia perdido, ao menos não me recordava de tê-las tido. Estava com 20 e poucos anos, já passara da hora de me apaixonar.

Ela passou pela recepção, por mim e se sentou na lanchonete da academia. Um segundo é tempo suficiente para nos fazer rumar à felicidade ou para nos atolar na lama do arrependimento. Fui até a lanchonete, passei por ela e me sentei a uma mesa perto da dela. Antes de mirá-la como uma presa do meu coração para logo dar o bote, ensaiei na cabeça algumas frases, uma postura, um sorriso. Levantei, com um frio na barriga que podia fazer a diferença tanto a favor quanto contra, já que meu sucesso dependia muito mais da disposição dela comigo do que de qualquer tirada sensacional que pudesse usar. Aliás, não existe mulher difícil nem cantada excepcional. Quando o santo bate, até falta de educação vira ato de irreverência. Estava cara a cara com ela.

– Com licença, desculpe-me pelo incômodo. Você é a modelo de um outdoor que está em todo lugar de São Paulo? – Não era uma cantada. Ela realmente se parecia com a modelo do outdoor a que me referia. Aquela me parecia uma maneira lisonjeira e franca de abordá-la.

– Não – disse sorrindo. – Mas as pessoas me confundem com essa menina.

Ela parecia receptiva e eu me encorajei a levar o primeiro contato adiante, porém sem deixar que todas as minhas intenções transbordassem.

– Qual é o seu nome? – perguntei.

– Daniela.

– Prazer, meu nome é Max. Sou o novo professor de judô da Companhia. Quando quiser fazer uma aula, será um prazer.

Cessei ali aquela minha primeira investida e confiava que havia sido bem-sucedido. Daquele dia em diante, passei a cumprimentá-la sempre. Estava cansado de ser só eu e meus sonhos solitários. Como disse, nunca havia me apaixonado.

• • •

A febre nas academias naquele começo de década era a ginástica aeróbica. Sob ritmos eletrizantes, mulheres e homens – muito mais mulheres do que homens – mexiam seus corpos de forma frenética, músculos rígidos e juntas bem flexíveis.

A japonesa não perdia uma aula de aeróbica e, sempre que havia uma brecha, lá estava eu. Não era cara de pau o suficiente para fazer as aulas, mas o era para parar na porta da sala e observá-la, encantado e bobo, como só o são os apaixonados. Ela era boa aluna e gostava de ficar na frente, para não perder sequer um movimento.

Ao fim dos exercícios, eu não me intimidava.

– Parabéns, você dança muito bem. – As palavras eram despretensiosas, mas os olhos já não ocultavam as minhas incontidas intenções.

Com uma garrafinha na mão e seu jeito de menina:

– Obrigado. – E saía rindo, ciente do seu poder de sedução sobre o professor de judô.

Precisava saber mais sobre ela, antes de tentar uma abordagem incisiva. Para conseguir um *ippon* não se pode atacar de maneira indiscriminada; é preciso conduzir o adversário a um ponto adequado, desequilibrá-lo, com jogo de punhos, fitá-lo, com um ou dois golpes, juntá-lo no corpo, proteger o seu eixo, tirá-lo do dele e aplicar o golpe.

Cheguei ao professor de aeróbica e perguntei:

– Você conhece bem a Daniela?

O que ouvi não foi nada animador.

– Ei, lutador! Esquece. Ela não é para você.

– Por que você acha isso?

– Ela não dá bola para ninguém aqui. É muito mais nova do que você e me parece que tem namorado. Esquece, Max!

Dani tinha 17 anos. Eu já estava com 25. Porém, isso não significava nada para mim. Quando se deseja algo do fundo da alma, as barreiras que encontramos no percurso estimulam em vez de desanimar. O que diziam ou deixavam de dizer pouco me importava.

A única preocupação que eu tinha era o dinheiro. No limite, como vivia, seria difícil levá-la para jantar e realizar outros programas que um namoro demanda. Por isso, torcia para que ela não fosse rica. O fato de ela frequentar uma academia como a Companhia Atlhetica não me dava muitas esperanças, mas tinha a convicção de que, quanto mais pobre ela fosse – ou menos rica –, maiores eram nossas chances de começarmos um namoro promissor. Apesar de não conhecê-la direito, não queria uma aventura.

Então, passei a sonhar com aquela japonesinha de olhar esperto e sorriso mágico. Ao sonhar com ela, esquecia das minhas fraquezas e me enchia da força que só a paixão é capaz de nos proporcionar.

• • •

Eu estava sentado no tatame quando um aluno entrou, veio a mim e me cumprimentou como manda o ritual do judô. Em seguida, ele me perguntou:

– Professor, ganhei dois ingressos para o cinema em uma promoção de jornal, mas não poderei ir. Gostaria de ficar com eles?

Santo aluno! Agora me dói não lembrar do nome dele, mas o fato é que cumpriu uma missão elementar para o destino de duas pessoas. Sei que para muitos pode parecer exagero, mas ele foi um verdadeiro enviado do destino, uma ponte cósmica entre minhas aspirações e minhas realizações.

– Claro – respondi. – Gostaria muito!

Dani assistia a uma aula de hidroginástica, através de uma janela de vidro, quando me aproximei.

– Oi, Daniela. Gosta de nadar?

Ela, sempre rindo, respondeu.

– Muito.

– E do mar, você gosta?

– Adoro! – Apesar das respostas curtas, uma característica japonesa, seus olhos eram sinceros e receptivos.

– Um dia quero que conheça minha cidade. Tem as praias mais lindas do mundo. E isso não é exagero.

– Qual é a sua cidade?

– Ubatuba. Você conhece?

– Não. Só conheço o litoral sul. Tenho um apartamento em Itanhaém.

– Um dia vou levá-la para conhecer um pedacinho do céu. Chama-se praia da Justa.

Então, passei a descrever a que considero a mais bela de todas as praias, onde, se pudesse, passaria todos os dias de minha vida. A praia, localizada ao norte de Ubatuba, é mais do que um cenário, é um irretocável poema de Deus. Por isso, ao descrevê-la para Dani, fiz um ligeiro recital.

– A Justa é costeada pela Mata Atlântica; suas areias são as mais claras, parecem algodão. O mar verde se funde ao céu azul e formam um horizonte sutil. A uns cem metros da areia, há uma pequena ilha a que se pode chegar caminhando pela água. É linda.

– Nossa, quero conhecer essa praia.

– Dani – disse, ciente de que havia preparado bem o terreno e de que ela gostava do que eu lhe dizia, da minha maneira de ser. – Um aluno me deu dois ingressos para o cinema e gostaria de convidá-la para ir comigo.

– Qual filme?

Detalhe, detalhe de que me havia esquecido. A verdade é que o filme que assistiríamos pouco me importava. Desde o princípio, via aqueles ingressos como ingressos para a companhia da Dani, não para o cinema.

– Não sei – respondi. – Você pode escolher.

– Tudo bem. Escolheremos juntos.

– Pode ser no sábado?

– Sim, para mim é melhor, porque durante a semana tenho aula.

Ela disse sim, ela disse sim, ela disse sim. Estava eufórico feito criança que acaba de ganhar um presente. Mal podia esperar o sábado. Meu coração disparava só de pensar nela. Era dominado por um sentimento inexplicável. O que havia naquela garota que me deixava leve e me fazia nuvem? Amor? Esse é o nome. Nome que prescinde explicação. Talvez por isso expressá-lo seja ridículo. Embora no íntimo o amor seja inigualavelmente lindo.

Agora entendo o poeta que, como poucos, compreendia o exagero da alma apaixonada. Para Álvaro de Campos, um dos heterônimos de Fernando Pessoa, toda carta de amor, desde que realmente escrita com amor, é ridícula. Contudo, não é ridículo quem a escreve. Agora, quem jamais escreveu uma carta de amor, este, sim, é ridículo.

• • •

Jamais esquecerei aquele sábado. O sol, bem cedo, entrava pela fresta da janela do meu quarto, despertando-me para o grande dia. Preparei tudo. Fiz a barba, separei minha melhor roupa e até peguei emprestado um perfume do meu hospedador Juanito. Tudo para impressionar a japonesa. Havíamos combinado de nos encontrarmos às três horas da tarde no Shopping Paulista, na região do Paraíso, já na avenida Paulista.

Como andava de ônibus, resolvi sair mais cedo. Afinal, quem anda de ônibus não costuma chegar no horário: se atrasa ou se adianta. Porém, desisti do ônibus e resolvi caminhar até o shopping. Se tivesse de gastar com o ônibus, comprometeria ainda mais meu orçamento mensal. Já teria de pagar um lanche depois do filme, o que me custaria o estômago roncando ao longo da semana. Caminhei lentamente para não me empapar em suor. O clima, ameno, mais para frio, ajudou no intento. Estávamos em maio, outono.

Cheguei por volta das duas e trinta. Estava tomado pela ansiedade e a via chegar a todo instante. Apontava uma japonesa no corredor e eu já me aprumava. Não era: ah!... Agora, era. Passávamos das três e já estava em tempo. Meu coração acelerou feliz. Só não foi maior a felicidade porque, com ela, vinha uma amiga. Ainda pensei: pão de pobre sempre cai com a manteiga para baixo.

– Oi, Max.

– Oi, Dani.

– Max, essa é a Sandra, uma grande amiga. Ela me deu uma carona até aqui. Estávamos em uma casa de chá. Você precisa conhecer. É uma delícia.

– Gostaria muito – respondi.

– Bom, Dani, está entregue. Bom cinema para vocês – disse Sandra, como se aos meus ouvidos tocasse as trombetas que abririam as portas do céu.

Dupla alegria. Primeiro, ficaríamos a sós; segundo, ela não tinha carro, sinal de que não tinha tanta grana assim. Não se importaria em andar de ônibus comigo.

Escolhemos um filme com o Eddie Murphy, não me lembro o nome. Tomamos os nossos assentos, as luzes se apagaram e o desejo que represava no meu íntimo ganhou força. Enquanto a barriga estava fria, o resto do meu corpo parecia arder em chamas. Peguei em suas mãos e as acariciei. Ela retribuiu. Lentamente, passei as mãos em seus cabelos e a puxei para perto. Deitou a cabeça em meu peito. Tive a sensação de que a protegia. Sem pressa, peguei-a, suave, pelo queixo, e trouxe seus lábios para os meus.

Era muito mais do que um beijo, era o enlace que desde a infância ansiava; a cara-metade, o complemento que me mostrava o quão incompleto eu era sozinho. O que seria do presente sem os sonhos do passado? Eu realizava o sonho do menino. Beijava a japonesa e me sentia pleno como jamais me sentira até então.

Começamos a namorar a partir daquele dia.

– Comigo não tem essa de ficar. É namorar – foi o que ouvi dela ao sairmos do cinema. Mal sabia que essa era também minha intenção desde que meus olhos se debruçaram sobre sua figura.

Mesmo sem grana, no dia seguinte, comprei um buquê e pedi ao meu bom e velho amigo Júnior que me levasse até o prédio em que ela morava. Deixei o presente na portaria, e uma senhora que passava por ali ouviu para quem era a colorida gentileza.

Se Dani não pretendia contar a ninguém que recebera flores, àquela altura era tarde demais. Dona Cristina, minha futura sogra, soube pela vizinha que a filha havia recebido flores de um jovem com físico de atleta. Sabendo da história, achei que havia ali um ensejo para conhecer seus pais.

• • •

O encontro foi auspicioso. Seu Luiz e dona Cristina me receberam muito bem. Cristina, uma japonesa baixinha de olhos vivos, mostrou-se de pronto expansiva e alegre. Era extremamente maternal e acolhedora.

De seu Luiz, sujeito mais calado, tímido, mas bem-humorado, percebi de imediato uma grande empatia. Lavrador de origem, Luiz progrediu e conseguiu seu próprio comércio à custa de muita perseverança e prudência. Precisava ser assim para conquistar o pai de Cristina, oriunda de uma família um pouco melhor sucedida em terras brasileiras.

Eu e Luiz tínhamos muito em comum, sem contar que ser professor de uma arte marcial japonesa, cuja principal finalidade sempre fora promover a cultura nipônica pelo mundo, me tornava bastante confiável. Apesar de não ser japonês, o judô me havia gravado na alma muito dos princípios samurais, princípios japoneses. De cara, enxerguei seu Luiz como um exemplo a ser seguido, e ele me enxergou como um jovem promissor que precisava ser muito bem instruído.

Passei a namorar Dani na casa de seus pais. Nossos passeios, em razão do meu magro salário, se limitavam a um cachorro-quente na avenida Paulista ou uma volta pela feira de artesanato da praça da República.

A minha vida amorosa voava em céu de brigadeiro, mas podia enfrentar tempestades se eu não melhorasse minha condição financeira. A má alimentação que tinha, em função da falta de grana, começou a impactar minha saúde. Dores fortes no estômago, fraqueza, tontura e febre começaram a minar minhas forças. Porém, se antes não tinha nada a perder se voltasse para Ubatuba, àquela altura voltar à minha cidade significaria deixar Dani.

Preocupado, chamei-a até a praça – a mesma que eu preterira para conhecer Dani na lanchonete – e lhe disse que se não conseguisse uma melhora de salário, teria de voltar para Ubatuba.

Ela chorou.

– A gente vai conseguir – disse-me, com os olhos molhados.

Ter alguém que chore pela gente sem nenhum interesse mesquinho, que chore apenas por amor, o mais puro, vale todo o esforço, todo o sacrifício, toda nossa coragem. Se até então o receio de pedir aumento era mais forte do que a coragem, a partir dali seria diferente.

Como se não bastasse seu choro, Dani ainda pediu à mãe autorização para que eu almoçasse em sua casa. Dona Cristina autorizou. Não tinha e jamais terei como agradecer Dani e sua família pelo que fizeram por mim. Afinal, não há melhor remédio para incômodos e dores estomacais do que a abençoada comida caseira.

Consegui o aumento e o meu trabalho como técnico, que já mostrava potencial de início, ganhou ainda mais força.

A austeridade, a precaução com as finanças e a forma como Luiz chefiava sua família me serviam de norte. Sob os conselhos dele e de Gary – meus mais novos pais, os samurais que encontrara em São Paulo –, horizontes até então desconhecidos se abriam para mim.

No entanto, o combustível para cruzar os mares e chegar às terras desejadas vinha de outro lugar: vinha do fundo dos olhos de Dani. Era lá que eu encontrava as palavras que Benedito escrevera em minha alma quando eu ainda era garoto. Era no fundo dos olhos de Dani que eu começava a construir minha própria família.

• • •

O amor que sentia e sinto por Dani não é perfeito, é simplesmente amor, o maior dos combustíveis da alma, cimento da vida e de vidas, das grandes realizações. Não está no tempo que dura, mas na intensidade que se sente, se sentiu e nos frutos que gera. Pode acabar hoje, amanhã, isso para qualquer casal, mas deixa um registro no universo, que se pode rememorar ou mesmo ser lido pelas próximas gerações. Se sincero, o amor é sempre eterno no espírito, dure o tempo que durar na matéria. O amor é tão vasto que não precisa de muito para ser infinito, não precisa de tempo, é princípio, meio e fim em um só sentimento.

Como dizia o célebre poeta do amor, Vinicius de Moraes: "Que não seja imortal, posto que é chama. Mas que seja infinito enquanto dure".

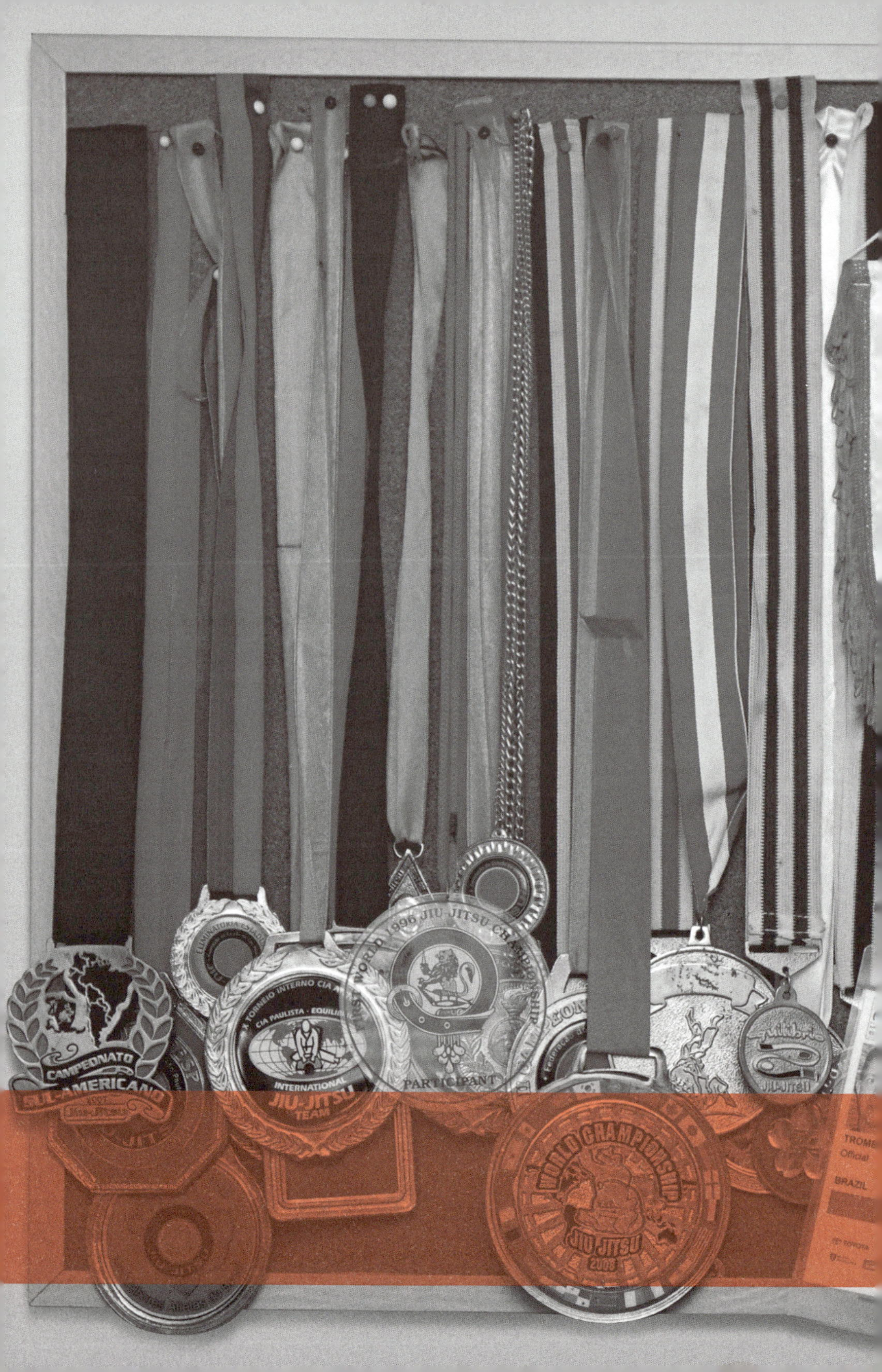
CAMPEONATO
SUL-AMERICANO
TORNEIO INTERNO CIA
CIA PAULISTA - EQUILIBRIO
INTERNATIONAL
JIU-JITSU
TEAM
FIRST WORLD 1996 JIU-JITSU CHAMPIONSHIP
PARTICIPANT
WORLD CHAMPIONSHIP
JIU JITSU
2008
JIU-JITSU
Official
BRAZIL

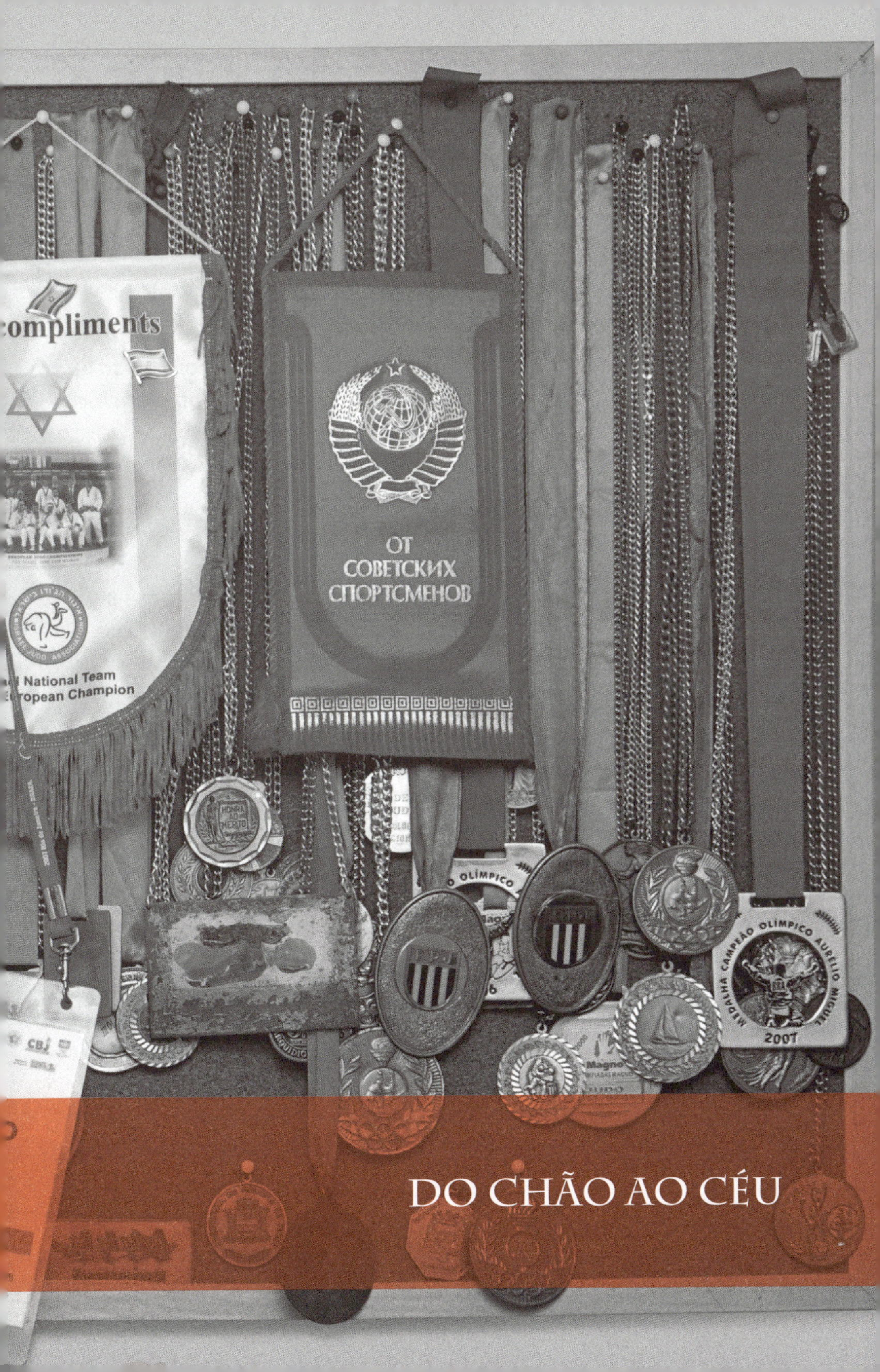

DO CHÃO AO CÉU

Feliz aquele
que transfere o que sabe
e aprende o que ensina.
Cora Coralina

Só quando coragem e vontade transcendem a capacidade dos músculos, dos ossos e da mente é que entendemos a razão de mudar. E mudar é existir. Nos vestígios dos fatos recentes, encontrava as discretas pistas que me fariam crer de uma vez por todas que se não atingira o Olimpo dos atletas, atingiria o dos mestres. Era nessa direção que deveria correr, pois – a intuição soprava em meus ouvidos – seria sobre o alicerce desse nobre ofício, de forjador de campeões, na arte e na vida, que construiria também minha história pessoal.

Tenho dificuldade em distinguir o homem que sou nos tatames e à beira deles do homem que sou à cabeceira da mesa em um jantar em família ou diante de um parceiro de negócios. Afinal, as artes marciais não afastam o homem da sociedade, como alguém pode supor equivocadamente. Ao contrário, reciclam ou revigoram seu espírito e o devolvem firme sobre suas pernas e sobre o princípio da honra.

O fato é que queria constituir uma família e, para isso, tinha de ser capaz de sustentá-la com o meu suor. Para tanto, não dispunha dos recursos convencionais. Não tinha estudo para conseguir um cargo administrativo na Cia. Athletica e em nenhuma outra empresa, por exemplo. Mas eu tinha – e tenho –, no sangue e na alma, o judô e o jiu-jítsu. E, com a licença da modéstia, sempre tive um inegável talento para professor de artes marciais, embora, àquela altura do campeonato, não tivesse consciência disso.

– Max, a academia abrirá uma nova turma de jiu-jítsu e queria que você me ajudasse a dar as aulas. Será para adultos e ao meio-dia; três vezes por semana – disse-me Júnior, com os olhos faiscantes de entusiasmo, em um encontro fortuito por um dos corredores da academia.

Aliás, é curioso como alguns episódios involuntários, como esbarrões e tropeços, trazem em si uma intencionalidade que escapa à nossa estreita compreensão. Nunca me aproximei de Júnior com intenção de um dia me mudar para São Paulo e construir minha vida na grande cidade. Apenas tínhamos uma paixão em comum, e jamais um interesse será maior que uma empatia. E essa empatia me trazia mais um presente cósmico, mais um presente de Júnior, o arauto da minha nova jornada, agora pela vereda dos mestres.

– Podemos montar uma equipe de judô e jiu-jítsu e disputar competições Brasil afora – pensei alto, sem conseguir ocultar a empolgação que me dominava. Ele concordou.

Embora logo que cheguei a São Paulo e fui indicado por ele para a Companhia Athletica soubesse da possibilidade de compartilhar as aulas de jiu-jítsu, isso não estava definido nem era certo. Assim nos concentrávamos, até então, cada qual em sua especialidade. Mas quando a união de esforços, e o mútuo aprendizado que teríamos, voltou à tona com aquela proposta, não pude conter a perspectiva de montarmos uma forte equipe com atletas que lutassem bem não apenas judô ou jiu-jítsu, mas as duas lutas combinadas. Era o princípio de uma venturosa jornada pelo universo multidisciplinar das artes marciais.

A partir dali, Júnior agregaria a técnica de jiu-jítsu aprendida com seu mestre Marcelo Bering e eu agregaria tudo o que aprendera com meus *senseis*, em especial um dos maiores professores de *newasa* (luta de solo) do judô brasileiro, Uichiro Umakakeba.

• • •

O jiu-jítsu não se notabilizava pelo cumprimento de ritos, como o judô. A essência sagrada, samurai, de uma das mais antigas artes marciais parecia ter se perdido na distância que percorrera para chegar ao Ocidente. Para ser preciso, o jiu-jítsu parecia tê-la perdido antes, com a chegada do Ocidente ao Japão. Quando os ocidentais aportaram nas ilhas do extremo leste do planeta, na segunda metade do século XIX, muitos nativos pensavam estar diante da face da modernidade, do exemplo a ser seguido. Os nipônicos resolveram virar espelho e, assim, tudo o que era autêntico, tipicamente deles, era sem valor. Vivia-se o início do que se convencionou chamar de Era Meiji, sucedendo o longo período feudal japonês, o período dos xoguns, também conhecido como Era Edo. Do dia para a noite, os mestres de jiu-jítsu, muito valorizados nos tempos do xogunato, foram lançados ao saquê desmedido, à vulgaridade. Jigoro Kano, por meio da fundação do judô, um ramo renovado do jiu-jítsu, devolveria nobreza à arte marcial e colocaria os pingos nos is. Kano resgatou a alma samurai com o judô que caiu não apenas no gosto dos japoneses puristas, mas também no gosto dos ocidentais. O Japão voltava a ser Japão, sem se sentir menor por isso.

Contudo, se as artes marciais recobravam seu valor no Japão moderno, por intermédio do judô, o jiu-jítsu continuaria no ostracismo por um bom tempo. Isso só começaria a mudar quando a velha arte chegasse ao Brasil, já no início do século XX, pelas mãos do conde Maeda Coma, o mesmo homem que trouxe o judô para nosso país. Comenta-se que Coma veio primeiro para os Estados Unidos, representando o Kodokan. Seu intuito era divulgar o judô. Existe a suspeita de que com ele vieram ainda Tomita, Sakate, Ono e Ito, todos do Kodokan. Eles percorreram o continente americano, dos Estados Unidos à América do Sul, divulgando a arte samurai com demonstrações e combates de desafios, o famoso, desde aquela época, vale-tudo.

O imigrante ensinaria seu modelo de luta à família Gracie, que o aprimoraria e o rebatizaria como Brazillian Jiu-Jitsu. Isso se deu porque os Gracie inauguraram um novo modelo de competição, que se desenvolveu sobre regras distintas às que seriam adotadas ao longo do tempo pelo judô. Acredito que esse novo modelo de regras fez o jiu-jítsu desportivo (praticado de quimono) se tornar uma arte marcial muito mais eficiente no combate de solo, pois aboliu o *mate* (parar), ou matê, para ser fiel à pronúncia. O que quer dizer? No judô, quando a luta vai para o solo e demora a desenvolver-se, é interrompida e os oponentes reiniciam a luta em pé. Essa regra do judô funcionou como uma espécie de freio ao modelo japonês no solo. Já esse novo modelo, o jiu-jítsu brasileiro, resgatou as características mais antigas do jiu-jítsu (japonês) e, pode-se dizer, dos primórdios do judô, no qual a luta segue no chão até que um dos lutadores se renda por conta de um golpe bem aplicado.

Os Gracie acresceram ainda um limite de tempo e pontuação, que respeita a lógica do risco de finalização: quanto melhor a posição ou quanto mais domínio sobre o adversário a posição caracteriza, mais pontos se ganha. A verdade é que as posições, como montadas, imobilizações e pegada-pelas-costas, valem mais do que as quedas. Essas posições valem três ou quatro pontos; a queda vale dois. Com isso, o modelo brasileiro sempre busca posições que deixem o adversário em xeque-mate. Isso deu aos atletas praticantes do novo jiu-jítsu, em minha opinião, um diferencial competitivo muito grande no que se refere à luta no solo.

O judô, por sua vez, ao longo do tempo, priorizou a luta em pé e as técnicas de projeção. O *ippon* é mais fácil, teoricamente, de ser alcançado por um golpe de arremesso do que quando a luta é levada para o solo, onde pode levar muito tempo ou ser interrompida pelo *mate* (parar). Até mesmo quando um dos atletas consegue uma imobilização, o adversário tem apenas 25 segundos para escapar. Do contrário perde a luta, mesmo não sendo finalizado. Talvez a escolha de priorizar a luta em pé tenha sido uma forma de torná-la mais esportiva, mais regrada e menos marcial. Dessa maneira, ficaria mais fácil popularizar a arte e torná-la mais plástica do ponto de vista do espectador. A ideia não é infundada, penso eu, especialmente se observarmos que o judô é, há muito tempo, esporte olímpico e com alto índice de interesse do público, mesmo dos leigos.

Já o jiu-jítsu, notável nos combates de vale-tudo – especialmente por meio dos Gracie, que inúmeras vezes nessas circunstâncias mostraram o poder do modelo que haviam desenvolvido –, deixou claro que era mais eficiente nas lutas entre lutadores de diferentes artes, já que quase 100% das disputas nesses moldes, ou seja, um pouco mais livres de regras, acabam no chão.

Quando comecei a ensinar jiu-jítsu na Companhia Athletica, levei à nova disciplina as liturgias que eu trazia do judô e, é bom que se diga, já tinham sido do jiu-jítsu japonês, mas haviam se perdido por conta de uma conjuntura histórica. Meus alunos de jiu-jítsu, porém, deveriam tratar o tatame com respeito, como se trata a um templo; deveriam tratar-se com respeito, como se trata a um Deus. Disciplina, gratidão, treino físico intenso e rigoroso. Digo isso porque, embora existam muitas academias de jiu-jítsu que também seguem esses princípios samurais e as liturgias de respeito para com os mestres, companheiros e local de trabalho, existem aqueles professores e lutadores de jiu-jítsu que acham que, quanto mais arruaça fazem, mais famosos ficam. A teoria do fanfarrão. Infelizmente, essas pessoas maculam a imagem do jiu-jítsu.

Como já ocorrera entre as crianças do judô, o jiu-jítsu dos adultos começava a se fazer notar na academia como uma aula forte e interessante. Eu procurava regrar os hábitos dos meus alunos, como se fosse um pai. Aconselhava-os sobre a importância de uma boa alimentação, de um bom sono, além de um bom treino. O número de alunos cresceu em um ritmo impressionante e uma nova família nas artes marciais começava a nascer. Mais do que alunos, em breve, eu descobriria que tinha filhos.

Àquela altura da vida tornava-me cada vez mais ar e fogo, mas, antes, eu fora predominantemente terra e água.

Os orientais, e mesmo a astrologia ocidental, defendem que os quatro elementos que nos constituem fisicamente são também constituintes da nossa psique. Assim, a terra seria nosso corpo físico, nossas necessidades mais elementares, a consciência que temos da própria existência carnal e dos detalhes físicos. O ar seria a mente, as ideias que desenvolvemos a partir do que sentimos e percebemos, seria nosso corpo intelectual, a ciência. A água seria nosso corpo emocional, a fonte, o que nos impulsiona a ser e a fazer algo. Seria o estado bruto dos nossos sonhos e aspirações. O fogo seria o corpo espiritual, a visão sobranceira, desprovida do conhecimento dos detalhes, mas ciente do todo. O fogo é a intuição, a certeza pela fé.

Diferentemente do que acontecia na época em que era atleta, quando concentrava meus esforços no aprimoramento físico e na satisfação dos meus anseios mais infantis, ao tornar-me professor, passei a debruçar-me sobre o universo das ideias. Precisava ver o mundo que habitava de cima para entender o todo, já que o detalhe eu vivera quando atleta e compreendia consideravelmente. A junção desses dois conhecimentos me trazia ideias que poderia passar aos meus alunos, de modo a fazê-los melhor do que eu fora. Para que essas ideias fizessem sentido, eu precisava entender a razão etérea dos meus passos e dos de meus alunos, a razão etérea das artes marciais. Sem isso, jamais seria um treinador.

Para ser mestre, eu lia sobre *bushido* e liderança. Uma das obras foi *O caminho quádruplo*, onde encontrei a teoria dos elementos e sua relação com nossa vida, com nossas características. Mas um mestre não vive só de teoria; era a hora de saber se o conhecimento adquirido e as ideias desenvolvidas tinham validade terrena, se não se restringiam ao campo das abstrações. Precisava materializá-las em vitórias.

Depois de seis meses do início das aulas de jiu-jítsu, inscrevi a academia em um torneio restrito a faixas-brancas – eu não tinha ninguém graduado ainda. Àquela altura, eu já cuidava da turma do meio-dia sozinho. Júnior, com outras atividades, havia deixado-a sob meus cuidados, apenas. Mas, enfim, colocava-me à prova como professor naquele campeonato. As faixas-brancas eram as primeiras páginas do meu diário de mestre; começava a preenchê-las. Sem perder a metáfora, posso dizer que o parágrafo inicial pegou o leitor em cheio. O campeão, o segundo e o terceiro colocado eram todos meus alunos. Eu estava nas nuvens.

A graduação dos atletas pode dar a entender que o resultado foi insignificante. Afinal, quem vence a primeira partida de um campeonato nem sempre termina campeão. Mas o que viria depois, naquele momento, pouco me importava. O resultado me deixava na boca o gostinho de um trabalho feito com o coração.

• • •

"Eu só plantei; se a terra não fosse boa, não nascia." Umakakeba me disse isso certa vez, já alguns anos depois de nos termos conhecido, em resposta à minha gratidão por tudo o que ele fizera por mim e por tudo o que eu conseguira até ali. A frase me acompanha até hoje e cada vez que recorro a ela recebo um ensinamento inédito. É como se fosse um céu de nuvens brancas espaças, que revelam figuras impensadas a cada novo olhar.

As nuvens de quimono branco vitoriosas naquela primeira competição logo mostraram que não eram fogo de palha. O solo era fértil. Em dois anos de existência, os alunos começaram a acumular campeonatos estaduais que projetavam a Companhia Paulista de Jiu Jítsu. Esse era o nome da entidade que eu e Júnior fundáramos com o propósito de dar identidade à nossa escola, à nossa maneira de fazer jiu-jítsu. A partir dali, todos os faixas-pretas que formássemos e saíssem para dar aulas em outras academias estariam ampliando o tamanho da Companhia Paulista, pois a nova unidade seria filiada à instituição.

No entanto, naqueles primeiros anos de trabalho e existência, a entidade contava com apenas uma unidade, a Cia. Athletica. Sua fama também era restrita ao Estado de São Paulo. Mas isso, por pouco tempo. Em breve, uma conquista me convenceria de uma vez por todas do talento que tinha como professor. Antes, porém, da panaceia da realização, da felicidade, minha esperança sangraria tristeza.

Depois de dois anos de preparo e vitórias regionais, era a hora de se mostrar ao mundo do jiu-jítsu brasileiro. Em julho, disputamos o mundial. Estava confiante de que mostraria aos cariocas, hegemônicos no esporte e anfitriões do torneio, que em São Paulo também se fazia um jiu-jítsu diferente e altamente competitivo. De forma inconsciente, encarava aquele desafio como uma provação: nasci ou não nasci para o ofício de mestre?

Só de ter o sobrenome mundial, o evento já era grandioso. O ginásio do Tijuca Tênis Club, na cidade maravilhosa, estava lotado de torcedores e atletas de todo o mundo. Essa dimensão global que tinha o evento fermentava ainda mais a imaginação dos atletas inexperientes, o que ensejava a perda de foco. Os nomes internacionais e as estrelas nacionais, cujo brilho era ainda mais intenso – entre outras coisas por estarem geralmente ligadas ao nome da família Gracie –, ofuscavam o horizonte de sonhos que meus pupilos divisavam todas as noites depois de terem confirmado seus nomes na grande competição.

O estímulo e a força que dava aos meus alunos do canto do tatame são semelhantes às palavras que digo a mim mesmo quando preciso superar um grande desafio. O rigor e a fé também. Só não entro com eles no tatame porque não posso e tampouco seria didático, tampouco seria exemplar. Mas as derrotas nas primeiras lutas provavam que a magnitude do evento oprimia a confiança dos meus atletas. Eram ótimos lutadores, mas nenhum deles era faixa-preta. O mais graduado era faixa-roxa.

Os resultados iniciais eram baldes de água fria sobre minha cabeça. Otimista por natureza, eu acreditava que surpreenderíamos os adversários, que surpreenderíamos a elite do jiu-jítsu. Dominado por uma tristeza incomum, saí da arena em busca de ar fresco. Fiquei do lado de fora do ginásio por um bom tempo, sentindo aquela angústia que precede uma explosão de alegria ou tristeza. Era mais um desafio na minha vida e não me conformava em cair de novo. Não seria a hora de começar a ficar de pé, não seria a hora de ver as árvores que plantei darem frutos?

De repente, o telefone tocou.

• • •

Restava apenas um competidor da Companhia Paulista.

Eduardo Santoro, o Português, que naquele instante estava no tatame, era um sujeito de olhar sereno e riso suave. O tipo bonzinho que esconde um leão dentro de si. Santoro era peso-médio, categoria até setenta e nove quilos, e já havia estado no tatame sem sucesso entre os atletas de seu peso. Ele fora derrotado na segunda luta. Acreditava muito nele entre os pesos-médios e sua derrota me entristecera, especialmente.

No entanto, ele se inscrevera também no absoluto, prova de sua confiança, que, àquela altura, com o mau desempenho na própria categoria, deveria estar bem abalada. Se ele não havia vencido entre os do mesmo peso, quem poderia esperar que ele vencesse os gigantes com mais de cem quilos? Se todos esperassem, menos ele, de nada adiantaria a torcida. Agora, se apenas ele esperasse, a torcida valeria de qualquer maneira, mesmo que sem esperança.

Entre os possíveis adversários estavam os maiores nomes do evento: Rico Rodrigues, que era também lutador de vale-tudo famoso; o norte-americano Garth Taylor, campeão americano de *wrestling*; e Alex Negão, aluno do saudoso Carson Gracie. Negão e Taylor eram da mesma categoria, pesadíssimo. Naquele mesmo mundial, eles haviam disputado a final da categoria. Garth Taylor levara a melhor. Apesar de ser um de meus melhores alunos, via poucas chances.

Mas o telefone tocou e era um dos meus comandados, àquela altura na torcida.

– Professor, o Português está na semifinal. Ele vai enfrentar o Taylor.

Corri para o ginásio. Se ele tinha poucas chances antes de começar a competição, agora, faltando duas lutas. A vida é das possibilidades, não das probabilidades. Conhecia bem o Português. Se havia chegado à semifinal, dificilmente não seria finalista. Cheguei e ele já estava no tatame enfrentando o norte-americano. Português viu que eu estava entre os que gritavam por ele. Sem querer ser presunçoso, percebi em seus olhos, flagrando minha presença, uma brasa de satisfação e novo ânimo para derrotar o favorito. E, para a explosão das arquibancadas, mesmo dos que não eram da Companhia Paulista – estávamos no Brasil e é normal a torcida se identificar com o atleta que se supõe ser mais fraco –, foi o que aconteceu.

Um riso redentor desabrochava nos rostos dos alunos da academia, que esqueciam dos próprios fracassos no sucesso do companheiro. Sua vitória sobre o pesadão norte-americano fora inconteste. Com três minutos de luta, ele lhe aplicou uma chave de braço, o famoso *armlock*.

A final seria contra Alex Negão, que seguramente queria sair da competição com uma medalha de ouro. Antes de voltar ao tatame para enfrentar o armário que tinha por volta de um e noventa de altura e pesava uns cento e dez quilos – Português tinha um e oitenta e pesava setenta e nove –, eu o chamei:

– Não é sempre que se disputa uma final de mundial. Eu confio em você.

Concentrado, Português só assentiu com os olhos. Partiu para a batalha. Naquele instante me vinha à cabeça as aulas particulares que lhe dava. O garoto gostava tanto de jiu-jítsu que pedia aulas extras. E eu as dava de gosto, sem cobrar um tostão. Sua paixão pelo esporte revigorava em mim o espírito de atleta, espírito que não se norteia por interesses egoístas, mas sim por amor à luta. Para o lutador de verdade, a luta é o princípio, o meio e o fim.

O árbitro que, para minha apreensão maior, era Carson Gracie, professor de Alex Negão, autorizou o início do combate e logo os adversários se engalfinharam. O adversário assustava pela corpulência e pela experiência, mas Português lutou mais do que se podia esperar de toda sua técnica. Não estrangulou nem conseguiu aplicar-lhe uma chave. Português se mantinha firme na guarda e Negão não conseguia força nem agilidade para romper a defesa do meu aluno.

– Sente o peso do grandão! Sente onde tá o peso e raspa! – gritei.

Ele fez e bem. E foi com pleno domínio do adversário que acabou campeão mundial de jiu-jítsu no absoluto. A pontuação: 6 a 0. Não finalizara, mas o resultado era retumbante.

Assim que o árbitro fez o gesto que lhe dava a vitória, Português correu em minha direção, apontando-me seus olhos grandes de vitória e força.

– Esse título é seu... Os outros, eu não sei. Mas esse é seu. É seu!

Eu não me permitia chorar na frente de um aluno. Era um treinador mais durão do que sou hoje, talvez em função da imaturidade. Porém, as lágrimas me vinham da alma com forte pressão e se chocavam contra meus olhos que se esforçavam por serem barragens. O conflito entre casca e essência provavelmente transfigurou meu semblante, revelando o pranto que tentava ocultar. Empurrei Português de volta para o tatame, virando seu rosto, virando seus olhos, impedindo que me visse reprimir o soluço.

Quando virei, os alunos da Companhia Paulista estavam em cima de mim. Pegaram-me e começaram a me jogar para cima. Gritavam:

– Max! Max! Max!

Tinha certeza de que havia nascido para aquilo.

• • •

A vitória de Português projetou meu nome no universo do jiu-jítsu de uma vez por todas. Minha metodologia de ensino, calcada nos valores judocas de gratidão e prosperidade mútua, disciplina e rigorosos treinos físicos, tinha ainda mais valor. Aos olhos dos lutadores de jiu-jítsu, eu era o judoca e, contraditoriamente, aos olhos dos judocas, eu era o mestre de jiu-jítsu, especialista em técnica de solo, já que a arte-suave (jiu-jítsu) é predominantemente luta no chão, enquanto o caminho ou o princípio suave (judô) prioriza golpes de arremesso, em pé. De qualquer maneira, ambas as técnicas são complementares e nasceram do mesmo princípio. Por isso, as denominações não me incomodavam, eu sempre me considerei de um e de outro. O fato é que o judô e o jiu-jítsu são flores da mesma cerejeira.

Seguro é que aquela muda que eu havia plantado e alimentado cinco vezes por semana sempre ao meio-dia desabrochou primeiro nos olhos rubros de superação de Português. Porém, muitas outras germinariam em uma miríade de cores por campos em que eu jamais pensara em plantar. Com a formação dos primeiros faixas-pretas da equipe, academias ligadas à Companhia Paulista começaram a brotar pelo Brasil e pelo mundo, o que nos obrigaria a dar um nome internacional à entidade, que passou a se chamar também Brazilian Company Jiu Jitsu.

Atualmente, são vinte e cinco unidades espalhadas pelo mundo. Sem querer soar arrogante, o número de lutadores de judô e jiu-jítsu oriundos dessa família, criada em uma época em que só tinha planos e sonhos, ultrapassa mil. A formação desse exército de garotos e garotas, cuja principal arma é a honra, possibilitou-me ser classificado, hoje, no universo do jiu-jítsu, como o técnico que conquistou todos os títulos mais importantes em disputa no calendário internacional da modalidade.

Por isso, falar de Português é falar da gênese da história de conquistas que essa equipe acumula, e que continuará a fazê-lo nos próximos anos. Falar da Companhia Paulista é falar de amigos, é falar de filhos que não gerei, mas tive, por força das circunstâncias, por providência divina, capricho do destino. Chamem como quiser.

Tenho certeza do que digo. A Companhia Paulista só é o que é hoje em virtude de homens como Eduardo de Sá Leitão que, além de atleta, me auxilia na gestão da entidade, desde que a fundei; como Carlos Português, o Portuguesinho, que eleva o nome do time por todo o mundo, conquistando títulos internacionais de grande expressão como o Europeu de Jiu-Jitsu; como Paulo Gazé, cujo talento para mestre desde aluno se lhe evidenciava, o que fez dele um dos primeiros a levar o jiu-jítsu brasileiro da Companhia Paulista para outras partes do mundo, no caso os Estados Unidos; como Fernando Batista, o Pindá, sujeito divertido e um agregador por natureza, figura fundamental para uma equipe campeã; como Luciano Bandeira, o bom humor eivado de vigor e dureza não apenas na hora da luta, mas também nos treinos; como Ernesto Garcia, o Gigio, garoto de um coração enorme e de uma malandragem pura, que só traz benefícios; como Frederico Sabatini, sujeito obstinado por competições e que queria estar em todas; como Alex Cândido, o calmo, o termômetro do estado de espírito do time, peça fundamental para o equilíbrio dos demais atletas; como o mal-humorado e dono de uma disposição incomum para a superação, André Gladsinsk; como Juliano Ninja, cuja coragem louca de enfrentar todo e qualquer adversário contagiava a todos; e como Andrei Andrezzo, sujeito de fé inabalável, que jamais se dá por vencido, como deve ser todo grande lutador. Não por acaso, é um campeão mundial.

Enfim, é impossível falar de todos os sessenta e três grandes homens que formei faixas-pretas, homens que mostraram que talento não é algo com o que já nascemos. Homens que me mostraram que o talento nasce do amor. Todos esses alunos são bons lutadores de jiu-jítsu, não porque desde sempre demonstraram jeito ou vocação para o esporte, mas porque desde sempre demonstraram amor por ele, e só esse amor é capaz de nos levar a superar limitações. O talento nasce do casamento entre amor e esforço.

Antes de terminar essa homenagem, pois este livro, além de biografia, é sim uma homenagem a todos os que fizeram parte da minha vida, é fundamental lembrar de Horito, apelido de Paulo Roberto Silva, um negro forte no espírito ainda mais que no corpo, um corcel de obstinação, em cuja trajetória me vejo refletido, até certo ponto. Egresso de Minas Gerais, aqui chegou, como eu, munido de fé e vontade de passar a guarda do destino. Achei por bem providenciar estudo e moradia ao menino de olhos francos. Assim se fez.

Quase dez anos depois, além de campeão mundial no absoluto e campeão brasileiro de jiu-jítsu, ele está prestes a se formar em Educação Física. E o que ganho em troca, depois de ajudá-lo assim?

– O Max é como um pai para mim.

Foi a frase que ouvi de sua boca. Não lhe pedira nada em troca e jamais pediria. Porém, gratidão maior do que a contida naquela frase jamais poderia receber. Eu, que estava ali para ensinar, aprendia ainda mais com garotos como Horito. Isso, para mim, é jiu-jítsu.

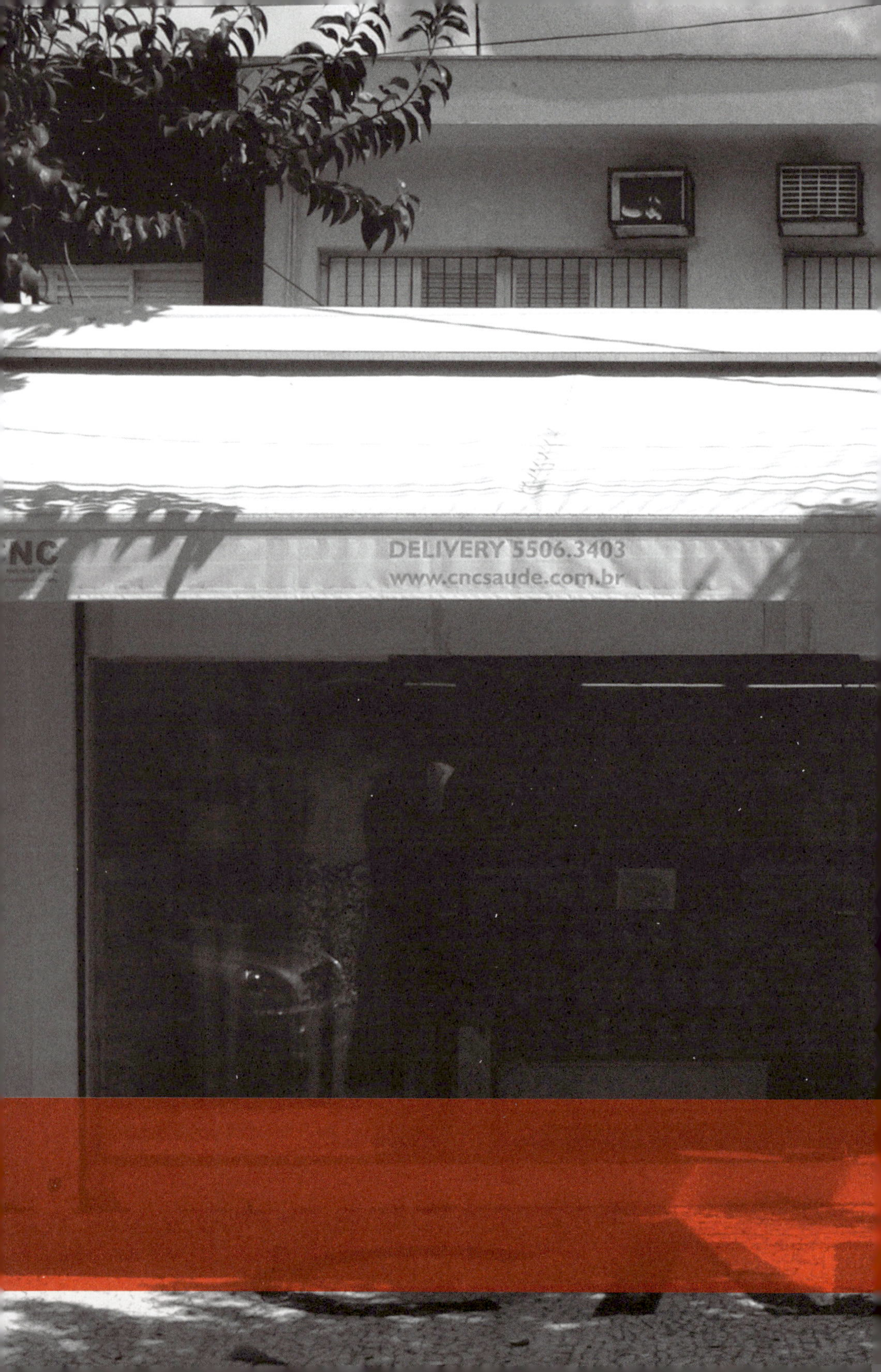

NC
DELIVERY 5506.3403
www.cncsaude.com.br

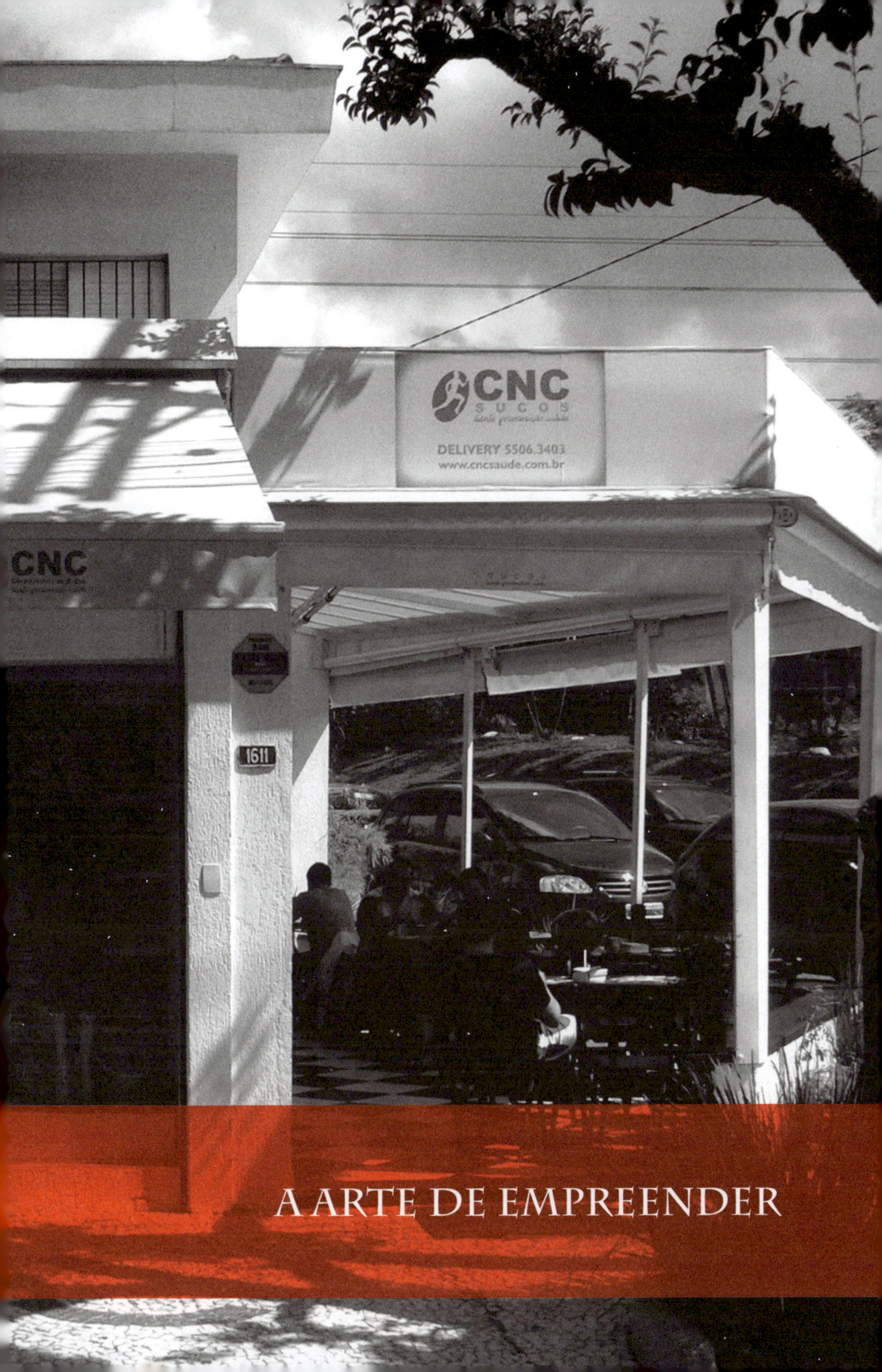

A ARTE DE EMPREENDER

Na vida não existem soluções.
Existem forças em marcha:
deve-se criá-las
e as soluções se seguirão.
Saint Exupèry

O sonho é o alimento do espírito. Sonhar com a glória do esporte fez descobrir-me professor. Mas havia outras descobertas a fazer. Fosse por querer dar o melhor para minha família, também do ponto de vista material, por uma vocação natural adormecida sob a camada dos meus inúmeros anseios ou pela influência do meio, afinal, na Companhia Athletica estava cercado por empreendedores, sentia-me impelido a embrenhar pela floresta dos negócios.

Comecei, assim, a vender quimonos, suplementos alimentares e outros produtos esportivos, já no segundo ano desde a minha chegada a São Paulo. Ou seja, conciliava em vez de excluir. Somava à minha paixão pelas artes marciais minha vontade de dar uma vida digna à minha família e o meu gosto pelos negócios. Uma combinação de golpes para vencer o concreto da vida cotidiana.

Nos quimonos que vendia, bordava o meu nome, já que, àquela altura, eu era uma marca forte no universo do jiu-jítsu. Dava brindes aos meus clientes assíduos e realizava ações promocionais para atrair nova clientela. Sentia que em minhas veias corria um empresário e sob os ensinamentos de Gary e Luiz, aliados à minha maneira de enxergar o mundo comercial, convencia-me de que poderia ser feliz nesse ramo.

Embora as artes marciais fossem minhas principais fontes de rendimento, e ainda o são, o judô e o jiu-jítsu têm sobre mim a finalidade de depurar a alma. Eu me dedicaria às lutas sem nenhum interesse financeiro se meus proveitos nascessem de outra fonte. Mas não era dessa forma. A arte marcial é e era a fonte de tudo em minha vida, até mesmo das minhas aspirações como homem de negócios.

Ouso dizer que cem por cento das minhas práticas no mundo dos negócios têm paralelo no tatame e, para muitos dos que me acompanham nessa jornada, minha identidade como empreendedor está visceralmente ligada aos valores que dele trouxe.

Curiosamente, quase tudo o que fomentei na esfera dos negócios saiu do quadrilátero do dojô, pois mais do que um templo de artes marciais o dojô é um templo de amizade; amizade é confiança e não existem bons negócios sem confiança. As pessoas conheciam meus princípios, sabiam como eu pensava. Para quem começa a empreender e precisa transparecer a confiabilidade que possui, para conseguir parceiros, as artes marciais são ótimas avalistas.

A prova disso veio logo – dependendo da referência de tempo de cada um –, acredito que uns dois anos depois que comecei a vender quimonos.

Na época, meu maior objetivo era comprar um carro para poder dar aula em mais academias e assim também ampliar meu leque de relacionamentos, bem como o número de alunos. De ônibus, não podia ser, pois os horários ficariam mais difíceis de cumprir, o desgaste seria imenso e o retorno, com certeza, não seria o desejável para ninguém. Assim, tudo o que eu ganhava virava economia para a compra de um carro.

Em uma luta, a vitória começa a ser conquistada com a manutenção do próprio equilíbrio. No negócio não é diferente. Para não perder, precisamos antes assumir uma postura que nos garanta o que conquistamos até ali. Porém, essa é apenas uma etapa da luta. É preciso também atacar. E aí é que o equilíbrio fica vulnerável. Por isso, é preciso analisar as circunstâncias, planejar o ataque e colocar o plano em ação, calculando todos os riscos e agindo com base naquele em que as chances de sucesso são maiores. Assim também o é nos negócios. Não era por acaso que eu era austero para me manter equilibrado, mas já havia analisado as circunstâncias e planejado o ataque. Na hora certa, atacaria.

Mas os fatos se precipitaram em meu favor, frutos do meu preparo e da atenção às circunstâncias, bem como de um laço de amizade firme e ao mesmo tempo flexível, que as artes marciais são capazes de criar.

Entre os meus alunos de jiu-jítsu havia um chamado Eduardo Maluf. Assim como fazia com Português, algumas vezes lhe dava aula particular. Nossa relação era tão estreita que virou meu padrinho de casamento. Dono de uma loja de automóveis, ele era um comerciante astuto. Por isso, inúmeras vezes, eu lhe pedia conselho sobre como fazer com os quimonos e os materiais esportivos que comercializava.

Um dia, o Bisa, como eu o havia apelidado, me chamou até sua loja. Perguntei sobre o que era a reunião e ele me respondeu que só podia falar pessoalmente, que eram seus segredos. Achei um pouco estranho e me preocupei. Bastou uma brecha na agenda e fui até ele. Lá o encontrei com o leve sorriso que o caracterizava e com um olhar enigmático em seus olhos escuros. Fiquei mais tranquilo.

– Max, quero que você me acompanhe. Vamos até o porão.

Descemos uma escada, levemente empoeirada, na direção da penumbra. Paramos no pé dela, onde quase nada se via para lado algum. Até que o clique do disjuntor revelou um imenso pátio subterrâneo cheio de carros no modelo Gol, bolinha, recém-lançado pela Volkswagen. Carros novos, zero quilômetro. Ele disse:

– Escolhe um e, quando puder, você me paga.

Ele sabia dos meus planos e me fazia um imenso favor.

De uma coisa tenho certeza: sem carinho nenhuma relação se estabelece. Em uma empresa em que o carinho norteia os vínculos, de qualquer espécie, o sucesso é questão de tempo. Mas o carinho não nasce das relações profissionais calcadas no pseudo-respeito à hierarquia e sim do respeito ao conhecimento. É como acontece entre o mestre e o pupilo, entre o pai e o filho. Entre funcionário e chefe não pode ser diferente, entre funcionário e cliente também não e tampouco entre parceiros de negócio. Era esse carinho que existia entre eu e Bisa.

Contudo, não me aproveitaria da confiança que ele tinha em mim. No mesmo mês em que ele me consignou o carro, consultei minhas finanças e descobri que já tinha o suficiente para comprar um Gol bolinha. Quitei a dívida monetária, mas não sei quando poderei quitar a dívida de confiança que tenho com ele.

• • •

Se as artes marciais me dotavam de conhecimento para poder lançar sobre o mundo corporativo um olhar único, o talento – mais uma vez com a licença para a imodéstia – para os negócios era algo que já despontava em mim muito antes, desde a infância. Seria uma herança dos Trombini ou o exemplo de Tereza? Possivelmente, os dois fatores.

Entre as diversas atividades que vez ou outra realizava para paliar a pobreza que vivíamos em Ubatuba, eu costumava lavar o convés dos barcos dos pescadores em troca de peixes ou camarões para comermos. Certa vez, o vendedor de camarão do pescador cujo barco eu limpava não veio. O pescador se desesperou, olhava para o mar como se pensasse: todo o tempo que passei à noite em meio às ondas vai se perder sem vendas.

Eu li em seus olhos o cansaço e a impossibilidade de passar o dia a vender. Li na sua tristeza a oportunidade de trazer mais do que de costume para casa. Um movimento simples no judô ou no jiu-jítsu pode mudar uma situação adversa extremamente complicada. Em negócios, não é diferente. Na vida, também não. Enxerguei na iniciativa minha chance de mudar aquele quadro triste, pintado de cinza pelo clima, mas que poderia ser azul – ou verde – em minha alma e na alma do pescador. Tive coragem e me fiz confiar. Acredito piamente que um negócio evolui na mesma velocidade que a confiança entre as partes.

– Se o senhor quiser, eu vendo os camarões – disse, disposto a derreter o cinza que nos ocultava o céu.

Tinha 9 anos. O homem me olhou condoído, buscou ao redor outra alternativa, mas não havia.

Mal comecei a vender, uma chuva feroz despencou. Não arredei pé. Ensopado, junto aos camarões dispostos em uma mesa sustentada por um cavalete e cobertos com uma pequena lona sob a qual apenas eles cabiam, gritava e conseguia mais compradores do que se poderia supor diante da sisudez chorosa daquele dia.

Até que, em meio às grossas gotas de céu derretido, surgiu uma senhora, fina na estampa, no corpo e no espírito. Um verdadeiro anjo. Ela saiu de seu lindo carro e, ignorando qualquer convenção que sua condição social supostamente exigia, ignorando toda vaidade feminina diante do embaraçar dos cabelos e do inundar da roupa chique, resolveu me ajudar. Talvez porque todas as características femininas citadas de nada valem quando comparadas ao seu instinto materno. Ao ver-me debaixo da tempestade, freou o carro, desceu e comprou quase um terço do camarão que eu vendia. Se não bastasse, ficou comigo sob a água gritando as rimas que eu compusera para atrair a atenção dos clientes. Só depois de tudo vendido, voltou ao carro. Antes, perguntou-me:

– Quantos anos você tem?

– Nove – respondi.

– Você tem mãe? – Estava visivelmente sensibilizada.

– Tenho mãe e pai – respondi.

– Você não quer viver comigo? Eu falo com a sua mãe – disse, com olhos de sinceridade.

Eu disse que não e agradeci pela ajuda. Ela partiu, e eu até hoje me pergunto se aquilo realmente aconteceu.

Sob a tempestade à beira-mar em minha cidade natal ou de condução em condução no oceano de fumaça e atribulações da megalópole, as vendas sempre me agradaram. A essa paixão soma-se a crença de que tenho mão de Midas. Uma crença sem propósito aos olhos dos céticos, aos olhos da razão. Mas, sobretudo, uma crença que me faz bem a autoestima e que, até provarem o contrário, se observa na prática.

Além de Tereza e Benedito acreditarem e me fazerem acreditar que eu tinha uma rara estrela protetora, além do anjo que me ajudara a desovar os camarões, outros fatos curiosos contribuíram para que eu confiasse no mito da sorte congênita e no talento para os negócios.

No período crítico da adolescência, em que sonho e pobreza travavam duelo encarniçado em minha alma, lembro que trabalhei alguns dias em uma mecânica. Poucos dias, quase insignificantes, a não ser pela história que lhes contarei.

Um taxista chamado Paranhas, que tinha uma cara de malandro inocente, cliente assíduo da mecânica e indivíduo chegado a questões esotéricas, certa vez se aproximou de mim e pediu:

– Puxe uma carta deste baralho.

Achei graça da proposta, embora não soubesse o que ele pretendia com aquilo. Botei energia na mão e puxei: valete de ouro. Ele me olhou admirado.

– Eu tenho muito medo de você.

Tentei interpretar o que ele disse, mas antes que algo de convincente me viesse à mente, depois de guardar a carta no baralho, Paranhas completou.

– Mas tudo o que você toca vira ouro – disse-me, com uma expressão de deslumbre na face, como se estivesse diante de um iluminado.

Parecia mesmo proferir uma bênção. A convicção que seus olhos de lança apontavam para minha pupila ingênua de garoto me fez gravar a frase.

Sempre que me falta força para algo, coloco-a no velho aparelho da memória e a ouço. É mais um dos vinis a que recorro sempre que quero ouvir os chiados do tempo e lembrar de tudo o que fiz só por acreditar em frases que aos ouvidos dos outros podem não passar de autoconvencimento. Que sejam! Desde que eu realmente esteja convencido.

• • •

Só vê quem acredita. Quem espera ver para acreditar morre achando que o mundo não passa de uma eterna promessa de felicidade sem concretização. Alcançar um objetivo depende mais da fé e da vontade do que das aptidões que possuímos. Eu queria ser um empresário, assim como era técnico. Como? Não sabia. Sabia apenas que cedo ou tarde eu enxergaria nas indicações oníricas da vida o caminho que o universo me havia destinado muito antes de eu ter nascido. Para isso, precisava fazer o que minha intuição soprava. Do contrário, meu destino seria uma estrada com alto investimento cósmico, mas sem nenhuma alma a percorrê-la.

Apesar de estar com meu tempo cada vez mais preenchido pelas aulas e pelas atribuições intrínsecas a um comerciante, professor que se presa não deixa de treinar. Assim, quando podia, fazia minhas lutas. Como é hábito, no judô e no jiu-jítsu, ia a outras academias conhecer novas formas de praticar as artes, conhecer novas pessoas, novos atletas e, quem sabe, fazer amizades. *Benchmarking* não é regalia do mundo corporativo.

Certa vez, fui à Associação Alto da Lapa, academia que fica em bairro homônimo na zona oeste da capital paulista. O *sensei* era, e ainda é, Rioti Uchida, famoso por seguir ao pé da letra a filosofia do judô criado por Jigoro Kano. Mesmo sem conhecer ninguém, fui muito bem recebido. Uchida, cujo semblante parece estar sempre pronto para lhe presentear com um sorriso, encarregava-se de fazer com que me sentisse em casa. A verdade é que, qualquer academia que zele pela conduta basilar do judô será sempre receptiva e respeitosa.

Contudo, durante o *newasa* (treinamento de luta no solo), me envolvi em um acidente. Lutava contra um dos atletas mais graduados da academia. Porém, minha especialidade era o chão e criava boas oportunidades, muitas vezes barradas pelo empenho do oponente, que mostrava muito conhecimento técnico. Mas em um lance de astúcia, encaixei nele um estrangulamento. Ele não bateu em desistência; tentava, de todas as formas, se desvencilhar. Só não continuou a tentar porque, quando dei por mim, ele estava desacordado.

Visitar uma academia e participar de acontecimento constrangedor como esse é o mesmo que ser convidado para um jantar de noivado e derramar vinho no vestido branco da noiva.

Depois que se restabeleceu, pedi desculpas e continuei a treinar, embora o mal-estar que sentia me tirasse um pouco o ânimo. Ao fim, agradeci pela oportunidade e me despedi. Fui embora bastante contrariado. Mas o que podia fazer? Ele não bateu. Não bateu e talvez não batesse nunca, como descobriria algum tempo depois.

Ao lado da Companhia Atlhetica há um restaurante, acolhedor em sua simplicidade, sonorizado por risos de pessoas entregues a um intervalo de descontração em suas rotinas carregadas de atribulações. Geralmente, os clientes do estabelecimento são funcionários das inúmeras empresas que funcionam naquela região. Eu era um deles.

No que parecia apenas mais um dos incontáveis almoços que fizera ali, saía do estabelecimento para retomar meus afazeres na Companhia Athletica, quando ouvi um grito:

– Max!

A voz vinha de uma das mesas mais ao fundo do restaurante. Olhei para onde me parecia ser a origem do chamado e não tive dificuldades para reconhecer o homem com o qual eu havia treinado na academia do *sensei* Uchida. Do constrangedor primeiro encontro até aquele ali transcorrera quase dois anos, se não me falha a confusa memória, ao menos para datas, pois não esquecera a fisionomia dele, radiante com uma risada que ocultava sua natureza austera e guerreira.

É engraçado, mas há semblantes que por mais comuns que sejam se fixam à nossa memória, sem nos darmos conta. Em contrapartida, há outros que, por mais que vejamos com frequência, se perdem como letras burocráticas reproduzidas por carbono.

– Fala Motta! – Lembrava-me do nome dele também, Rodrigo Motta. Conversamos um pouco sobre a vida, sobre as artes marciais e sobre as competições de que havíamos participado. Embora não nos recordássemos um do outro dessas oportunidades, inúmeras vezes estivéramos nas mesmas competições. A conversa era boa, mas precisava voltar à academia. Então pedi licença e disse que estava atrasado. No entanto, ele quis se despedir e, para se levantar, o vi pegar uma muleta, até então escondida aos meus olhos, ao lado da mesa. Fiquei constrangido por uma segunda vez, principalmente quando ele me falou sobre a gravidade da contusão no joelho.

Em um primeiro momento, o médico chegou a alertá-lo sobre o risco de não poder mais andar. O tempo provava que ele voltaria, mesmo que se escorando nos apoios que machucam menos as axilas do que a alma de um atleta. Agora, voltar a praticar judô era impensável. Era abusar da sorte – muitos pensariam dessa maneira.

Para suavizar a angústia que eu sofria me colocando no lugar dele, falei a primeira besteira que me veio à mente:

– Quando estiver melhor, venha treinar com a gente aí na Companhia. É mais tranquilo; a luta é no chão. Não usa muito as pernas.

Na minha cabeça, aquele convite era uma gentileza, mas para uma pessoa mais sensível, poderia soar como grosseria. Felizmente, Motta era menos "sensível" do que minha possível gafe e, alguns meses depois, apareceu na academia, sem liberação médica, é importante registrar a irresponsabilidade, pedindo-me para treinar. Não sou médico, mas confiava, e confio, na minha intuição e na dele. Acreditava que o jiu-jítsu não lhe faria mais mal ao joelho. Ao contrário, acreditava que, pela gana que tinha, as aulas só fariam bem a Motta, especialmente ao seu espírito.

Não estava enganado. Em poucos anos, eu o veria vencer campeonatos brasileiros de jiu-jítsu e de judô, entre os masteres – atletas com mais de trinta anos.

Entretanto, descobrira em Motta mais do que um excelente aluno.

Executivo bem-sucedido em multinacionais, sujeito dado aos estudos e com uma capacidade intelectual justa ao seu talento como lutador, Motta me mostrou que, para ser tudo o que queria ser na vida, eu precisava de mais erudição. Começou a incentivar-me a ler, o máximo que pudesse, de literatura a livros de negócios. Falou-me sobre a importância de fazer cursos. Foi sob sua influência que provei a mim mesmo que podia ser, como empresário, tão bom quanto era como técnico. Cada vez mais enxergava o caminho que me fora reservado.

• • •

A fé nessa nova estrada que se desenrolava me estimulou a enfrentar um novo desafio. Havia um curso de empreendedorismo promovido pelo Sebrae (Serviço de Apoio às Micro e Pequenas Empresas), chamado Empretec. Motta me havia falado dele e fiquei bastante entusiasmado com a possibilidade de participar de algo parecido. Por se tratar de uma dinâmica de grupo, ainda existente, não posso revelar detalhes do processo, apenas que tínhamos de abrir uma empresa em ramo de atividade sigiloso e uma semana depois fechá-la. Os resultados seriam avaliados e o gestor da empresa com melhor desempenho teria espaço na revista do Sebrae e teria direito ao lucro obtido ao longo da semana de funcionamento.

Lembro-me de que, no dia em que procurei me interar sobre o curso, encontrei na sede do Sebrae uma mulher que havia participado em outra oportunidade e conseguira o melhor resultado entre os alunos. Comentava isso com algumas pessoas, dizia que saíra na revista do Sebrae e tudo. Fiquei entusiasmado. Queria sair na revista do Sebrae também, queria ser o melhor aluno. Foi pensando em ser o melhor aluno que consegui vaga como agregado na casa de Umakakeba. Foi com esse pensamento que consegui quase tudo na vida.

Toda essa vontade sem conhecimento técnico – o mínimo que fosse – não me traria espaço na revista do Sebrae. Assim, aquela semana foi marcada por muito empenho. Eu me concentrava nas vendas e nas compras, e a Daniela na gestão do fluxo de caixa. A Gary e a Luiz eu perguntava tudo o que se pode imaginar. Nunca tive vergonha de perguntar. Não existe pergunta tola. Tola é a ignorância. Tolice é deixar de perguntar. Deixar de perguntar é deixar de aprender. Aprendi muito naqueles dias. Fiquei satisfeito e confiante.

O fato é que fiz daquela semana minha vida inteira. Sempre enxerguei na compra a fonte de sucesso de qualquer empreendimento. Assim, esforçava-me por comprar da melhor maneira. O primeiro passo, a exemplo do que fazia com os quimonos, com os suplementos alimentares e com os demais produtos, era eliminar os atravessadores. Depois, negociar com inteligência, zelando, sobretudo, pela qualidade. Na hora da venda, a ideia era ter escala. Bati na porta da casa de todos os meus conhecidos na cidade de São Paulo. Também bati na porta dos amigos dos meus amigos. Não tenho a menor dúvida de que a rede de contatos que eu tinha colaborou, e muito, para o resultado daquele trabalho.

Na cerimônia de conclusão do curso, quando a empresa com melhor desempenho seria revelada, fui de terno e gravata. Embora não seja fã dessa indumentária, ela expressava minha autoconfiança, era meu quimono no *shiai* (luta para valer) dos negócios, embora ali especificamente não quisesse embolsar nada, tanto que doei o lucro da empresa provisória a uma instituição de caridade. O mais importante já havia embolsado, o conhecimento. Agora, um incremento no currículo e um bocado de projeção não me fariam mal algum. A verdade é que, embora menos valorosa do que a luta pura e simples, a vitória é uma recompensa que não se pode destratar.

Por isso, quando fui anunciado vencedor, senti-me ainda mais forte. Desafios vencidos são alimentos para a esperança. Minha vida, a cada dia que passava, se mostrava muito mais promissora e bem-sucedida do que podia supor aquela linda mulher que me ajudara a vender os camarões.

Mas, enquanto corria para desenvolver minha veia empreendedora, continuava firme na carreira de professor. Inclusive, assumira um novo posto. Três anos após chegar a São Paulo, tornara-me professor de judô do tradicional Colégio Magno, onde, assim como acontece com a Companhia, trabalho até hoje. Em matemática, sempre gostei mais das somas do que das subtrações. Na vida, também. Por isso, raramente largo alguma coisa para fazer outra. Procuro conciliá-las.

• • •

A semente plantada no solo do jiu-jítsu, sob o nome de Companhia Paulista, logo quando da minha chegada a São Paulo, cresceu e se formou uma grande árvore e, em pouco tempo, seus ramos eram fortes e cheios de folhagem. Era curioso observar que, assim como Umakakeba era um herói para o meus alunos, eu começava a ser um herói também para os alunos dos meus alunos, mundo afora. Meu conhecimento passou a ter grande valor e minha rede de relacionamentos, alguns anos depois da formação dos primeiros faixas-pretas, me levava para lugares que jamais imaginara conhecer.

De repente, via-me dando seminário de técnicas de jiu-jítsu em academias na Califórnia, para onde ex-alunos haviam emigrado, fundando unidades ligadas à Companhia Paulista. Era mais uma fonte de renda para mim e a comprovação do meu valor como mestre. Descobria que, embora o acréscimo espiritual das artes marciais sobre uma vida seja imensurável, o conhecimento sobre o tema, se bem aproveitado, pode unir o útil ao agradável. Podemos fazer o que amamos e nos alimenta a alma, e também obter parte do sustento material.

Contudo, não esquecia uma das bases do judô: prosperidade mútua. Nos eventos que realizo em academias de alunos divido os ganhos com eles que, espero e acredito, farão o mesmo com seus pupilos no futuro.

Mas não faria seminários e palestras restritos ao tema jiu-jítsu. Nem meus ouvintes seriam apenas praticantes de artes marciais. Meu trabalho extrapolou as fronteiras desse universo. Fui convidado a treinar, em defesa pessoal, alguns agentes do FBI (Federal Bureau of Investigation) e mais 10 mil funcionários da antiga Febem, atual Fundação Casa. Dois grandes trabalhos que realizei.

Mais do que isso... Motta, que cada vez mais participava da minha vida e em pouco tempo passou a ser o responsável pelas ações de marketing da Companhia Paulista de Jiu-Jítsu, enxergava na minha trajetória um exemplo de empreendedorismo. Sugeriu, então, que eu transformasse essa experiência em uma plataforma de autopromoção e difusão de conhecimento. Apresentou-me para um grupo de amigos que se reúnem todas as segundas-feiras, às oito horas da noite. E foi para eles que proferi minha primeira palestra.

Em pouco tempo, o caiçara que aprendeu a navegar, a vender e a lutar por força das circunstâncias estava fazendo curso de neurolinguística e lecionando sobre motivação a plateias de executivos de grandes empresas, como a Coca-Cola e a Johnson&Johnson. Em pouco tempo, meu cordão de relacionamentos, cujo primeiro nó fora dado no universo das artes marciais, estendia-se cada vez mais. Tanto é que, entre as pessoas para as quais eu apresentara minha primeira palestra, encontrei mais um grande amigo, José Vicente Marino, de quem recebi o direito de chamá-lo de padrinho. Era mais uma bênção em minha vinda, mais uma amizade oriunda da minha amizade com Motta.

Aliás, posso afirmar com segurança que o carinho que sempre nutri por Motta me convencia de que algumas amizades precedem o encontro que as formalizam aos olhos, aos sentidos. Posso afirmar que algumas amizades parecem escritas em algum lugar do céu antes de se materializarem no plano terreno. Amizades que geram novas amizades com as mesmas características.

Digo isso porque, além de José Vicente, Motta veio a me apresentar Marcelo Fugimoto, um japonês baixo e forte, cuja agilidade mental no plano da razão e o domínio da técnica na prática do judô lhe conferem uma leveza de espírito admirável. A afinação entre nós três não me deixou dúvida sobre a teoria das amizades predestinadas e, a exemplo do que acontecera com Motta, Fugimoto também passou a treinar jiu-jítsu comigo. Em pouco tempo, eu e Fugimoto também nos tornamos mais do que aluno e professor, nos tornamos grandes amigos, amigos de um tempo muito mais extenso e intenso do que havíamos vivido.

Foi com essa confiança instantânea, com essa paisagem de conhecimento que pessoas especiais são capazes de nos trazer sempre que estamos dispostos a enxergá-la que tive uma ideia.

Fugimoto e Motta eram formados em Administração de Empresas pela Fundação Getúlio Vargas (FGV). Ambos eram bem-sucedidos.

Fugimoto respondia pela implementação no Brasil de sistema de uma das maiores empresas de tecnologia do mundo; Motta, por seu lado, era executivo de marketing de uma multinacional de bebidas. De minha parte, tinha muita experiência no campo da gestão de pessoas e um imenso desejo de ser alguma coisa no mundo corporativo.

Assim, propus uma aliança empresarial. Montamos, a partir daí, uma empresa de consultoria para pequenos e médios empreendimentos. Eu fiquei com a parte motivacional, o trato com a equipe (funcionários). O Motta, com o marketing; o Fugimoto com sistemas (tecnologia) e a parte financeira. Chegaríamos à empresa, avaliaríamos seus pontos fortes, em cada uma dessas áreas, tentaríamos melhorá-los, avaliaríamos seus pontos fracos, tentaríamos erradicá-los.

Mas, como acontece em uma luta, também nos negócios o movimento que fazemos às vezes nos revela que o ataque preestabelecido nem sempre é o mais adequado às circunstâncias. É preciso aceitar os fatos, abrir mão de uma estratégia e improvisar outra para alcançar o mesmo objetivo de modo mais seguro.

Uma das primeiras empresas que visitamos foi uma pequena rede de lojas de artigos esportivos, com foco em suplementos alimentares. Eu já havia atuado nesse ramo, e quando me deparei com os problemas do cliente e com as soluções que encontrávamos para ele pensei: por que não montamos uma empresa de artigos esportivos focada em suplementos alimentares? Fugimoto e Motta gostaram da sugestão. Em pouco tempo, criamos a CNC – Corpo, Nutrição & Companhia.

De 2004, ano em que fundamos a empresa, até a conclusão deste livro, havia se passado mais de três anos, tempo suficiente para que a CNC germinasse mais duas unidades, tornando-se uma modesta mas promissora rede de três lojas presentes na capital paulista.

Antes de ampliar o número de unidades de três para quatro ou cinco, enfim, estamos criando uma nova divisão, a CNC Sucos, que integrará as lojas com espaço para abrigá-la. Será uma espécie de restaurante, onde os clientes poderão encontrar, além de sucos de fruta natural, refeições saudáveis. A ideia da CNC é integrar a mais alta tecnologia em suplementos alimentares com alimentos saudáveis, mudando o hábito alimentar das pessoas, para que tenham mais bem-estar e saúde.

Em minha opinião, um empreendimento é vida, por isso devemos respirá-lo e não enxergá-lo como um burocrata, como um mero batedor de cartão. Por isso, posso dizer sem medo de ser contrariado que, para todos os lugares que olho, procuro tirar ideias para o meu negócio.

Embora ainda não tiremos a maior parte dos nossos proveitos da CNC, trata-se de uma companhia sólida e em expansão permanente, como a amizade que a fundou.

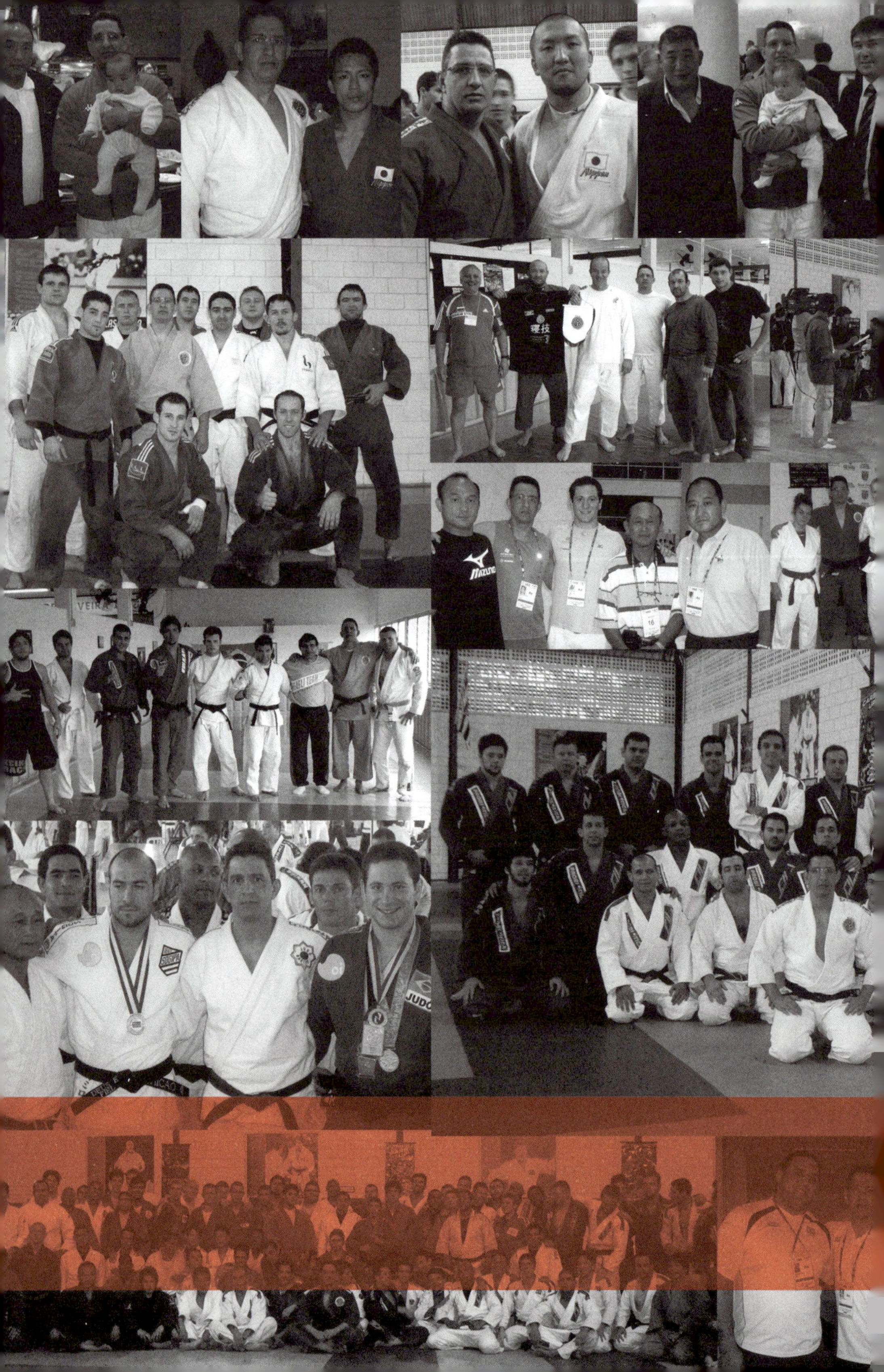

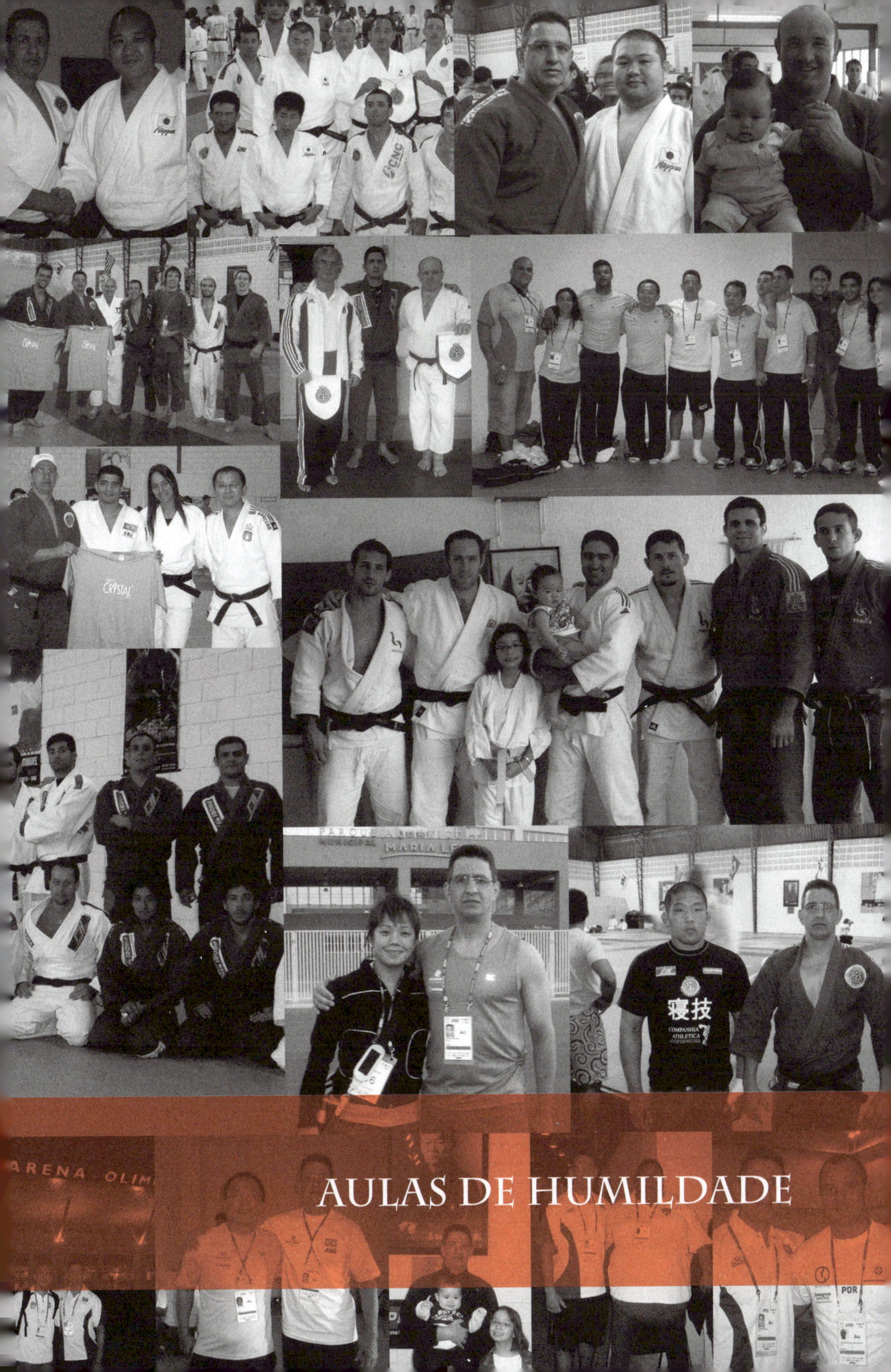

AULAS DE HUMILDADE

A gratidão dá sentido ao nosso passado,
traz paz para o hoje
e cria uma visão para o amanhã.

Melody Beattie

Como nos sonhos dos adormecidos, na vida, as realizações muitas vezes nos vêm de forma cifrada. Confesso que não me incomoda recordar o fracasso. Afinal, no meu caso, ele trouxe consigo a semente do sucesso. Ao bem da verdade, desde o momento em que decidi não mais chorar pela eliminação na seletiva olímpica, dispus-me a enxergar o episódio como uma passagem necessária para algo que estava por descobrir.

O fato é que, se na ocasião da seletiva tivesse conseguido a vaga, não teria com o jiu-jítsu vínculo tão estreito como o que tenho hoje. Provavelmente, não seria professor da Companhia Athletica e tampouco passaria a ser um famoso professor de técnicas de luta no solo. O caminho em que caí, dessa forma, parece ter me distanciado do velho sonho, mas me aproximado de um que não sabia ter. Isso porque nem sempre o caminho que escolhemos é o que nos serve. Muitas vezes somos escolhidos pelo caminho e, apenas imaginando onde vai dar, seguimos e encontramos algo maior do que supúnhamos.

Se minha consciência havia esquecido do sonho olímpico, minha sina ainda dele se recordava e, na hora certa, se incumbiria de me lembrar.

Estávamos no começo de 2006, se não me engano, mês de maio. Mais uma vez, o chamado ao desafio me veio por telefone. Mais uma vez, de forma inesperada, embora por toda minha juventude eu houvesse esperado algo, que se não era exatamente o que viveria, era bem parecido, imagino.

– Olá, Max, quem fala é Luiz Shinohara...

Shinohara é ninguém mais ninguém menos do que o técnico da seleção brasileira de judô. O simples fato de ser procurado por ele, que fosse para me perguntar a cor do cavalo branco de Napoleão, já me deixaria honrado, mas era mais do que isso.

–Então, Max... o técnico da seleção japonesa de judô me procurou para saber mais sobre as técnicas de solo que desenvolvemos aqui no Brasil, especialmente através do jiu-jítsu brasileiro. Ele me pediu uma indicação, alguém que pudesse treinar com a seleção olímpica japonesa no chão. Eles querem conhecer nosso modelo de luta no chão. Eu gostaria de indicá-lo. Eles viriam ao Brasil para treinar com você por duas semanas. Pode ser?

Meu Deus! Nove medalhistas dourados olímpicos viriam "aprender" comigo, e Shinohara me perguntava se podia ser? Só em sonho.

– Claro – respondi, sem pensar em nada que não fosse a aula que em breve daria.

É curioso como, não apenas os negócios, mas a vida, de um modo geral, se assemelha ao judô. O grande judoca é capaz de entender a frequência física, mental e espiritual do adversário; capaz de entrar nela e de sair, tirando junto o oponente, de modo a tê-lo em domínio, de modo a aplicar-lhe o golpe. Só estando na mesma frequência do adversário, somos capazes de tirá-lo dela. Passamos a vida tentando entrar na frequência da felicidade, mas nem sempre é possível; muitas vezes, imaginamos que conseguimos e, quando disparamos o golpe, descobrimos, com tristeza, que estávamos iludidos.

Durante toda minha vida busquei a frequência olímpica, mas só depois de muitas desilusões, só depois de acreditar que não mais conseguiria encontrá-la, eu a encontrei, e da maneira mais inusitada. O velho ditado diz: "Se a montanha não vai até Maomé, Maomé vai até a montanha". No meu caso, era como se o contrário acontecesse: eu sempre lutei por chegar ao Olimpo, sem conseguir; de repente, o Olimpo vinha até mim.

Shinohara mudou minha vida.

Quando os japoneses chegaram, o primeiro que cumprimentei foi Hitoshi Saito, chefe da delegação nipônica. Quando atleta, Saito se notabilizou por ser o maior rival de Yamashita, considerado o maior judoca da história. Yamashita jamais perdeu uma luta. Saito foi quem mais se aproximou de vencê-lo.

Estava diante de uma constelação de ouro. Uma constelação que durante os treinos brilhou no chão, brilhou pela humildade, pois meus alunos em 95% dos embates levaram vantagem sobre os japoneses. Atletas do porte de Tadahiro Nomura – três vezes campeão olímpico; Keiji Suzuki, campeão mundial e olímpico; Yasuyuki Muneta, também campeão mundial e olímpico; Hiroshi Yzumi, campeão mundial e vice-campeão olímpico – batiam em desistência para meus pupilos e não tinham vergonha de declarar que "apanharam" muito, pois sabiam que, dessa forma, tinham aprendido muito. No judô, cair é aprender. No judô, o princípio é a queda. A derrota é a riqueza, desde que se consiga enxergar seu valor. Isso é judô.

Se os japoneses aprendiam, eu aprendia ainda mais. A aula de modéstia e humildade dos nipônicos, a mim, equiparava-se à conquista de uma olimpíada. Treinava com meus ídolos e aquela comunhão provava, definitivamente, que o judô e o jiu-jítsu têm o mesmo espírito.

Aliás, quero deixar claro que não ensinei nada àqueles monstros do judô; seria presunção demais afirmar algo do gênero. Eu e meus alunos apenas mostramos aos japoneses o valor do jiu-jítsu brasileiro, fundado pela família Gracie e inspirado na arte marcial japonesa. Ainda assim, depois dessa experiência, virei referência para outras seleções. Se os melhores me procuraram, os demais deveriam fazer o mesmo. É assim com tudo na vida, até mesmo nos negócios. Não podemos ignorar o que os melhores fazem. Para sermos bons, o mínimo que podemos fazer é acompanhar e nos espelharmos nos melhores.

Assim, Alemanha, Áustria, Escócia, Eslováquia, Eslovênia, Espanha, França, Finlândia, Inglaterra, Irlanda, Portugal, República Tcheca, Rússia, Colômbia, Chile, Equador, Venezuela, Uruguai, República Dominicana, Canadá, México, Israel e dois atletas da seleção cubana me procuraram depois do Japão, também em 2006. Todos queriam conhecer nosso jiu-jítsu, como parte do preparo para as competições que aconteceriam no ano seguinte. Os Jogos Pan-Americanos e o mundial de judô aconteceriam em 2007 e se realizariam no Rio de Janeiro.

• • •

Nunca me afastei do judô. Mesmo depois de o jiu-jítsu na Companhia Athletica crescer exponencialmente e eu não mais dispor de horário para dar aula de judô, continuei a ensiná-lo no Colégio Magno. Lá, a finalidade primordial do judô, a de formar grandes seres humanos, se sobressaía à sua finalidade secundária, a de forjar campeões no tatame.

Escrevo finalidade primordial e secundária porque, quando Jigoro Kano fundou a arte marcial, seu objetivo era resgatar o valor da honra entre os japoneses, entre os praticantes de artes marciais, e não resgatar o valor da vitória. Segundo o mestre, o melhor judoca não é o que vence todas as lutas, mas aquele que vence ou perde sem abandonar a própria dignidade, sem deixar de lado a honra. Por isso, judô é caminho antes de ser arte. Judô é uma forma de vida.

Costumo dizer que, se todos os presidentes, primeiros-ministros, reis e afins fossem judocas, não haveria guerra no mundo. O judô não defende a paz pela inércia. Para Jigoro Kano, a paz se conquista pela luta. Luta que se deve travar todos os dias, interna e externamente. Não se trata da luta pelas armas, que acabará na aniquilação, mas de uma luta suave. Trata-se da luta pela conciliação, que respeita o oponente e que enxerga nele o valor de alguém que tem muito a nos ensinar. O fundador do judô enxerga o embate como parte de um processo de construção de uma nova realidade, a qual fará dos dois contentores melhores. Parece contraditório, mas o judô é um antídoto contra a guerra, pois a sublima com sua filosofia.

Eis a maior riqueza do judô. Riqueza que justifica o amor que a maior parte dos mestres de judô tem de seus alunos. Não os amamos porque nos ensinaram a derrubar. Nós os amamos porque nos ensinaram a cair, a derrubar e a viver, encharcados dos mais nobres sentimentos. Um deles, do qual já falamos, mas que em se tratando de judô jamais nos cansaremos de falar, é a gratidão.

Estou no Magno há mais de dez anos, graças a um grande amigo: José Elias. Por seu intermédio, cheguei a essa instituição, conduzida por Tia Miriam, Maurício e Claudinha, todos da família Tricate, na qual valores como honra, companheirismo e gratidão são as principais disciplinas da grade curricular. No Magno, tive a oportunidade de educar para o judô crianças e jovens em idade escolar. Além de dar aulas em uma das unidades do colégio – ao todo são quatro –, há algum tempo sou o coordenador da disciplina. Ver aquelas crianças todos os dias deixa sempre fresco na memória a lembrança dos meus primeiros passos no "caminho suave". Lembrança de Josino, cuja luz nos olhos me servira de farol em uma noite escura e atormentada no mar da vida.

Foi com essa lembrança agradável, de gratidão, que tive uma ideia.

Como já disse, tinha por hábito contar histórias aos meus alunos, após os treinos. Muitas das histórias aqui narradas, meus alunos ouviram antes. Meu primeiro e memorável *sensei* inúmeras vezes era um dos personagens das histórias que contava. O interesse deles em conhecer esse e outros personagens era semelhante – imagino – ao que temos em conhecer os personagens, tão próximos e ao mesmo tempo tão distantes, dos filmes que assistimos na infância. Então, resolvi lhes fazer uma surpresa, e dar a Josino um presente, uma boa lembrança em resposta às muitas que ele me havia dado.

Vindo a São Paulo para participar de um curso de *kata* (a justa forma do golpe), Josino ficou hospedado na Federação Paulista de Judô (FPJ). Em um intervalo do curso, fui buscá-lo para levá-lo ao Magno. Trajado de quimono, Josino foi apresentado aos meninos e às meninas aos quais dou aula. Não o levara ali para uma apresentação prática de judô. Levara-o simplesmente para agradecer, diante dos meus pupilos, tudo o que ele havia feito por mim. E o que ele havia feito por mim era quase tudo o que eu precisava.

– Gostaria de dizer que só estou aqui, ensinando judô a vocês, porque este homem passou pela minha vida. Se não fosse ele, vocês provavelmente jamais me conheceriam.

Josino não esperava, assim como eu não esperava vê-lo chorar diante da homenagem.

Naquele instante, muita coisa deve ter se passado na sua cabeça. Deve ter se lembrado do garoto carente de pai que eu era, e de como fora importante em minha vida, de como tentara me aproximar de Milton, como ele chamava meu pai provavelmente desde os tempos em que ensinava violão a meu tio Nelson. Deve ter se lembrado do garoto que estava disposto a tudo para aprender judô, para não largar a boia salva-vidas que ele havia jogado para que o garoto pudesse subir ao convés da embarcação. Deve ter se lembrado dos tantos garotos aos quais ensinara os princípios dos samurais. Deve ter sentido um orgulho de si, um orgulho de pai.

• • •

A cada nova conquista, a cada nova oportunidade que a vida me apresentava, pela trilha inesgotável do judô, lembro dos meus mestres. Por isso, faço questão de lhes oferecer o ano de 2006, quando a nata do esporte veio parar nas minhas mãos, quando puxei treino para os maiores do mundo. Contudo, o abençoado 2006 era apenas um aquecimento do que estava por vir. Como já escrevi, 2007 seria o ano do Pan-Americano e do mundial de judô no Brasil. Ambas as competições seriam disputadas na cidade do Rio de Janeiro e a procura pela minha técnica um ano antes não era à toa.

Se outras seleções me haviam procurado para treinar, por intermédio da indicação de Shinohara, era de se presumir que a seleção brasileira, por ele chefiada, também me procuraria. Foi o que aconteceu e, por algum tempo, assisti Shinohara quando o assunto era técnica de solo. Puxei alguns treinos aos atletas brasileiros. Alguns deles eu já conhecia. Era o caso do Alexandre Lee, de quem já falei, titular da seleção na categoria ligeiro, e de Tiago Camilo, titular na categoria meio-médio. Ambos foram alunos de Umakakeba.

Depois de realizar no Rio de Janeiro a maior campanha de sua história em pan-americanos, com a conquista de 13 medalhas, das quais quatro de ouro, o Brasil partiu para o mundial confiante como nunca, embora o grau de dificuldade de um pan-americano seja inferior a de um mundial. Ou seja, se ganhássemos duas medalhas, uma delas de ouro, já teríamos feito um belo papel no mundial.

Para quem, como eu, ama o judô, assistir a um mundial, ao vivo, só não é melhor do que disputá-lo. Assim, fiquei muito feliz quando fui convidado a integrar a delegação durante a competição. Estaria ao lado dos atletas antes de entrarem no tatame. Iria lhes dizer palavras que eu gostaria de ouvir se estivesse ali, prestes a disputar um mundial. Ouviria os ensinamentos de Shinohara aos seus comandados. Aprenderia com ele. Além disso, reencontraria muitos dos homens das seleções de outros países que havia treinado quase um ano antes. Seria reconhecido por eles e cumprimentado.

Fã da arte marcial, como talvez não pudesse deixar de ser, Dani, com quem, àquela altura, já era casado há dez anos, me acompanhou. Não ficava com os atletas, como eu fazia, mas estaria sempre nas arquibancadas, torcendo. Uma mulher especial, sempre disposta a viver ao meu lado os momentos que julgo especial. Além de companheira e motor da CNC, já que tem papel imprescindível na operação da rede, Dani também é gestora da Companhia Paulista de Jiu-Jítsu. Agora, em mais essa etapa da minha vida, lá estava ela, tão entusiasmada quanto eu.

Embriagado de alegria, ansioso por assistir às lutas e deslumbrado com a grandiosidade do evento – um mundial de judô é bem maior do que um de jiu-jítsu, esporte mais novo e ainda pouco projetado internacionalmente –, fui devolvido ao chão por uma notícia inesperada.

– Max! – disse-me Mário Tsutsui, um dos membros da delegação e, como eu, Lee e Camilo, ex-aluno de Umakakeba. Aliás, o primeiro dos pupilos do velho mestre a conseguir projeção nacional.

– O que foi? – perguntei, ao perceber que estava com um semblante enigmático.

– Sabe quem está aí?

Antes de eu conseguir pensar em alguém, ele completou:

– Umakakeba *Sensei* – disse-me, ao modo japonês.

Sensei Umakakeba estava no ponto mais alto das arquibancadas, munido de um binóculo, sem o qual seria impossível assistir às lutas como gostaria. Para chegar até ali, contudo, o mestre comprou uma passagem de ônibus e rodou quase vinte e quatro horas, de Bastos ao Rio de Janeiro. Ele não perderia a oportunidade de ver um de seus pupilos em ação em um mundial de judô. Um apenas, porque Lee, por conta de uma lesão no ombro, não poderia lutar; tinha sido cortado na semana anterior. Tiago Camilo era o remanescente.

– *Sensei* Umakakeba, o senhor quer um binóculo melhor? – eu disse, para surpresa dele, que não sabia que eu estava lá.

Tsutsui estava ao meu lado, e, ao rever os dois alunos, Umakakeba revelou sua alegria em um riso raro. Sua felicidade foi ainda maior quando viu que o binóculo que lhe oferecia era uma credencial para assistir às lutas da área reservada, o mais próximo dos tatames que conseguiria.

Como eu tinha livre acesso a todas as áreas da arena por fazer parte da delegação – podia ficar até mesmo na área de aquecimento dos atletas –, levei Umakakeba para dar uma volta pela Arena Olímpica do Rio. Juntos, pudemos ver pessoalmente Yamashita, o Pelé do judô, Anton Gessink, a lenda holandesa, entre outros. Ele ficou embasbacado quando Tarmelan Timenov, vice-campeão olímpico na categoria pesado, fez uma reverência para mim e me chamou de *sensei*. O russo também havia treinado *newasa* comigo um ano antes. Não escondeu o ar de satisfação quando Saito agradeceu pelos treinos que havia puxado à sua seleção em 2006.

– Tá famoso! – comentou, com seu português arrastado e com um brilho de orgulho nos olhos.

Encontramos uma porção de judocas que haviam feito história e ainda faziam. Umakakeba foi apresentado à grande maioria deles. Porém, não encontramos um velho conhecido: Tiago Camilo. Ele estava lá, eu sabia onde encontrá-lo. Concentrava-se, pois naquele mesmo dia entraria no tatame para mais um mundial, o primeiro no Brasil. Se viesse um pódio, não seria surpresa, mas ainda assim seria uma imensa alegria.

Perguntei a Umakakeba se queria ver o pupilo. Ele recusou. Não queria que dissessem que tinha parte em algo, fosse na vitória ou na derrota. Sua responsabilidade já era enorme. Afinal, se não fosse por ele, talvez Tiago nem o judô conhecesse.

Quando o pupilo despontou no canto da área de luta, acompanhado de Shinohara, para tomar lugar à beira do tatame, o semblante de Umakakeba se manteve inalterado. Nenhuma espécie de emoção nele se via. Seu corpo e seu rosto não deixavam escapar o menor sinal de emoção diante da cena. Estava tão concentrado quanto o judoca. Não olhava para os lados. Esperava pela hora de pegar na gola e na manga do adversário, como se ele mesmo fosse o pupilo.

A primeira etapa do grande desafio fora superada com louvor. O menino de Bastos derrotou seu oponente com menos de dois minutos de luta, em um belíssimo *ippon*. Umakakeba nem suspirou de alívio. Parecia já ter dirigido o foco da sua atenção para a próxima luta. Para chegar à final, Tiago teria de derrotar mais seis adversários.

Ao voltar ao tatame, Tiago trouxe consigo a vitória outra vez. Mais um *ippon*, mais uma vez em menos de dois minutos. E assim foi na terceira, na quarta, na quinta e na sexta luta. Tiago estava na final e prometia. Ganhar seis lutas por *ippon* e em menos de dois minutos em um mundial de judô é um feito.

– *Sensei*, parabéns pelo Tiago – eu disse a Umakakeba, tentando tirá-lo da solidão de sua angústia silenciosa.

Funcionou. Com uma risada tênue, que mostrava a satisfação pelo desempenho do atleta, ele me devolveu:

– Pois é. Agora é perigoso ele ganhar.

Tiago enfrentaria o francês Anton Rodriguez, atleta ao qual eu também puxara treino um ano antes. Anton era um judoca muito dedicado. Perguntava tudo para mim quando esteve em São Paulo, em 2006. No solo, mostrara-se um ótimo lutador. Não facilitava a vida dos meus alunos, especialistas nessa técnica. O brasileiro não teria vida fácil, mesmo tendo no currículo uma medalha de prata na Olimpíada de Sidney e os últimos Jogos Pan-Americanos.

A briga pela pegada demorou por volta de um minuto. Tiago conseguiu fazê-la com mais eficiência. Antes de o francês conseguir quebrá-la, o brasileiro tentou um *de ashi barai* (rasteira), com a perna esquerda. Rodriguez escapou, mas em seguida foi lançado ao chão por Tiago, que se precipitou sobre o oponente com uma das mãos em seu peito, aproveitando-se do seu desequilíbrio. *Ippon.*

A torcida explodiu e com ela um riso de realização desabrochou no rosto de Umakakeba. Tiago também abriu uma risada e girou o dedo indicador apontado para o céu, como se quisesse embarcar em um furacão de felicidade, como se estivesse prestes a alcançar as nuvens. Com o pupilo de Umakakeba, o Brasil ganhava o terceiro ouro em mundiais na história.

Ao sair do tatame, Tiago foi abraçado por Shinohara. Quando voltava para a área de concentração, os jornalistas o cercaram. Estávamos a pouquíssimos metros da agitação, e eu queria que Tiago visse seu mestre. Quando se preparava para responder às primeiras perguntas da imprensa, gritei:

– Tiago, o *sensei* está aqui!

Ele olhou para as arquibancadas, olhou para Umakakeba e, sem pestanejar, franziu o senho, respeitosamente. Depois, afastou os jornalistas, com cuidado, para não parecer agressivo, e se curvou, fazendo a tradicional reverência do judô, o *ritsu-rei.* Umakakeba retribuiu e, quando reergueu o rosto, vi que ele estava em prantos, que as lágrimas em sua face reluziam a energia dos holofotes da arena. Dani parecia sentir tudo o que aquele senhor sentia. Ao lado dele, estava aos soluços.

– *Sensei*, eu vou subir aí – gritou Tiago depois da reverência.

Umakakeba não respondeu.

Aquele instante foi uma espécie de coroamento ao meu amor por aquele esporte. Eu, que me tornara professor, não tinha como não me identificar com Umakakeba ao ver seu pupilo campeão do mundo. Como seu ex-aluno, não podia deixar de me sentir um pouco o próprio Tiago Camilo, com quem havia treinado em Bastos – ele ainda muito menino. O fato é que jamais imaginei que nós nos reencontraríamos em circunstâncias tão felizes. Foi a mais inesquecível experiência que tive no judô. Ali tive a certeza de que éramos uma família. A presença de Dani reforçava ainda mais isso. Ali tive a certeza de que judô e jiu-jítsu são uma só arte, apesar das diferenças na regra. Afinal, só estava ali, entre os maiores do judô, graças ao conhecimento que havia adquirido por meio do jiu-jítsu.

• • •

Em seminário que a Companhia Paulista de Jiu-Jítsu organizou, logo após o mundial de judô, no qual trataríamos de uma série de assuntos, entre os quais técnicas de transição, o que quer dizer levar uma luta disputada em pé para o chão, convidei o *sensei* Umakakeba. Ele seria um dos palestrantes. Ensinaria justamente transição. Mostraria alguns dos inúmeros golpes eficazes para levar o oponente para o solo, de modo a deixá-lo em posição de inferioridade na luta. Embora houvesse judocas na plateia, o seminário se dirigia especialmente aos lutadores e professores de jiu-jítsu.

Seriam dois dias de seminário. O local de realização: a Companhia Athletica. No primeiro dia, ele foi apresentado aos presentes como grande astro do evento. Os olhos dos jovens que ali estavam não ocultavam a admiração que aquele escultor de campeões despertava. Todos sabiam que ele fora o primeiro mestre de Tiago Camilo.

A abertura das palestras coube a mim. Falei sobre o evento, sobre os temas a serem tratados e sobre sua importância. Contudo, lembro-me bem da parte final do meu discurso, quando falaria de Umakakeba. Mal comecei, minha voz enroscou nas lágrimas. Tentava dizer o que ele representava para mim, mas só me ocorriam lágrimas. Os atletas e os professores presentes ao evento aplaudiram. O que mais poderiam fazer? A verdade é que a importância daquele homem em minha vida não caberia em palavras.

Mas o banho de pranto estava apenas em seu início. Além de ensinar transição, Umakakeba palestraria sobre o tema “Como formar um campeão”. Começou por si próprio. Discorreu sobre as dificuldades que enfrentou para tornar-se campeão brasileiro e essa lembrança foi suficiente para embargar-lhe a voz. Ainda assim, ele foi adiante.

Porém, confesso que não lembro de todo o discurso, porque uma só frase pinçada daquela aula de humildade e franqueza, frase que se referia a mim, em contexto que pouco me importa, atraíra toda a energia das minhas reminiscências.

– O Max é um presente de Deus.

As palavras ditas, trêmulas, encharcadas, me inundaram de uma alegria que extrapolava minha capacidade de rir. Não esquecerei jamais daquela frase. Chorei junto com Umakakeba, na frente de todos, e descobri ali que só os arrogantes se envergonham da gratidão.

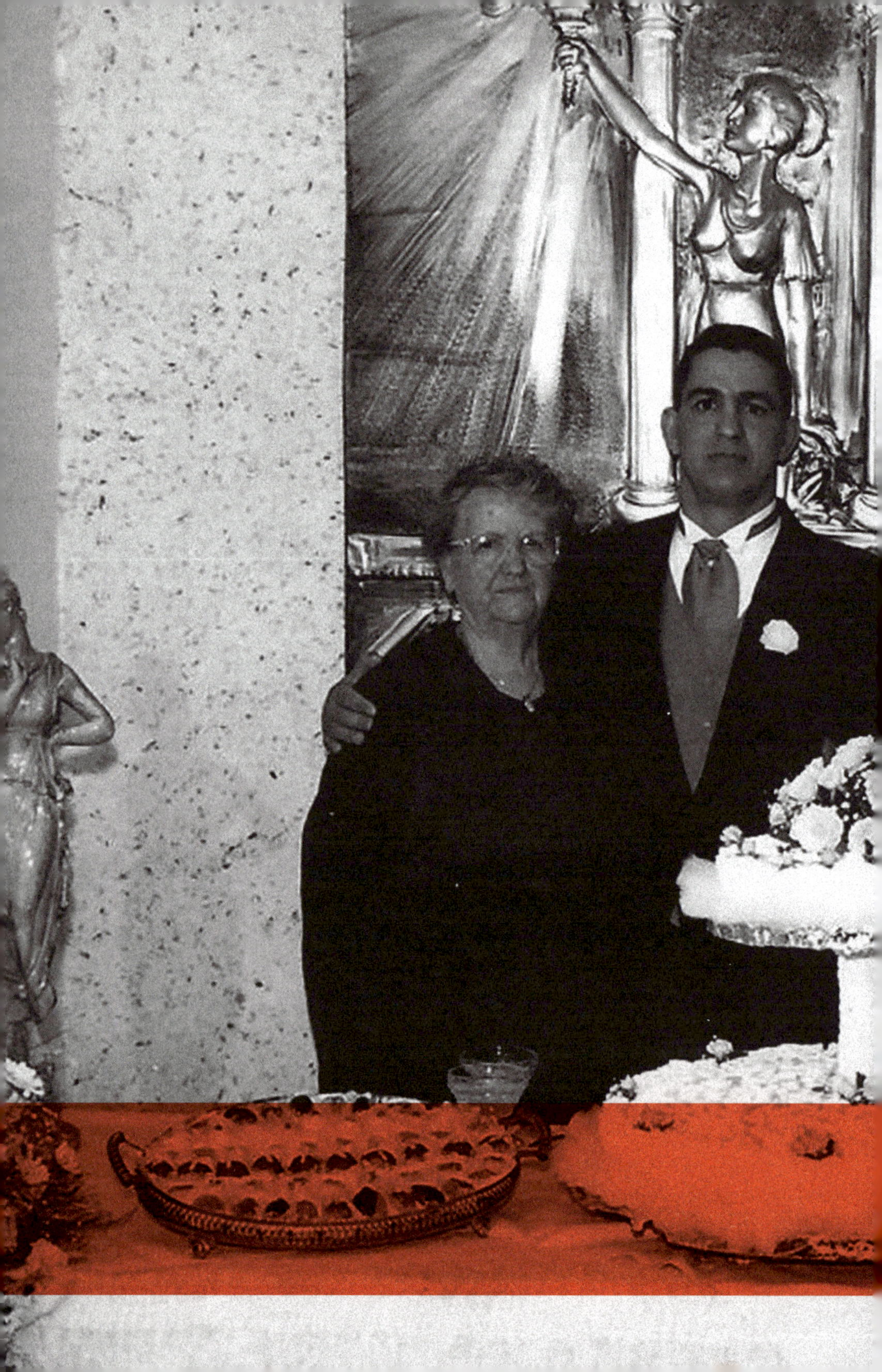

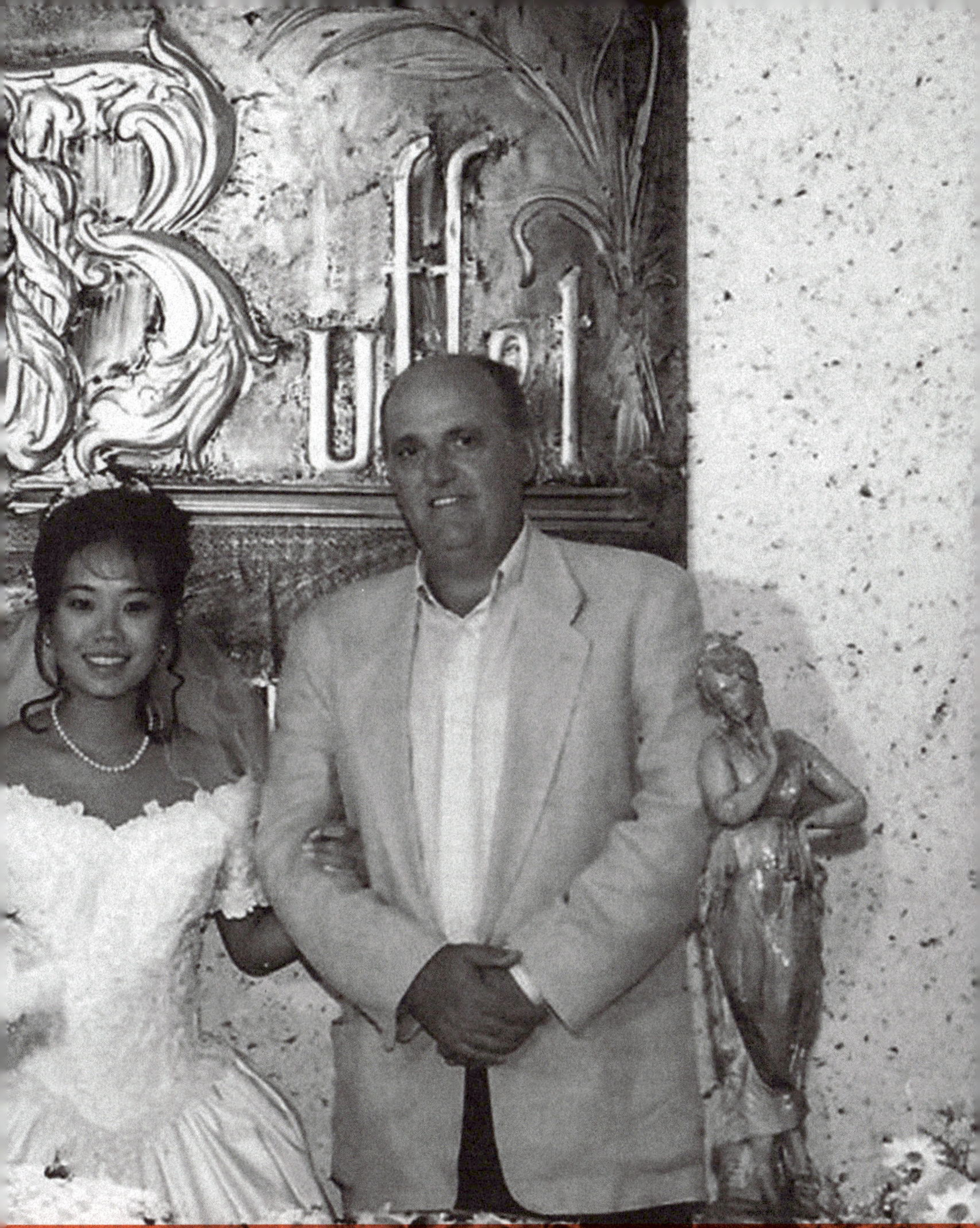

Escrito nos olhos do passado

A vida é a arte do encontro,
embora haja tanto desencontro na vida.

Vinicius de Moraes

O mensageiro do meu reencontro com o passado trazia no hálito uma coragem etílica. Guardada na boca daquele homem estava parte de minha raiz. Sua barba por fazer, sua tez morena e a fisionomia libanesa lhe davam aspecto de profeta degenerado. Parecia investido de uma missão maior do que sua sobriedade. Uma missão divina que ele jamais deixaria de cumprir, temente a Deus como aparentava ser.

– Fala, Trombini – disse-me, afetuoso.

O afeto que recheava as palavras do desconhecido me espantou menos do que a maneira como ele se referia a mim. Estava de férias em Ubatuba – na ocasião já morava em São Paulo e namorava a Dani – e matava a saudade dos amigos da dojô Kano em uma reunião no antigo bar Princesa, próximo à praia do Cruzeiro. Tanto quanto eu, eles estranharam a maneira pela qual aquele sujeito me tratava. Ciente de que eu não gostava de ser chamado de Trombini, um deles saiu em minha defesa.

– Não fala assim com ele.

Existia um respeito grande deles por mim, já que era o *senpai* da turma.

– Que brincadeira é essa? – completei já refeito da surpresa que aquele sujeito me causara.

Aos 24 anos de idade, ainda cheio de ódio e ao mesmo tempo curiosidade em relação a tudo o que se referia ao meu pai, aquele homem era desde o primeiro momento um enigma que precisava ser decifrado.

— Até nisso você é como seu pai — disse, em referência à minha irritabilidade. — Posso ver sua mão?

Aos poucos ele me dobrava. Era um sujeito simpático e agradável, apesar de estar bêbado. Suas palavras soavam invasivas, mas suas expressões a vestiam de uma franqueza delicada. Ele era, sobretudo, confiável, podia-se ver nos olhos.

— Você é como seu pai, mesmo — comentou depois de olhar-me as mãos. — Seu pai fala muito de você. Sou confidente dele. Ele não consegue enfrentar a família.

Para um sujeito ébrio, era complicado articular os pensamentos em palavras melhor do que isso.

— De quem está falando? — perguntei.

— Da mulher e dos filhos dele. Mas sua avó e seus tios querem conhecê-lo.

— Você não sabe o que está falando!

Eu começava a me irritar com aquela conversa que aos meus ouvidos soava como a mais grossa insensatez de um bêbado. Sem contar que eu não queria mais alimentar esperanças que invariavelmente desaguavam no imenso oceano das frustrações.

Diante do meu ceticismo, ele apenas disse:

— Sei, sim.

Os olhos do homem estavam afogados em lágrimas. Era como se sentisse minhas dores e também minhas alegrias; era como se antevisse o resultado de seu plano e se emocionasse antes mesmo de realizá-lo.

Então, ele disse que meu pai era um homem bom; fraco, mas bom.

— Esquece tudo e acredite que seu pai é bom — disse-me.

Contudo, fraco, porque a mulher era quem ditava seus passos. O homem, aliás, disse que sabia do risco que corria ao se aproximar de mim. Havia um aviso velado aos funcionários do parque, aviso que não vinha da boca de Milton nem da boca de ninguém. Porém, o mínimo de sensibilidade bastava para que se farejasse o aviso na maresia: "Não se aproximem do bastardo".

Wilson, esse era o nome do corajoso mensageiro do segredo de meu pai.

— Você não pode brincar assim com as pessoas — disse a ele. Queria acreditar nele, mas não estava pronto para mais uma desilusão.

– Eu sei quem você é pelo seu pai – continuou. – Você vai acreditar em mim agora. Vou levar você para conhecer sua avó em Caraguatatuba.

Fiquei mudo por alguns segundos e depois fui tragado pela curiosidade, pela vontade de ser amado por alguém da minha desconhecida família.

– Como ela é?

– Ela é adorada.

Ele havia me conquistado e sabia disso. Acontecesse o que acontecesse, ele estava próximo de cumprir sua missão e isso o alegrava. Marcamos para o dia seguinte a ida para Caraguatatuba. Eu o encontraria bem cedo em um ponto da avenida Iperoig e então seguiríamos para a cidade vizinha.

Na hora e no local combinados, eu o encontrei, sóbrio, e com o mesmo olhar de coragem do dia anterior.

• • •

A casa que encontrei em Caraguatatuba era, para mim, a arquitetura do poder. Uma verdadeira mansão que trazia na varanda uma senhora cheia de história e absorvida pelo horizonte que o litoral lhe apresentava. Nossa chegada não a tirou de seu oceano íntimo. Entrei na casa sem que Wilson me dissesse nada. Estávamos na ante-sala quando encontramos Gema, a esposa do primogênito dos Trombini, Sidney. Minha tia.

– Olá, Gema... Trouxe uma visita para a dona Maria.

A ante-sala me impressionava pela quantidade de títulos honoráveis. Meu tio Sidney fora prefeito da cidade e meu avô quando era vivo recebera o título de comendador. Parei diante de um imenso retrato dele, quando a tia Gema me lançou um olhar de interrogação que tentava traduzir em minhas feições o que exatamente lhe parecia familiar naquele jovem. Disse-me um "oi" embaraçado, ao qual, formal, devolvi outro "oi". Depois, voltou-se para a escada e gritou, como se faz sem timidez em uma casa de raízes italianas.

– Mãe! Tem visita para você – disse Gema.

Imaculada ouviu e se pôs a descer as escadas. Quando já se aproximava do último degrau, ela perguntou:

– Quem é?

Nesse instante, viu-me, sob o retrato do marido. Suas pupilas pareceram petrificadas por alguns segundos, mesmo espaço de tempo em que suas pernas pararam. Depois, voltou a andar. Vinha, como se estivesse diante da matéria de um velho sentimento, que pensou jamais encontrar; que pensou que ficaria eternamente em sua imaginação. Aquela senhora vinha em minha direção com os olhos marejados, e eu não sabia o que fazer. Fiquei parado.

Ela tocou meu rosto, como se seus olhos não bastassem para sentir o que queria. Parecia moldar minha face com os dedos, descobrindo nela uma reprodução quase perfeita da face do homem de sua vida, Mario, da face de seus filhos, em especial de Milton. Uma reprodução que não era de argila, mas de vida. As palavras que se seguiriam não deixariam dúvidas quanto a isso.

– É meu neto, Miltinho.

Chorei.

Para assegurar-lhes de quem eu era, tirei meu Registro Geral (RG) e entreguei à minha tia, que àquela altura já estava em prantos.

– Não precisa de documento – disse minha avó.

– Ele é a cara do Milton – comentou Gema.

Wilson assistia à sua obra, emocionado. Disse algumas palavras em uma língua que me parecia o árabe, palavras que pelo tom se destinavam a Deus, palavras de agradecimento pela oportunidade de vivenciar aquele instante, de ser o responsável por aquele instante.

Se soubesse antes que aquela casa não era um antro de poder que por mim apenas guardava desprezo, mas sim uma egrégora, cuja afeição em nada se distanciava do amor de Benedito, eu os teria procurado muito antes. A partir dali, passei a sentir uma imensa saudade do que não havia vivido, do amor que circunstâncias, interesses mesquinhos e vaidades fugazes tinham escondido. Encontrei nos olhos de minha avó a esperança infantil que a dolorosa, pobre e negligenciada juventude, do ponto de vista paternal, me tirava dia a dia.

A força dos relacionamentos não está no tempo que duram, mas na intensidade do amor que os eiva. Sou muito próximo dos Trombini.

Wilson seria demitido pouco tempo depois daquele encontro. Por isso ainda tenho uma dívida com ele que jamais poderei liquidar. É curioso observar como não existe felicidade sem gratidão. Quando lembro de Wilson e me vejo dominado por um sentimento de gratidão infinito tenho a real noção da minha felicidade. Felicidade que não sei se meu pai sente, sentia, pois, desde que me aproximei dos Trombini, descobri o quão distante ele é dos irmãos e era da mãe.

Por muito tempo acreditei que Milton guardava distância de mim porque eu era malvisto pelos Trombini. Não era por isso. Seria por que então?

• • •

Quando retornei a São Paulo, estava definitivamente bem com os Trombini. Imaculada, com seus olhos de bondade e sacrifício, já era a avó que imaginava que fosse em meus devaneios infantes, embora a necessidade que eu sentia de escrever minha história com autonomia e independência me colocasse longe dela. Ela só se achegaria mais em mim quando uma notícia bombástica, no bom sentido, patentearia meu amor por Dani.

Àquela altura, dividia apartamento com um amigo karateka, Corisco, cujo nome histórico não é apenas homenagem. Aquele nordestino tinha parentesco com o membro homônimo do famoso Bando de Lampião e se orgulhava muito disso. Dividia o apartamento com ele há mais ou menos dois anos. Antes, passara um ano com Juanito e dois anos na casa de minha tia Erci; na realidade, uma amiga de infância de minha mãe.

Eu ainda não desfrutava de condição econômica que considerasse adequada para casar. Mas o fecundo episódio que serviria de matéria-prima para a bombástica notícia fez com que eu mudasse de ideia e que eu também agilizasse o aumento de fontes geradoras de renda em um espaço de tempo que até ali não julgava ser possível.

Tinha 29 anos e Dani tinha 21 quando, com os olhos carregados de um peso que se convertia em lágrimas, com a certeza de que o futuro não seria mais como havia planejado, sob os moldes engessados da sociedade e dos pais, ela me disse que havia "atrasado". Aquele adjetivo poderia ser a verdade literal, o fiel retrato daquele acontecimento. Mas poderia ser apenas um eufemismo. Geralmente, a tensão que a intuição dispara revela qual das duas possibilidades é. Suspeitávamos fortemente do eufemismo, e o teste de gravidez nos mostrou que a suspeita tinha razão de ser forte. Grávida.

Não quero aqui dizer que tinha e tenho nervos de aço. Mas a insegurança que dominava Daniela nem de longe também era a minha. Eu estava seguro do que sentia por ela e não me importava com o descumprimento de convenções sociais – casar antes de conceber o primeiro fruto. Talvez o fato de enfrentar a ira da mãe, mais apegada a essas liturgias, amedrontasse Dani. Para mim, contudo, a certeza dos meus sentimentos por ela e da reciprocidade era mais do que garantia para o sucesso da nova vida que aquele embrião imprevisto, mas iluminado, nos traria.

– Quem vai falar com os meus pais?

Dani trazia nos olhos as lágrimas de uma menina que morre para nascer mulher. Era o parto antes do parto. O desafio que a faria forte para que pudéssemos tocar nosso destino e alicerçar o destino de nossos filhos. Ainda assim, ao trazer para si as rédeas da própria vida é desejável contar com a aprovação dos pais. Ela não queria que seus pais a odiassem pelo neto "vindo antes do tempo". Temia ser desprezada.

– Eu vou falar com seus pais.

Estava disposto a provar aos meus sogros que o certo e o errado nas questões do amor não respeita normas católicas, respeita as regras dos amantes, unicamente. Tinha honra e paixão suficiente por Dani e pela criança para conversar com seus pais. Não seriam as regras sociais que me impediriam de cometer qualquer espécie de molecagem, seriam meus valores. De que adianta fazer tudo dentro do roteiro social e fora dos mandamentos do coração? Não são as liturgias que edificam as bases de uma família; são os valores das pessoas que se unem e o amor que sentem uma pela outra que as fazem.

Quando cheguei à casa de meu sogro, a luz da sala estava apagada e a televisão ligada no Jornal Nacional (JN). Aproximei-me dele e toquei as notas introdutórias da música desafiadora, cujo ápice em breve seria tocado.

– Preciso falar com o senhor.

Luiz apenas assentiu com a cabeça. Sentei-me no sofá ao seu lado, em silêncio, e deixei o noticiário acabar, pois sabia que detestava que o interrompessem durante o Jornal Nacional. Ao fim do programa, ele se virou para mim com um olhar severo. Parecia ler nos meus olhos a gravidade do que lhe diria. Fui direto, até porque não saberia fazer de outra maneira. Sério, ele chamou a esposa:

– Cristina!... Olha o que ele está dizendo.

Olhei para minha sogra e usei da mesma objetividade.

– A Dani está grávida.

Silenciei por algum tempo diante da catalepsia de meus interlocutores e depois completei.

– Vou fazer tudo o que vocês quiserem – foi o que me veio à cabeça.

– É o mínimo – rebateu Cristina. – Quem vai sustentar? – perguntou-me impiedosa.

– Durmo de madrugada e acordo de madrugada, se necessário for.

Dani estava no quarto, em prantos, sob o amparo da irmã mais nova, que já sabia de tudo. A mãe a chamou e lhe deu um longo e afetuoso abraço. Era a prova de que não nos faltaria apoio. O rosto de Luiz estava sereno, mais do que estivera antes da notícia. Embora não pudesse dizer abertamente, parecia-me feliz com a ideia de ser avô.

Dali a alguns meses, entraria pela larga e alta porta da igreja Santo Ivo, em Moema.

Só recentemente descobri que Luiz já sabia da gravidez quando lhe dei a notícia. A irmã de Dani, possivelmente para preparar o espírito do pai, havia se antecipado, mesmo sem o consentimento da irmã mais velha.

• • •

No dia 3 de maio de 1997, fui auxiliar um amigo, Sérgio Lex, que realizava em sua academia no centro de São Paulo um *kangueiko* (treinamento de inverno). Puxaria treinos de solo até o meio-dia e depois partiria para o apartamento que dividia com Corisco, no Cambuci, bairro entre a zona sul e a região central da cidade. Daria o treino apenas no período da manhã, pois à tarde estaria na igreja, respirando o ar de velas e de energia positiva que vinha daquela plateia tão querida, os convidados do meu casamento.

Almocei com os alunos e com Sérgio; depois fui para casa. Mal cheguei, entrei no banho. Não estava atrasado, mas também não dispunha de tempo excedente. Acabara de desligar o chuveiro quando ouvi o chamado de Corisco:

– Milton, telefone!

Perguntei quem era, e ele, com seu semblante de nordestino sério, fez com a cabeça e com a expressão facial que não sabia. Atendi:

– Alô.

– Filho. – A voz desconhecida do outro lado da linha soou frágil, apesar de máscula. Era como se nela houvesse um quê de contravenção acompanhado de pedido de desculpas velado. Mais do que a voz, confundia-me as ideias o vocativo. Desde a morte de meu avô, ninguém mais me chamara de filho.

– Quem é? – perguntei, disposto a matar o responsável por aquela brincadeira de mau gosto.

– É seu pai.

– Essa brincadeira não tem graça.

– Não é brincadeira... É seu casamento hoje, não é? Não posso ir, mas seu tio Nelson vai me representar. Desculpa.

A essa altura, sua voz havia ganhado um tom diferente. Tornara-se mais segura. Suas últimas frases foram pronunciadas como se convivesse comigo desde sempre. Como se fôssemos íntimos. Como se sentássemos no sofá da mesma sala aos domingos, jogássemos conversa fora, assistíssemos ao jogo do nosso time de coração e depois compartilhássemos uma bebida, quem sabe um bom vinho.

Fiquei sem saber o que fazer. Queria lhe dizer tantas coisas, mas apenas processava o que parecia ser um alucinógeno para minhas expectativas. Era mais um daqueles casos em que a realidade nos entorpece como os sonhos.

– Quero falar com você depois. Depois combinamos.

– Tudo bem – foi só o que disse, só o que consegui dizer.

Desliguei.

Corisco viu minha cara depois da conversa.

– O que aconteceu, Milton?

– Nada, não, Corisco... Só um amigo me desejando um bom casamento.

Corisco era um grande amigo. Nunca, nos dois anos em que dividimos o mesmo teto, nos desentendemos. Respeitávamo-nos mutuamente, sabíamos até onde ia o espaço de cada um. Jamais poderei esquecer as vindas da mãe de Corisco, cujo nome agora não me ocorre, a São Paulo, em visita ao filho. Ela vinha de Pernambuco e trazia na bagagem mais do que roupas: trazia uma bondade rara e gratuita. É curioso como as pessoas desprovidas, ou providas de poucos bens, são mais humanas, ou podem ser mais humanas. Ela me tratava como um filho, cuidava de mim como se eu fosse irmão de Corisco. Não havia razão para isso a não ser o imenso coração que seus olhos evidenciavam. Ela cozinhava maravilhosamente bem. Quando nos visitava, sentíamo-nos reis.

Depois de me aprontar, colocar meu terno escuro, a gravata estilizada na cor prata, pegar a carteira e a chave do carro para seguir à igreja, despedi-me de Corisco a quem encontraria mais tarde na cerimônia. Partia emocionado pela fase e pelo amigo que deixava atrás da porta, mas ciente de que era a hora, de que era o fim de um ciclo. Sentia-me bem. Até porque tinha a impressão de que o telefonema surpresa de meu pai caíra como uma bênção para o meu casamento. Era um bom presságio. Meu pai me desejara boa sorte. O carente é como o faminto: migalha parece banquete.

• • •

Pilares da minha ainda incipiente vida estavam refletidos nos olhos das pessoas presentes naquela igreja de arquitetura moderna. Josino, Tereza, Maria Imaculada, Luiz, Cristina, meus alunos e tantas outras pessoas, cujo amor havia me levado até aquele momento e me levaria ainda para muitos outros, parabenizavam-me pelo casamento e me desejavam felicidades. Em cada semblante, transformado pelo tempo, um pedaço infinito do meu passado. Era o mosaico da minha jornada pintado pelas almas que me ajudaram a montá-lo.

Havia vazios, mas a própria ausência se incumbia de suscitar a lembrança: Umakakeba e Gary se ali não estavam, era por justo motivo. Havia ainda os que já tinham partido. Daria tudo para ali encontrar em carne e osso Benedito e Maria José. Havia também o que ainda não tinha chegado para cumprir seu papel, embora me tivesse acenado naquele mesmo dia.

Presenças, ausências e surpresas. Umakakeba me havia enviado um telegrama dizendo que não poderia ir. A mensagem chegara um dia antes da cerimônia. Evidente que o queria lá, mas compreendia suas dificuldades. Morava longe demais da capital e teria de acompanhar seus pupilos em campeonato em Bastos. Enquanto era cumprimentado pelos amigos e parentes, dos meus mestres inesquecíveis, figurava apenas o infalível Josino.

O instante da chegada da noiva se aproximava, e eu já estava no altar à sua espera, quando me vi obrigado a quebrar o protocolo. Quietinho e discreto, como bom japonês, Umakakeba se encontrava entre as últimas fileiras de assentos. Ele fora. Conseguira maneira de driblar seu importante compromisso para me ver casar. Saíra de Bastos para me ver. Lá estava ele, e a alegria que sua presença me trouxe fez com que eu largasse meu posto, me aproximasse dele e dissesse, após a habitual deferência japonesa, em que reclinamos a cabeça para o interlocutor:

– *Domo arigato gozaimasu* (Obrigado por tudo).

Ele fez com a mão para que eu saísse dali e voltasse para o altar. E falou com pressa:

– Vai casar. Vai casar. Vai casar.

Obedeci, antes que a marcha nupcial de Mendelson anunciasse a entrada da noiva.

Estava feliz com o casamento, e quando as portas da igreja se abriram vi minha noiva brilhando em lágrimas. Chorava muito, linda, vestida de branco. Uma menina que não precisava ser a noiva do dia para atrair todas as atenções para si. O fato é que o estado de espírito de Dani, encharcada de emoções, contagiou a igreja toda, que se desmanchou cristalina em pranto – Luiz, inclusive. Eu me mantive seco, mas feliz, sobretudo feliz. Tamanha era a felicidade, que não conseguia ter outra emoção, não conseguia chorar, apenas rir.

Deixamos a igreja ao som de *Amigos para sempre*, música que fechou a Olimpíada de Barcelona. Curioso, se no passado aquela música sepultara um sonho, naquele instante, inaugurava outro. É a vida: só perde realmente aquele que não ganha nada com as derrotas. Se tivesse ido àquela Olimpíada, será que quase cinco anos depois eu estaria ganhando essa família de presente? Provavelmente, não. Às vezes é preciso desencontrar um sonho para encontrar a vida.

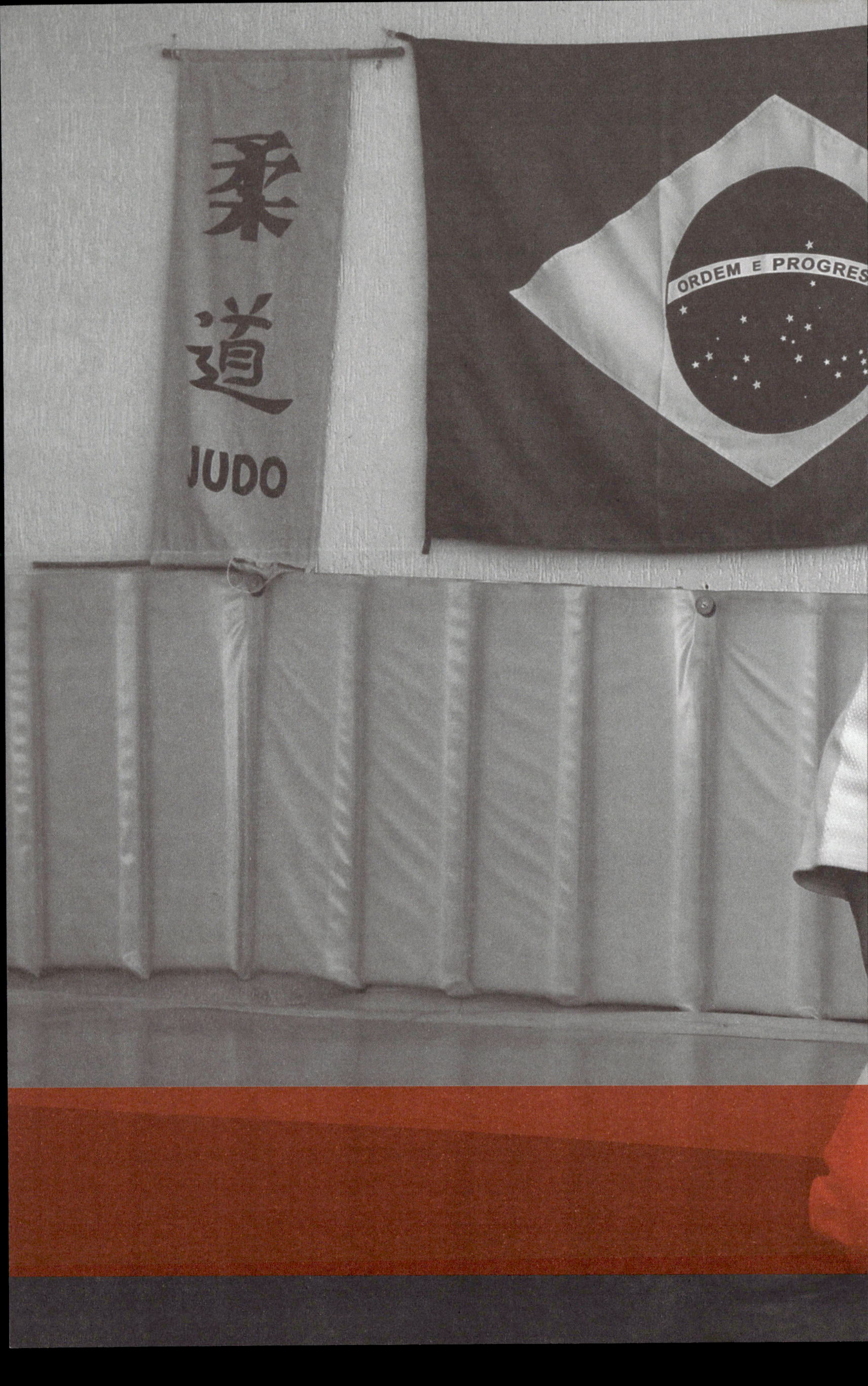

柔道
JUDO
ORDEM E PROGRES

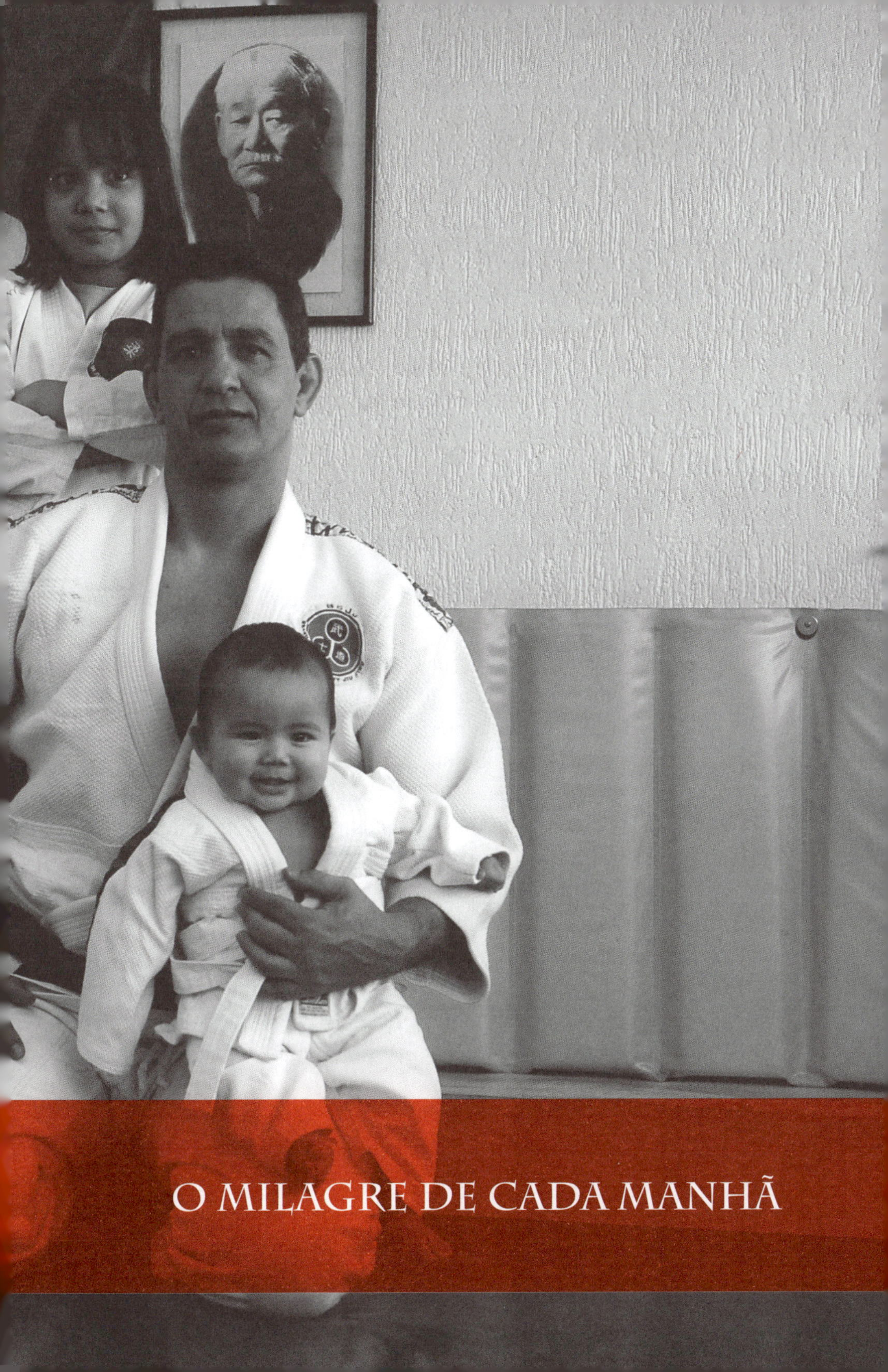

O MILAGRE DE CADA MANHÃ

Existem apenas duas maneiras de ver a vida. Uma é pensar que não existem milagres e a outra é pensar que tudo é um milagre.

Albert Einstein

A faixa branca simboliza o princípio, a pureza dos primeiros passos, cuja essência, bem observou Jigoro Kano, deve ser preservada pela eternidade, pois essa essência se condensa em uma só palavra: aprendiz. Se o mestre fundador do judô deixou alguma lição, foi essa. Na sua concepção, embora nos graduemos, mudemos de faixa ao longo do tempo de treino, mesmo quando chegamos à vermelha, graduação máxima da arte marcial, precisamos preservar o espírito de faixa branca. Do contrário, não seremos dignos do grau de conhecimento que adquirimos.

É curioso constatar em tudo na vida esse mesmo princípio. A cada nova experiência – e elas não param de se suceder, em uma verdadeira tempestade de conhecimento – somos aprendizes. Mesmo quando acredito ser faixa-vermelha em determinado assunto, descubro que desconheço nele uma importante vereda, descubro que preciso aprender mais do mesmo sempre. A vida é um eterno começo, pois nada é como ontem.

Não posso aqui me queixar de que me faltaram referências para cumprir o papel que o destino me impunha àquela altura; seria injusto se escrevesse isso, seria insensibilidade e ingratidão de minha parte. Se Milton nunca esteve, Benedito nunca me faltou, mesmo depois de morto. Josino esteve sempre na hora certa. Assim como Umakakeba, que, ao término do meu casamento, partiu como veio, quase imperceptível para todos, mas iluminado para mim. Gary e Luiz estão até hoje ao meu lado e espero tê-los junto por muito mais tempo.

Foi amparado pelo carinho desses homens, pela força de minha mãe e pelo reencontro com minha avó paterna que me senti vigoroso para tomar nos braços o maior de todos os meus sonhos, descobriria ao vê-la nos olhos: a paternidade. E ela veio assim mesmo, no feminino, veio nos olhos puxados de uma linda mestiça, a quem batizei de Giovanna.

A expectativa foi grande. Toda a evolução era fotografada. A barriga de Dani expandia como meu universo e a qualquer momento explodiria em vida. Lembrava-me do que me dissera sentir Benedito diante da gravidez de minha mãe. Eu o entendia, e o entendi ainda mais quando ouvi, quatro meses depois do meu casamento, no dia doze de setembro de 1997, o choro da criança rasgar de indignação a sala de parto. Nascer não é fácil, em hipótese alguma, mas acredito que valha a pena.

– Parabéns, papai, é uma linda menina – disse-me o médico.

Eu estava na sala, acompanhando tudo. As enfermeiras a levaram a um canto da sala para limpá-la e anotarem seus dados – tamanho, peso etc. Retornaram com aquele belo bebê e me deram no colo. Observei-a por segundos que valem a minha história, porque quando recorro à memória não consigo separar o antes e o depois de Giovanna, é como se ela sempre tivesse existido. Seu rosto de recém-nascido jamais esquecerei.

Dei-a para a mãe que, apesar de zonza da anestesia, tinha forças para sorrir para mim e para a filha. Dani esteve bem-humorada todo o tempo. Antes de dar à luz, fez piada de mim, que estava vestido de médico. Quando Giovanna lhe chegou ao colo, divertiu-se com a filha, que, feito um bichinho, aproximou o nariz do rosto materno e começou a cheirá-lo, como se encontrasse nele aroma similar ao que sentia, poucos instantes atrás, no aconchego do útero.

O amor que você sente por um filho é amor-próprio; é como amar a si mesmo fora de você. Talvez por isso eu acredite que uma das razões da paternidade seja o fortalecimento do amor-próprio. De fato, eu passei a me amar ainda mais depois que virei pai. Afinal, havia alcançado o posto mais alto do maior de todos os pódios da vida.

• • •

Na época em que Giovanna nasceu minha relação com os Trombini, afora com meu pai, era realmente familiar. Maria Imaculada acompanhava os primeiros passos da bisneta como se desde sempre estivesse ao meu lado. Talvez quisesse reaver com a minha filha o tempo que não pudera usufruir comigo.

Na ocasião do meu casamento, minha mãe e ela se encontraram. Maria Imaculada, com o espírito aberto, agradeceu a Tereza pelo neto que lhe dera. Minha mãe ainda trazia no coração ressentimentos que vinte e nove anos não tinham sido capazes de curar.

– Eu tentei dá-lo à senhora vinte e nove anos atrás, mas você não o quis. – Foi o que Tereza disse. Ao menos foi essa a história que me contou do encontro que teve com a minha avó naquele dia.

Emocionada, Imaculada silenciou, apenas assentiu com a cabeça e continuou a tocar sua vida, fazendo o que julgava ser melhor. E o melhor, para minha felicidade, seria aproximar-se cada vez mais da família que eu acabava de constituir. Imaculada veria Giovanna deixar de ser bebê e se tornar uma criança, e minha filha a conheceria, a reconheceria como avó e jamais a esquecerá. Se ela não me pôde ver chegar, viu minha filha. Quando partiu desse mundo, éramos, pelo carinho do convívio, eu, minha esposa e minha filha, da mesma família de Imaculada. Que Deus a tenha!

• • •

Giovanna tinha por volta de um ano de idade quando, em um finalzinho de manhã – acabava de sair do meu apartamento no Butantã e me dirigia para a Companhia Athletica com o intuito de dar a aula do meio-dia –, o celular tocou.

– Alô.

– Filho.

Da primeira vez havia espaço para a dúvida, mas da segunda. À exceção de Benedito, apenas ele me chamava de "filho". Sabia quem era e procurei reproduzir a mesma falsa intimidade que sentira dele na primeira ligação, horas antes do casamento. Fiz isso menos por cinismo, do que por desconforto, nervosismo, por não saber o que fazer nem como tratar aquele estranho que eu nunca consegui deixar de amar, embora nunca pudesse fazê-lo como gostaria, e talvez por isso o odiasse na mesma proporção.

– Fala, Miltão – respondi.

– Me chama de pai.

A frase me parecia de uma hipocrisia sem precedentes, mas como sempre foi um dos meus maiores desejos ter alguém para chamar de pai, deixei-me enganar com facilidade.

– Fala, pai.

– Estou aqui em São Paulo.

Queria que eu fosse até onde ele estava hospedado: hotel Della Volpe, na rua Frei Caneca, centro da capital.

Liguei para o Português e pedi que naquele dia ele puxasse o treino. Tudo acertado, mudei de itinerário e me dirigi, com o coração na boca, com a barriga mais gelada que sorvete de menta, para onde estava meu desconhecido pai.

Cheguei ao hotel e sem titubear fui à recepção.

– Quero falar com o Milton Trombini.

A jovem recepcionista consultou a lista de hóspedes e depois de encontrar o nome, perguntou:

– Qual é o seu nome?

– Milton.

– Sobrenome, senhor. Por favor.

– Trombini.

Refeita da incompreensão momentânea, ela interfonou.

– Ele já vai descer para vê-lo – disse-me, atenciosa.

No saguão do hotel havia poltronas, mas não conseguia nem chegar perto, sequer sentar. Meu coração batia desesperado e tinha a sensação de que se eu parasse de andar de um lado para o outro explodiria.

O Natal sob a chuva, a manhã em que ele orientava a armação do parque, às vezes em que o ameacei com os olhos em nossos encontros pelas ruas de Ubatuba e às vezes em que o transformava em adversários no tatame. Minha cabeça era um videoclipe do passado e eu fervia em expectativa, em vontade de vencê-lo, pois tinha a sensação de que entraria no tatame e disputaria a final olímpica tão sonhada contra o maior dos meus adversários.

Não definia os sentimentos que se precipitavam feito água de catarata. Não sabia como reagiria, e essa incerteza me angustiava, até que o elevador acendeu na parede a luz que sinalizava sua chegada ao piso térreo, sacolejou suavemente como demonstrava o barulho feito, abriu as portas e nossos olhares se cruzaram e assim ficaram por alguns segundos. Não tive tempo de saber se desejava pegá-lo, gola e manga, e o arremessar no chão do saguão. Antes de descobrir o que sentia por aquele homem, olhando em seus olhos, ele se ajoelhou diante mim e disse:

— Eu tenho de pedir perdão pra você de joelhos.

A cena me feriu como se fosse eu o ajoelhado, como se fosse eu o adversário que desistia da luta. Como poderia extravasar a fúria que acumulei ao longo de anos, como poderia dobrar o maior de todos os meus adversários se ele já se dobrara, sem que fosse necessário colocar um dedo nele? Fosse covardia de um adversário ou o gesto sincero de um pai, o fato é que eu estava desconcertado e, diante do imprevisto, só me restava fazer o que meu coração mandava.

— Nunca mais quero vê-lo de joelhos, só de pé. Não precisa me pedir perdão. Só quem pode perdoar é Deus.

Peguei-o do chão e o ergui. Depois, olhei bem em seus olhos. Estavam marejados. Seu olhar era igual ao de minha avó.

Eu estava constrangido, era como se não pudesse mais tê-lo como a única coisa que fora para mim até aquele momento: um adversário. Precisava, então, fazê-lo renascer o pai que sempre procurei. Porém, todo o esforço que isso demandaria de mim jamais seria maior do que o esforço que fiz para suportar a ausência que senti dele depois da morte de Benedito.

Milton me abraçou e me encheu de beijo. Depois, peguei meu carro e saímos juntos para almoçar em uma churrascaria. Falamos de tudo, menos do passado. Foi o meu único pedido. Naquele mesmo dia, ele conheceu meu sogro, Dani e minha filha. Milton é para mim como um cometa; aparece de vez em quando, diz que me ama, que ama seus netos e desaparece de novo, sem nem mesmo nos dar tempo de afinarmos nosso afeto. Tenho-o como um querido conhecido e ainda não compreendo a distância que existe entre nós.

Durante muito tempo achei que os Trombini o tinham afastado de mim. Descobri que me equivocara. Depois, achei que ele temia que eu quisesse parte do seu dinheiro. Esforcei-me, consegui minha independência, minha marca, minha empresa. Tenho minha própria história, meu próprio patrimônio. Dele não quero nada. Ainda assim, ele está longe. Apesar das dúvidas, posso garantir que não o odeio. Só sinto sua falta. Gostaria que fosse como avô dos meus filhos o que não foi como pai para mim.

• • •

Giovanna devia ter uns 7 anos e possivelmente meu segundo filho já estava encomendado. O certo é que depois de quase dez anos resolvi visitar o túmulo de Benedito, que estava no Cemitério da Saudade, em Itaquera, zona leste de São Paulo. Chamei dois alunos, Sérgio Caldas e Paulo Silva, o Horito. Ao chegarmos, dirigi-me ao edifício administrativo do cemitério para saber onde estava o túmulo de meu avô. Só queria lhe acender uma vela.

Mas saber apenas o nome do finado não bastava para que eu descobrisse sua sepultura. O funcionário do cemitério, visivelmente insatisfeito por ter de interromper sua letargia para me atender, disse que seria impossível saber onde estava meu avô com o que eu tinha de informação.

– Olha, você sabe só o ano em que ele morreu. Mesmo se soubesse o dia, seria complicado. É preciso que você vá ao cartório e peça pelo cartório a busca do livro. Aí, você poderá vir aqui com as informações e mostraremos onde está o túmulo.

Fiz uma cara de "por favor, faça algo por mim", e o funcionário, a contragosto, cedeu e se dispôs a pelo menos mostrar, na prática, que o meu desejo era impossível de ser satisfeito.

– Olha quantos livros eu tenho aqui, só neste arquivo.

O senhor de meia-idade, pele morena e aparentando ser mais velho do que era, puxou uma porta de correr de um imenso armário e retirou um livro de páginas amareladas pelo tempo. Visivelmente irritado com minha insistência educada em descobrir o paradeiro subterrâneo de Benedito, ele colocou o livro sobre o balcão que nos separava e disse:

– Oh, vou abrir e você vai ver quantos nomes tem em uma só página.

Abriu, aleatoriamente, em uma das folhas centrais do livro, e continuou.

– Olha só. Tem aqui um monte de nome. Como é que eu vou achar? Olha esse aqui: Benedito Maximiano.

– É meu avô.

– Quê?

– É meu avô. Você leu o nome do meu avô. Esse é o meu avô. É o túmulo dele que eu estou procurando.

A incredulidade estava estampada na cara do funcionário do cemitério, na de meus alunos, na minha e nas paredes do edifício. De repente, o funcionário me olhou como se eu fosse um feiticeiro com poderes inigualáveis e deixou que escapasse da boca um "Ah, meu Deus!" e continuou:

– Fulana, vem ver o que aconteceu.

Descobri, então, que meu avô fora enterrado em uma cova comunitária, também conhecida como vala comum. Esse fato não me agradou, evidente, mas pouco importava no fundo. Importava o que ele fora em vida, que estivera ao meu lado durante os meus doze primeiros anos e que – a sobrenaturalidade daquele reencontro póstumo não deixava dúvidas – estivera até aquele instante e estaria para sempre.

Fui até a cova comunitária em que estava enterrado, acendi três velas e fiquei por alguns segundos lembrando do dia em que ele foi sepultado, lembrando das pessoas em torno do caixão que descia lento para a terra, enquanto sua alma subia suave para a eternidade, para o céu dos meus sonhos, servindo-me de guia. Revi o muro de mimo que já me chamara a atenção na ocasião do enterro e me lembrei que o fato de haver plantas e flores ali o agradaria bastante. Elas sempre o acompanhavam.

Despedi-me e fui embora, acompanhado de uma saudade sem fim e da certeza de que a vida não acaba quando o organismo deixa de funcionar. Os fatos, ao longo da minha história, convenceram-me de que existe um universo paralelo ao que conhecemos. Se os desenhos do grande arquiteto do universo precisaram de matéria para tornarem-se evidências aos nossos sentidos, esse outro mundo de que falo também se vale de recursos, mesmo que questionáveis e desprovidos de base científica, para seduzi-los.

Aquele episódio pode ser para muitos apenas uma coincidência. Uma ironia do destino. Mas essa explicação me parece mais fantástica, menos lógica do que acreditar que foi um notável milagre. Notável porque sou daqueles que acreditam que tudo é um milagre. Tenho certeza de que minha vinda ao mundo foi um milagre para Benedito. Assim como sua atuação promoveu milagres em minha personalidade.

O modo como encontrei o endereço do seu túmulo, que parecia ter sido jogado do céu pelo próprio Benedito no instante em que o funcionário público abriu o livro de óbitos, também é, de certa maneira, produto do olhar que costumo lançar sobre a vida. Tenho fé nisso. Até porque só realiza e presencia milagres aquele que acredita neles. É com essa crença que acordo todas as manhãs.

• • •

A imortalidade está no filho que contemplamos extasiados assistindo à televisão na sala de nosso apartamento. Está no amor doído de prazer no peito ao vê-lo ali. Está no amor que nos engasga de uma emoção estúpida, sem palavras, pois só as lágrimas sabem dizer esse sentimento. Embora cada filho tenha seu quinhão, sob medida, de amor, alguns sintomas dessa infinita benignidade, como os acima descritos, são universais. Descobri isso, evidentemente, depois da chegada do meu segundo filho, que viria em um iluminado e quente 9 de dezembro de 2005. O clima e o fulgor na data combinariam com toda a energia celestial que sinto acompanhar essa criança desde o ventre de sua mãe.

Quase todo o ano de 2005 foi para mim uma overdose de expectativas, mesmo que não quisesse admitir. Talvez por isso, minha primogênita, em vias de completar sete anos de idade, entendia melhor o que se passava pela minha cabeça do que eu mesmo. O fato é que sempre quis ser pai de um menino. Havia vaticinado à minha mãe, ainda na infância, que teria um menino mestiço campeão de judô. Eu queria não pensar daquela maneira, mas era impossível. Se viesse uma menina, estaria feliz. Mas eu queria mesmo era um menino, embora chegasse a me convencer de que não, de que pouco me importava.

Em meados daquele ano, porém, eu receberia a aguardada notícia. Dani tinha ido ao médico fazer os exames de rotina. Giovanna a acompanhava. Por isso, não me assustei quando o celular tocou e era a voz rápida e inteligente da minha judoca-dançarina. Judoca porque pratica a arte marcial e diz, com todo o orgulho, que em breve será uma faixa--preta. Dançarina porque não me lembro de ter conhecido pessoa que faça de cada passo despretensioso um passo de dança. Giovanna transforma tudo em razão para um giro de bailarina. Imagino que a vida para ela seja um musical.

E soou como música aos meus ouvidos a notícia que fez questão de me dar antes de todos, mesmo que pelo celular.

– Pai.

– Fala, filha.

– A gente acabou de sair do ultra-som. O que o senhor acha que é?

– Ah, filha... Não sei.

– O que o senhor quer que seja, menina ou menino?

– Filha, pode ser menina ou menino. Não me importo.

– Pai, é um menino.

Fiquei em silêncio.

– Você está feliz, pai?

Claro que estava feliz. Disse isso a ela. Mas guardei comigo as recordações da minha infância, que de imediato me vieram à cabeça. Lembrei das brincadeiras de Benedito, que coloria de imaginação a minha infância desprovida de bens, mas abundante em alegria. Imaginava meu menino desfrutando das mesmas brincadeiras de que eu desfrutava. Eu faria de tudo para lhe dar a imensidão de sonhos que Benedito me deu, para dar-lhe a energia que me fizera ir adiante, sempre, apesar das adversidades.

A notícia que saiu delicada pela voz de Giovanna me deixava entusiasmado, palavra que sempre gostei de dizer, sentimento que sempre gostei de sentir mesmo antes de saber o significado. Entusiasmo vem do grego e quer dizer "Deus dentro de si". Acho que não há palavra mais adequada para definir o que senti naquele instante. Se não bastasse descobrir que um menino estava a caminho, a demonstração de maturidade de Giovanna, que colocava de lado qualquer possível ciúme para fazer-me ainda mais feliz, entusiasmava-me ainda mais.

Como já acontecera no seu nascimento, eu marcaria presença na sala de parto para ver Enzo nascer. Lembro-me de que nos dirigimos ao hospital em uma manhã cheia de sol. Seria uma cesariana. Pouco antes de irmos para a sala de parto, Dani olhou-me um olhar de cumplicidade e companheirismo. Estava menos tensa do que estivera na ocasião do primeiro filho. Riu da minha cara de entusiasmo diante da eminência da mais nova vida que frutificava de nosso amor. Seu riso me tranquilizava e, tranquilo, eu a tranquilizava também.

Ao meio-dia, hora dos treinos de jiu-jítsu na Companhia Athletica, hora em que as sombras desaparecem, pois o sol se encontra no centro do céu, Enzo nasceu, berrando vigorosamente e reluzindo meu sonho de menino.

– Mãe, vou ter um filho mestiço campeão de judô.

O filho mestiço, moreno, de pernas fortes e roliças, eu acabava de ter. Porém, não fazia mais questão que se tornasse campeão de judô. Não queria vê-lo sombra de ninguém, tampouco minha. A hora em que veio ao mundo, hora iluminada e em cujo homem é indivisível, íntegro, é para mim um presságio da autonomia e da força de sua personalidade. Quero que realize seus próprios sonhos, não os meus. O que ele podia me dar deu naquele instante: o sonho de ser pai de um menino, a oportunidade de fazer por ele tudo o que por mim havia feito Benedito.

Assim que o tiraram do ventre da mãe realizaram os mesmos procedimentos que haviam realizado com Giovanna quando do seu nascimento: anotaram seus dados, limparam-no e trouxeram-no para mim para que eu o devolvesse depois para Dani. Contudo, ao pegá-lo, não pude conter no ato o entusiasmo de estar diante de mais um milagre em minha vida. Protagonizei, então, uma cena que deixaria o médico embasbacado a ponto de dizer:

– Já vi tudo quanto é tipo de reação de pai em parto, mas isso nunca!

Segurando Enzo, com as duas mãos em suas costas, eu o ergui acima da cabeça e, com os braços esticados, gritei:

– Samurai!

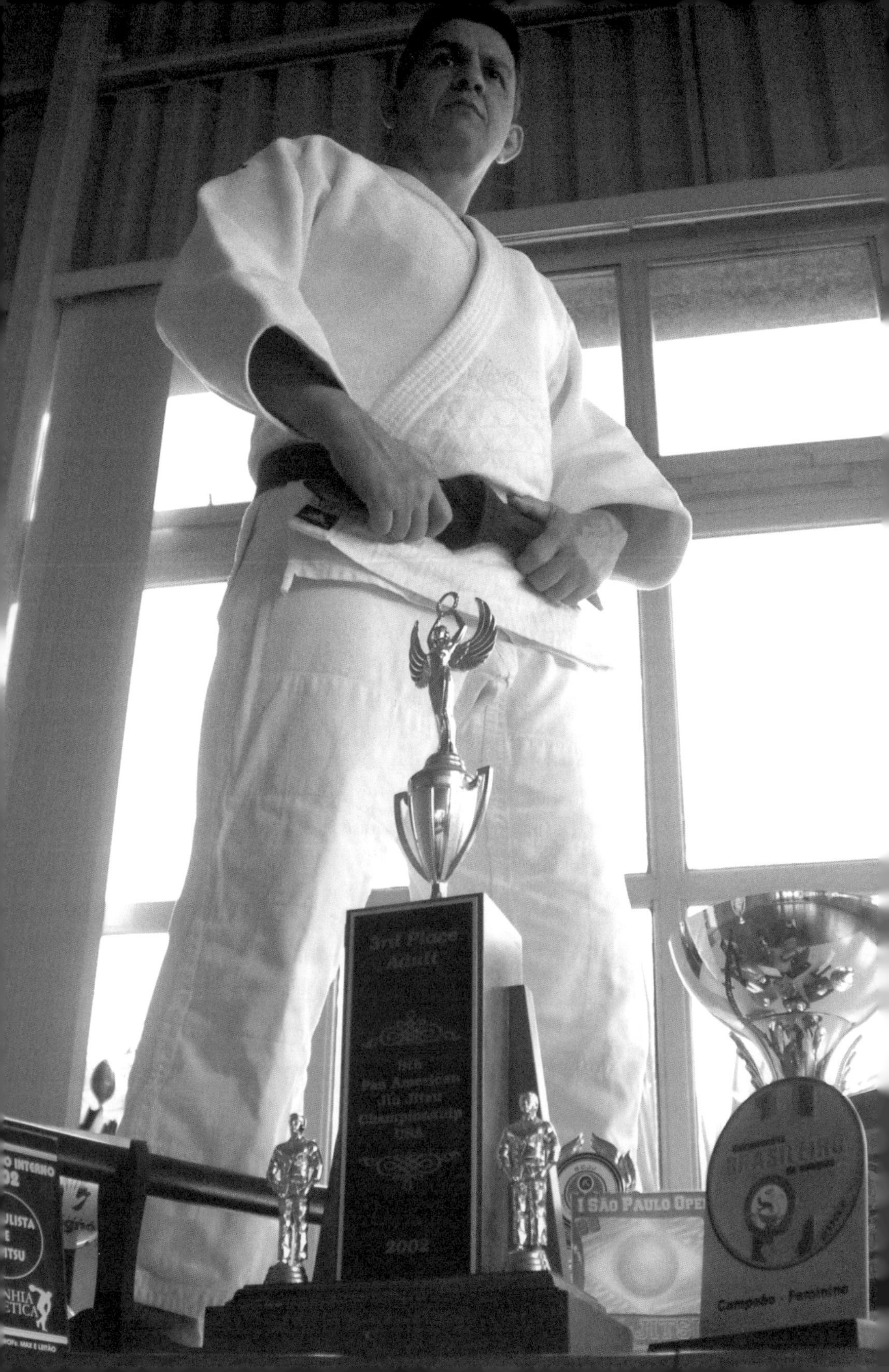

2002

Epílogo

Cada homem é um grão de areia no oceano cósmico. Mas, nesse grão de areia, o grande arquiteto fez o universo caber por inteiro. Talvez por essa razão seja impossível compreendermos tudo o que existe e até mesmo tudo o que somos. Mesmo que feneça a carne, somos infinitos na memória do universo. Se desejarmos com todas nossas energias, podemos iluminar tanto quanto o sol, frutificar tanto quanto a terra, saciar tanto quanto a água e soprar vida tanto quanto o ar. Os samurais que encontrei, e os que ainda vou encontrar, me mostraram essa grandeza íntima e ansiosa por liberdade, ansiosa por promover mudanças construtivas.

Se há algo em que acredito do fundo do coração é o de que somos todos, e cada qual, moradas de Deus, templos do criador. E se o artista é, sobretudo, sua própria obra, como obra divina que somos trazemos no íntimo uma porção criadora. Assim colocado, quero dizer que pretendo com este livro mostrar que qualquer pessoa – com defeitos, qualidades, ódios, amores, derrotas e vitórias – pode realizar, pode transformar a própria realidade e colaborar para mudar a realidade dos que o cercam, para melhor ou para pior.

Por muito tempo a mentalidade imperante rezava que o destino de cada qual estava estabelecido desde o nascimento. Tínhamos apenas de aceitar e suportar a carga que os anos se incumbiam de depositar-nos no dorso. E foi assim, ignorando a própria responsabilidade criadora e transformadora para o bem e para o mal, que fomos violentando o mundo, ou deixando que outros o fizessem, quase sempre na defesa de interesses mesquinhos.

Deixamos de observar a organicidade do universo, em que cada qual é um fio do novelo, uma parte fundamental, mas não o todo. O fato é que juntos formamos um só ser. Por isso quando fazemos por nós devemos zelar para que sirva a todos, pois quando se faz por si em detrimento do mundo, mais tarde descobriremos que não fizemos por ninguém, nem por nós mesmos. Mais tarde descobriremos que nos deixamos seduzir por um agradável sofisma, especialmente sedutor aos egos mais inflados.

Sustentabilidade, palavra tão em voga em épocas de crise ambiental como a que vivemos, é simplesmente fazer por si ciente de que ao mesmo tempo se deve fazer por todos. A sustentabilidade só existirá quando nos conscientizarmos de que somos todos irmãos, de que estamos de mãos dadas e precisamos sincronizar os passos para evoluirmos juntos. Ela só existirá quando ganharmos consciência de que podemos fazer "na terra como no céu", quando pararmos de nos considerarmos vítimas e deixarmos germinar do nosso interior o divino que nos habita.

Esta obra é um agradecimento a todos os que me ajudaram a encarar a vida dessa forma, às pessoas que sabiam que investir em uma pessoa, a princípio sem nada a oferecer, era antes de qualquer coisa investir em si mesmo. Benedito, Tereza, Maria José, Josino, Umakakeba, Gary, Luiz, Dani, Giovanna, Enzo, meus alunos e muitas outras pessoas me ensinaram que somos iluminados quando refletimos amor nos olhos do próximo. Ensinaram-me que a família é o maior símbolo de sustentabilidade e que, por essa razão, devemos ter em consideração todos como entes queridos aos quais estamos inexoravelmente ligados.

Embora em alguns instantes possa parecer, quero dizer que, em hipótese alguma, este livro pretende ser professoral. É apenas minha experiência, minha maneira de enxergar a existência. Maneira em que confio e que me fez superar adversidades, que me levou a agarrar-me em mãos que me levariam adiante, trazendo junto aquelas mãos que me seguravam em um passado triste e que poderiam me transformar em vítima pelo resto da vida. Se deixasse que o ódio, a ganância, a vaidade e a inveja me dominassem, não sei se teria razão para escrever este livro.

Sei que é impossível atravessar a ponte da vida sem que em determinado instante não sintamos ódio, inveja, vaidade e mesmo ganância. É compreensível, humano. O que não se pode, jamais, é alimentar esses sentimentos corrosivos. E os samurais que conheci ao longo da minha jornada me ensinaram a fugir das armadilhas dos sentimentos que nos atrofiam a alma. Esses sentimentos são importantes, mas só quando são sublimados. O estrume só vale a pena quando vira adubo. Se o abandono que vivi me trouxe cicatrizes no espírito, serviu também para que eu não repetisse o erro, para que eu materializasse em presença o amor paternal que nutro por Giovanna e Enzo.

Posso dizer que este livro é a prova de que qualquer vida pode ser heroica, pois, em minha opinião, o heroísmo está nos pequenos grandes atos, como o de ser pai. Quero dizer que toda vida vale um livro, pois todos nós temos histórias, e histórias merecem ser registradas. Esta obra para aqui, mas não acaba aqui. Há muitas páginas a serem escritas no meu e, seguramente, no seu livro. Simplesmente porque continuamos a viver, continuamos a andar, a cair, a levantar. Continuamos a aprender. E, para o bem da verdade e para o bem de todos, não devemos nos ver de outra maneira senão como eternos aprendizes.

Palavra de samurai

Professor Josino Francisco de Souza

Conheci Max quando ele ainda era um menino. Um menino que ficava na arquibancada da academia assistindo às aulas até que finalmente começou a treinar conosco. Franzino, Max costumava me mostrar o bíceps e perguntar: "Será que eu vou ficar forte?". Eu sempre lhe dizia: "Claro que você vai ser um homem forte". Só não imaginava que seria mais do que um homem fisicamente forte, teria também um espírito forte.

O corpo não demoraria a mudar. Como não tinha dinheiro para pagar a mensalidade e trocava as aulas de judô por seus serviços – entre outras coisas, varria o tatame –, costumava ficar mais tempo na academia, onde havia uma porção de aparelhos em que podia se exercitar. Antes dos companheiros chegarem, lá estava ele subindo corda para fortalecer seu bíceps e sua pegada. Depois de um tempo nesse ritmo, ninguém da idade dele queria enfrentá-lo. Passou a ser um adversário temido.

Lembro-me de outra passagem da vida de Max: quando fez exame para faixa-preta. Entre outras coisas, para conseguir a graduação, ele precisava fazer cinco lutas e vencer três. Lembro-me de tê-lo visto perder as duas primeiras e ficar fortemente abalado. Em prantos, ele me disse que temia não conseguir. E eu repliquei: "Quantas lutas você tem de ganhar?". Ele disse três. "Então, você tem três lutas para fazer e vai vencer todas". Ele entrou no tatame as três vezes e nas três oportunidades venceu por *ippon*.

Acredito que esses dois exemplos ilustram bem o que é o Max: um sujeito capaz de correr atrás de seus objetivos de forma inabalável. Por conhecê-lo desde muito menino, por ter orgulho de ser considerado por ele como um pai e por também o considerá-lo um filho, posso garantir que a essa característica se somam o fato de jamais se esquecer das próprias raízes e de jamais passar por cima de ninguém para alcançar seus propósitos.

A verdade é que eu vivi, não apenas em palavras, mas na pele, boa parte dessa obra ao lado de Max. Dei-lhe o ombro inúmeras vezes quando seus olhos lacrimejavam de tristeza, dei palavras de conselho, dei proteção quando aprontava travessuras de moleque peralta e, também, dei ouvidos quando precisava desabafar.

Conheço como poucos o protagonista desta história e mesmo sem ler a obra, seria capaz de recomendá-la, pois saberia de antemão se tratar de uma história cuja essência são os valores e os princípios do judô, já que Max é um judoca de verdade, para o que, modéstia parte, eu contribuí muito.

Sei também que este livro trata da difícil relação entre Max e seu pai Milton, a quem conheci muito antes de seu nascimento e o qual, inúmeras vezes, me pedia: "Cuida do meu filho". A distância que o destino colocou entre eles, a meu ver, jamais impediu que se amassem. Contudo, não há abandono sem mágoas, sem dores. De fato, não foi pouco o que sofreu Max, como também não foi pouco o que superou.

Por isso, leitor – se me permitem escrever assim, diretamente –, mais importante do que se ater à lembrança das dores, das adversidades, é lembrar-se da capacidade de superá-las. Assim deve ser também em relação ao futuro: aqueles que se atêm às dificuldades de uma nova empreitada esquecem de pensar maneira de vencê-las e serem bem-sucedidos.

Costumo dizer que a vida é como um sapato novo, se deixarmos uma pedra entrar e não a tirarmos, em vez de nos dar a satisfação que dele se espera, o sapato nos trará aborrecimento. Ater-se às dificuldades e se esquecer de pensar as soluções é deixar a pedra no sapato. Posso dizer que a vida de Max, assim como este livro, é um sapato novo sem pedras dentro.

• • •

Professor Waldomiro Perez Jr.

Conheci o Max na adolescência, na academia de judô do professor Josino. Lembro que ele tinha a maior paciência para ensinar e repassar milhões de vezes o Kata da faixa preta – *nage-no-kata*. Sua paixão pelas artes marciais se evidenciava desde aqueles tempos e não me restaria dúvidas a esse respeito quando alguns anos depois ele passou a dedicar ao jiu-jítsu todos os dias que não dedicava ao judô. Treinávamos jiu-jítsu juntos em tatame que eu havia instalado nos fundos da minha casa em Ubatuba. Acho que a Cia. Paulista – de jiu-jítsu – nasceu ali. Até porque na época já falávamos de trabalharmos juntos, o que aconteceria anos mais tarde na Cia. Atlhetica, em São Paulo.

Sempre nos demos muito bem. Não me lembro de termos discutido. Muito pelo contrário, sempre protegemos um ao outro e foi em virtude dessa amizade que nasceu a Cia. Paulista – mais que uma equipe, uma família. Tínhamos a força do judô e a arte do jiu-jítsu, conjunção que sempre fez de nossa equipe sólida em pé e no chão. Fomos os primeiros a disputar campeonatos no Rio, até então a Meca do jiu-jítsu. Em novembro de 1998, ficamos em terceiro por equipes, na categoria juvenil, no campeonato do Atlântico Sul. Ali, o Rio descobriu São Paulo como uma força do jiu-jítsu.

Os cariocas, hegemônicos no jiu-jítsu até aquele momento, faziam graça e nos chamavam de paulistas de forma pejorativa. Em vez de nos escondermos em baixo de bandeiras cariocas ou de mudar o sotaque, colocamos o orgulho de nossa origem no nome da equipe, uma equipe que não tinha nome de ninguém, e sim de um Estado. Lembro que resolvemos o nome em minutos.

O fato é que sempre trabalhamos como uma família, que cresceu, multiplicou e, em alguns casos, mudou de nome. Porém, vá para onde for, adquira ou não um novo nome, terá sempre a mesma raiz, será sempre a Cia. Paulista. Tem sido assim. Alunos egressos da Cia. Paulista ganham o mundo, montam suas academias. Os alunos desses alunos fazem o mesmo, dando os nomes que julgam mais adequados às suas academias, mas a origem jamais é esquecida. E a origem remonta a minha adolescência e a de Max e nossos treinamentos no tatame de Ubatuba.

O Max é mais que um irmão. Sempre ouvi que a criança puxa ao padrinho. Por isso, eu o escolhi para padrinho do Kalani, meu filho mais velho. Espero que Kalani herde dele a hombridade, a lealdade e a honestidade, que são só algumas das virtudes de Max.

• • •

Professor Uichiro Umakakeba

Max chegou a Bastos pela primeira vez em meio a muitos outros garotos para participar de um *kangueiko* (treinamento de inverno). Já na época, eu tinha consciência de que o grande judoca não é aquele que derrota todos os adversários, mas o que tem caráter, que sabe da importância de se doar pela equipe.

Ele não se destacou tecnicamente em relação aos demais, embora mostrasse bastante vigor, entrega e disposição e suportou todos os dias de treinos intensos sem em momento algum perder o autodomínio, o que não é fácil. Contudo, ele não foi o único a ter essa conduta e não foi por isso que o chamei, alguns meses depois, para passar uma temporada comigo para aprimorar seu judô.

Chamei-o para viver em minha casa por alguns meses, depois do *kangueiko*, porque Max mostrou um caráter excepcional, mostrou que era um judoca de verdade, um judoca de espírito e não apenas de técnica. Eu sabia que ele estava com idade avançada para se tornar um campeão internacional e mesmo nacional, por isso achava difícil que se destacasse.

Porém, não me interessava agregar um exímio lutador. Interessava-me agregar um grande homem. Sou da opinião de que judô se aprende com treino, muito treino, já caráter, não. Por isso, o escolhi. O mais importante ele já tinha, o resto viria com treino.

Desde sempre soube que ele era um lutador sério e disciplinado, mas não esperava que se tornasse o primoroso conhecedor da técnica do judô, sobretudo da técnica de solo, da qual se revelou um estupendo mestre. Tampouco esperava que fosse tão bem-sucedido na vida por meio do esporte, chegando ao ponto de ser respeitando por campeões olímpicos de todo o mundo, que a ele se referem como a um professor.

Mais do que isso, sua criatividade e capacidade de liderança, que já naqueles primeiros dias de convívio se revelavam, fizeram com que ele se tornasse também um exemplo de gestão e organização no mundo das artes marciais; um exemplo que o mundo precisa seguir, já que promove a prosperidade mútua de forma limpa, sem precisar pisar em outras pessoas, levando adiante a finalidade máxima do judô que, segundo o próprio Jigoro Kano, é justamente a prosperidade mútua.

Mesmo depois que deixou Bastos atrás da vaga na Olimpíada e depois que partiu para São Paulo, Max não me esqueceu. A verdade é que Max foi uma pessoa que apareceu em minha vida e me trouxe algo inestimável, trouxe-me um amigo, um amigo capaz de tirar a blusa e me entregar se eu estiver passando frio e pelo qual faria o mesmo. Um amigo, segundo ele mesmo diz, que aprendeu muito comigo e que me tem como um pai.

Max diz que aprendeu muito comigo; eu digo que já há algum tempo eu tenho aprendido mais com ele do que creio que ele esteja aprendendo comigo. A vida e o judô são assim. Hoje, ele está um passo à frente da maior parte das pessoas do universo das artes marciais, no que se refere ao conhecimento técnico de luta no solo e organizacional. O mais importante, porém, é que ele continua a ser um judoca de verdade, um homem de excelente caráter.

Este livro conta a história de Max, um judoca de verdade, um homem de excelente caráter. Isso justifica a sua leitura.

• • •

Contato com o autor:

mtrombini@editoraevora.com.br

Este livro foi impresso pela
Prol Gráfica em papel *offset* 90 g.